HISTORIQUE

DU

3ᴱ RÉGIMENT DE ZOUAVES

HISTORIQUE

DU

3ᴱ RÉGIMENT DE ZOUAVES

RÉDIGÉ PAR LE

Lieutenant A. MARJOULET

D'APRÈS LES ORDRES DU COLONEL LUCAS

Commandant le régiment.

En avant ! Tant pis pour qui tombe,
La mort n'est rien. Vive la tombe
Quand le pays en sort vivant !...
En avant !

Paul DÉROULÈDE,
Ex-Engagé volontaire au 3ᵉ ZOUAVES.

PARIS
11, *Place Saint-André-des-Arts*, 11.

LIMOGES
46, *Nouvelle Route d'Aixe*, 46.

IMPRIMERIE ET LIBRAIRIE MILITAIRES

Henri CHARLES-LAVAUZELLE

Editeur.

1887.

L'historique d'un régiment ne s'invente pas ; l'auteur fait appel aux souvenirs des officiers qui ont servi au 3e zouaves, et de tous ceux qui pourront lui fournir des renseignements sûrs et précis. Il recevra avec reconnaissance toutes les communications qu'on voudra bien lui adresser, et s'empressera de rectifier les erreurs, de combler les lacunes qui ont pu se glisser dans ce premier travail.

AVANT-PROPOS

Dès les premiers jours de la conquête de l'Algérie, le général Clauzel s'était préoccupé d'organiser des forces militaires indigènes, pour augmenter l'effectif de ses troupes et remédier aux difficultés que pouvait faire naître le départ prochain de plusieurs régiments du corps expéditionnaire. Par leurs habitudes et leur connaissance du pays, les indigènes échappaient, mieux que les Européens, aux causes d'affaiblissement qui affectaient les troupes françaises, et leur incorporation devait rattacher à notre parti ceux d'entre eux qui se montraient disposés à le servir.

Des officiers et des sous-officiers français furent chargés d'encadrer les premiers contingents, de les façonner peu à peu à nos habitudes, de les plier à notre manière de combattre.

Le recrutement des indigènes, limité à la zone d'occupation, n'offrit d'abord que de faibles ressources ; d'un autre côté, il semblait imprudent de laisser les cadres français isolés au milieu d'hommes qui n'inspiraient pas une grande confiance, et dont on ignorait encore la langue. Le général Clauzel ouvrit aux volontaires français l'accès du nouveau corps, et créa provisoirement, le 1er octobre 1830, sous la dénomination de « zouaves », deux bataillons d'infanterie auxiliaires, formant corps séparés et composés d'éléments français et indigènes. Cette organisation provisoire fut définitivement approuvée par ordonnance royale du 21 mars 1831.

« Les zouaves (en arabe *zouaoua*) sont une tribu, ou plutôt une confédération de tribus kabyles, qui habitent les gorges les plus reculées du Djurdjura, race d'hommes fiers, intrépides, dont la soumission aux Turcs ne fut jamais que nominale, mais fort connus à Alger, où les appelait sans cesse le besoin d'échanger leurs huiles et les produits de leur grossière industrie contre les denrées qui manquaient à leurs pauvres montagnes. Comme ils avaient la réputation d'être les meilleurs fantassins de la régence, et que, dans certaines circonstances, ils avaient loué leurs services militaires aux princes barbaresques, leur nom fut donné à la nouvelle milice. Celle-ci, cependant, reçut dans ses rangs tous les indigènes, sans distinction d'origine, montagnards ou hommes de plaine, ouvriers des villes ou laboureurs, Kabyles, Arabes ou Koulouglïs. Mais il leur fallait des chefs : des officiers et sous-officiers français furent chargés de les instruire et de les commander.

« C'étaient des volontaires comme notre armée française en fournira toujours. Quelques-uns, déjà rompus au service de l'infanterie, des officiers d'armes spéciales, tous hommes pleins de jeunesse et d'énergie, désintéressés, courageux, que n'attiraient ni l'appât d'une solde plus forte, ni l'espoir de garnisons commodes et qui, sans être arrêtés par l'incertitude de la récompense, affrontaient gaiement une vie toute de privations, de rudes travaux, de périls constants. » (*Zouaves et chasseurs à pied.*)

Les commandants Maumet, de l'état-major ; Duvivier, du génie, furent appelés au commandement des deux premiers bataillons. On utilisa d'abord, pour le recrutement, les ressources qu'offraient les volontaires parisiens, les combattants de Juillet, qui venaient de renverser le trône de Charles X. Beaucoup de ces volontaires passèrent aux zouaves, où ils portèrent, pendant quelque temps, la blouse gauloise, avant de prendre le costume oriental.

Parler des zouaves, c'est faire l'histoire de la conquête, et, jusqu'en 1852, nous retrouvons ces vigoureux soldats partout où se montrent nos armes, qu'il s'agisse de combattre une insurrection, de châtier une tribu rebelle, ou d'étendre le champ de la colonisation.

La pelle, la pioche ou le fusil à la main, les zouaves partagent leur temps entre les combats et le travail ; ils ouvrent des routes, construisent des postes militaires, assainissent les régions malsaines. Sans d'autre abri que la tente, exposés à toutes les rigueurs du climat, ces pionniers de la conquête supportent les rudes épreuves des premières campagnes avec une énergie admirable, conservant au milieu des fatigues cette insouciance et cette gaîté qui devinrent légendaires dans ce corps d'élite.

Avant d'ouvrir les pages de notre livre d'or, nous croyons devoir donner une place, dans cet historique, aux exploits de nos aînés. Les bataillons de zouaves ont transmis aux nouveaux régiments, frères par l'origine et bientôt rivaux de gloire, des traditions d'énergie, d'intrépidité, de bravoure, que ceux-ci gardent avec un soin jaloux. Nous passerons toutefois rapidement sur cette première période de notre histoire. Il n'entre pas, en effet, dans le cadre de ce travail, de suivre pas à pas ces premiers bataillons dans les nombreuses expéditions qui marquent les débuts de l'occupation française en Algérie.

Nous rappellerons sommairement les principaux événements auxquels furent mêlés le corps des zouaves, de 1830 à 1841, et le régiment des zouaves, de 1841 à 1852.

Nous retracerons à grands traits l'existence laborieuse et les épreuves de tous genres auxquelles les zouaves sont soumis pendant les premières années de l'occupation ; lorsque les services rendus à la colonie amèneront le développement de cette troupe d'élite, nous retrouverons, dans le 3e régiment, les vertus militaires qui ont illustré les premiers zouaves.

Nous le verrons dans les montagnes de la Kabylie ou les tranchées de Sébastopol, à travers les rizières de la Lombardie, les terres chaudes ou les hauts plateaux du Mexique, donnant la mesure de son courage, de son énergie, de sa solidité, excitant l'admiration, non seulement des chefs qui le conduisent au feu, mais encore des compagnons d'armes qui combattent à ses côtés. Après l'avoir applaudi dans ses succès, nous le suivrons dans les jours de deuil de l'année terrible ; et si, pour la première fois, la victoire l'abandonne, nous pourrons du moins saluer, avec le même respect, le drapeau de Palestro et de San-Lorenzo, sorti sans tache de nos désastres.

Enfin, avant de fermer les pages de cet historique, nous consacrerons nos dernières lignes aux combattants de Hué, qui viennent d'ajouter un fleuron de plus à la couronne guerrière du 3e zouaves, sur les champs de bataille de l'Extrême-Orient.

Constantine, le 21 septembre 1886.

Le lieutenant A. Marjoulet.

LIVRE Ier

LES ZOUAVES

CHAPITRE Ier

Le corps des zouaves et le régiment des zouaves.

De 1830 à 1832.

A peine organisée, la nouvelle troupe tient la campagne et marche contre Médéah avec le général Clauzel.

Le 21 novembre 1830, les zouaves reçoivent le baptème du feu au col de Mouzaïa; ils rentrent à Alger dans les premiers jours de 1831, après avoir occupé Médéah pendant deux mois, et livré de nombreux combats autour de la place.

Au mois de juin dè la mème année, le général Berthézene, successeur du général Clauzel, conduit une nouvelle colonne contre les tribus des environs de Médéah; deux compagnies de zouaves, sous les ordres du commandant Duvivier, prennent part à l'expédition et s'illustrent de nouveau au col de Mouzaïa, pendant la retraite sur Alger. La brillante conduite des zouaves leur donne droit de cité dans l'armée française.

Le renvoi des volontaires parisiens et la désertion des indigènes rendent bientôt le recrutement difficile. Le 2ᵉ bataillon n'ayant pu être complété, lë gouverneur général réunit les deux bataillons en un seul, comprenant 10 compagnies : 8 françaises et 2 indigènes. L'ordonnance royale du 7 mars 1833 sanctionne cette nouvelle organisation et prescrit que chaque compagnie indigène recevrait 12 soldats français.

De 1832 à 1835.

Pendant les années 1832, 1833 et 1834, les zouaves occupent le poste de Dely-Ibrahim, aux environs d'Alger; mais la vie monotone du camp et les travaux d'installation et de colonisation sont fréquemment interrompus par des courses dans le Sahel, la Métidja, les premières gorges de l'Atlas.

Le 1er juillet 1834, le capitaine DE LAMORICIÈRE, promu chef de bataillon, prend le commandement du corps des zouaves, dans lequel il servait depuis sa formation. C'est à ce nouveau chef que l'on doit cet uniforme oriental que les zouaves allaient bientôt montrer avec tant de succès sur les champs de bataille de Crimée, d'Italie et du Mexique.

En 1835, le maréchal Clauzel, revenu en Algérie, emmène 200 zouaves et leur chef dans l'expédition organisée contre Mascara; heureux des progrès accomplis par cette troupe d'élite, satisfait des services rendus pendant l'expédition, le gouverneur général demande la réorganisation du corps qu'il avait créé en 1830.

L'ordonnance royale du 25 décembre 1834 prescrit la formation de deux bataillons de zouaves à quatre compagnies, et les place sous les ordres du commandant DE LAMORICIÈRE, promu lieutenant-colonel.

1836.

Réunis dans la province d'Alger, en 1836, les zouaves sont appelés, à la fin de mars, sur le théâtre de leurs premiers exploits.

Le colonel DE LAMORICIÈRE enlève le col de Mouzaïa, malgré les difficultés du terrain et l'énergie de la défense, et résiste pendant toute une journée aux retours offensifs de l'ennemi.

Retenus par les opérations dans la Métidja, les deux bataillons ne prennent aucune part à la première expédition de Constantine; mais, l'année suivante, un bataillon du régiment marche à l'avant-garde, sous les ordres du colonel DE LAMORICIÈRE, pour venger l'échec de nos armes en 1836.

1837.

Le 31 octobre 1837, les zouaves écrivent, avec leur sang, une des plus belles pages de leur histoire. Le nom de Constantine, brodé en lettres d'or sur les plis du drapeau du 1er zouaves, rappelle l'héroïsme de la première colonne d'assaut et perpétue le souvenir de cette glorieuse journée.

Un troisième bataillon de zouaves avait été formé, en 1837, avec les volontaires de la garnison de Tlemcen ; une décision royale du 11 novembre de la même année réunit ces trois bataillons en un seul corps qu'elle place sous le commandement du lieutenant-colonel DE LAMORICIÈRE, promu colonel.

1838-1839.

Les années 1838 et 1839 sont relativement calmes, et les zouaves reprennent leurs travaux de colonisation : « campagne pacifique, mais rude, et, sous un climat souvent insalubre, presque aussi meurtrière que le combat ». (*Zouaves et chasseurs à pied.*)

A la fin de l'année 1839, la désertion nous enlève un grand nombre d'indigènes, et le corps des zouaves se trouve réduit à deux bataillons.

1840.

Les opérations actives recommencent en 1840 ; nos colonnes marchent successivement contre Cherchell, Médéah, Milianah ; au mois de juin, ces trois bases d'opérations de l'ennemi sont entre nos mains : « Les zouaves ne manquèrent pas un combat, pas une course, et toutes les fois qu'il y avait une position à enlever, un effort à faire, les notes retentissantes de leur marche bien connue se mêlaient aux sons entraînants de la charge. » (*Zouaves et chasseurs à pied.*)

1841.

Le colonel DE LAMORICIÈRE, nommé général, est remplacé par le lieutenant-colonel CAVAIGNAC.

Pendant la campagne de 1841, les zouaves combattent dans les provinces d'Oran et d'Alger. Le bataillon du commandant DE SAINT-ARNAUD fait partie d'une colonne que le général Bugeaud dirige aux environs de Tagdemt et de Mascara ; le bataillon du commandant LE FLÔ opère dans la vallée du Chéliff. A la fin de l'année, le gouvernement prend ses dispositions pour renforcer les troupes d'Afrique, et, renonçant à l'idée d'une occupation restreinte, se décide à poursuivre la conquête de l'Algérie.

En présence de l'accroissement que les forces indigènes, déjà importantes, tendaient encore à prendre, le gouverneur général propose de donner à l'infanterie indigène une organisation nouvelle et distincte. Une ordonnance royale du 8 septembre 1841 porte le corps des zouaves à 3 bataillons de 9 compagnies, et lui donne un état-major complet semblable à celui des régiments d'infanterie. Les 8ᵉˢ compagnies seules reçoivent les indigènes, mais en petit nombre, pour justifier en quelque sorte le nom et l'uniforme du corps. On crée, en même temps, sous le nom de tirailleurs algériens, des corps spéciaux d'infanterie, où les Français n'occupent qu'une partie des emplois d'officier et de sous-officier.

Le régiment de zouaves est à peine formé, que ses trois bataillons se séparent pour aller servir dans chacune des trois provinces.

Le 1ᵉʳ bataillon (commandant DE SAINT-ARNAUD) part pour Blidah, avec l'état-major du régiment ; le 2ᵉ bataillon (commandant D'AUTEMARRE D'ERVILLÉ) est dirigé sur Tlemcen ; le 3ᵉ bataillon (commandant FRÉMY) se rend à Bône. A dater de cette époque, chaque bataillon a une histoire distincte et prend part aux expéditions organisées dans la région qu'il occupe.

De 1842 à 1844.

Pendant les campagnes de 1842, 1843 et 1844, nous retrouvons les zouaves en Kabylie, dans les gorges de Djurdjura, de l'Ouarsenis, dans la vallée du Chélif, aux environs de Guelma et de Tlemcen. Au mois de mai 1843, le 1ᵉʳ bataillon du régiment rejoint, à marches forcées, notre cavalerie qui vient d'enlever la smala d'Abd-el-Kader.

« Après une marche de trente lieues en trente-six heures, sans eau, par le vent du désert, marche si dure que le sang colorait leurs guêtres blanches, on vit les zouaves défiler devant le bivac des chasseurs d'Afrique en sifflant les fanfares de la cavalerie, comme pour railler les chevaux fatigués et se venger de ce que leurs rivaux de gloire avaient chargé et battu l'ennemi sans eux. » (*Zouaves et chasseurs à pied.*)

Rappelé dans la province d'Alger, en 1843, le 3ᵉ bataillon concourt à la fondation d'Orléansville et quitte ses camps de travail pour opérer, sous les ordres du colonel PÉLISSIER, dans les montagnes de l'Ouarsenis.

Le 14 août 1844, le 2ᵉ bataillon prend une part glorieuse à la bataille d'Isly, et subit, avec une fermeté héroïque, les charges répétées de la cavalerie marocaine.

1845.

Le 9 janvier 1845, le colonel CAVAIGNAC, promu général, est remplacé par le colonel DE LADMIRAULT.

1845 à 1848.

Dans les campagnes de 1845, 1846 et 1847, le 2ᵉ bataillon soutient l'effort de la lutte près des frontières du Maroc et dans la province d'Oran ; les deux autres parcourent en tous sens la province d'Alger. La soumission d'Abd-el-Kader calme l'agitation de la colonie et donne un peu de repos à nos troupes.

Les trois bataillons du régiment sont réunis à Alger, au mois de juin 1848. Le colonel Canrobert en prend le commandement, en remplacement du colonel de Ladmirault, promu général.

1849.

La paix ne devait pas être de longue durée : après quelques opérations en Kabylie, les 1ᵉʳ et 2ᵉ bataillons marchent, au mois d'octobre 1849, à l'expédition de Zaatcha.

Les zouaves viennent renforcer la colonne du général Herbillon, tenue en échec, depuis quelque temps, devant l'oasis.

Le colonel Canrobert dirige en personne une colonne d'assaut, arrive le premier sur la brèche, entraîne les deux bataillons de son régiment à travers les haies, les jardins, les ruelles, et parvient, malgré la fusillade, à forcer le dernier réduit des défenseurs.

Le général Herbillon met le régiment à l'ordre du jour et félicite les zouaves de l'audace et de la bravoure dont ils ont fait preuve, pendant le siège et l'assaut de Zaatcha.

Rien ne peut arrêter ces intrépides soldats, aussi habiles à poursuivre les montagnards dans leurs forêts et leurs rochers réputés inaccessibles, qu'à triompher des difficultés sans nombre que présentent aux colonnes du Sud, les distances, le ravitaillement et les obstacles des oasis.

De 1850 à 1852.

Dans les années 1850 et 1851, le régiment prend part à de nouvelles expéditions dans l'Aurès et dans la Kabylie, sous les ordres du colonel d'Aurelle de Paladines.

Le 20 décembre 1851, le colonel Bourbaki remplace le colonel d'Aurelle, promu général.

Depuis leur création, les zouaves avaient rendu d'importants services à la colonie et contribué, pour une large part, à l'œuvre de conquête et de pacification.

Le corps, à cette époque, n'avait presque jamais de soldats à instruire et se recrutait sans cesse de volontaires déjà rompus au métier des armes.

Presque toujours en expédition, entraînée par les LAMORICIÈRE, les CAVAIGNAC, les LADMIRAULT, les CANROBERT, les D'AURELLE, les BOURBAKI, cette troupe d'élite s'était fait une glorieuse réputation par son habitude de la guerre d'Afrique, et les nombreux combats qu'elle livra pendant ces vingt-deux ans de compagnes.

Reconnaissant des services rendus par les héros de Mouzaïa, de Constantine et de Zaatcha, le gouvernement se décide à augmenter le nombre des régiments de zouaves.

Sur la proposition du général Randon, le Président de la République rend, le 13 février 1852, le décret suivant :

« Louis Napoléon, Président de la République française,

» Considérant que les services rendus par les troupes qui font partie de l'armée d'Afrique, à titre permanent, sont dus à la solidité particulière et à l'esprit de corps que donne l'habitude du climat et de la guerre ;

» Considérant que l'application, dans une sage mesure, du principe de la permanence est le plus sûr moyen d'arriver progressivement, et sans péril pour les intérêts de la conquête, à une réduction de l'effectif de l'armée d'Afrique et, par suite, à un allègement des charges que son entretien fait peser sur le pays ;

» Voulant réaliser les divers avantages qui résulteraient de l'extension de ce principe à un plus grand nombre de corps français et d'une constitution définitive et plus solide des troupes indigènes auxiliaires ;

» Sur le rapport du Ministre de la guerre,

» DÉCRÈTE :

» Art. 1er. Il sera formé trois régiments de zouaves, qui prendront les dénominations de 1er, 2e et 3e régiments de zouaves.

» Chacun des trois bataillons actuels deviendra le noyau d'un des trois corps de nouvelle formation.

» Art. 2. Les régiments de zouaves seront organisés d'après les bases posées par l'ordonnance du 8 septembre 1841, et constitués sur le type du régiment existant (1). »

---

(1) Les renseignements contenus dans le chapitre Ier, ont été puisés, en grande partie, dans l'*Historique du 1er zouaves*, rédigé par le commandant DESCOUBÈS.

CHAPITRE II

Organisation du 3ᵉ zouaves.

(Mars 1852.)

Le 3ᵉ régiment de zouaves est organisé à Philippeville, le 23 mars 1852, par le général d'Autemarre d'Ervillé, commandant la subdivision de Constantine.

Le 3ᵉ bataillon de l'ancien régiment, appelé à former le noyau du nouveau régiment, part d'Alger les 4 et 5 mars, débarque à Bougie les 5 et 6, et devient 1ᵉʳ bataillon du 3ᵉ zouaves, comprenant 8 compagnies à l'effectif total de 967 hommes.

Les deux autres bataillons, constitués à l'aide d'anciens soldats volontaires fournis par 23 régiments de ligne et 11 régiments d'infanterie légère, sont organisés à Philippeville le 25 avril.

Le colonel Tarbouriech prend le commandement du régiment.

Le 1ᵉʳ bataillon arrive à Bougie quelques jours après le désastre que la tourmente de neige des 22 et 23 février avait fait subir à la colonne Bosquet.

A peine débarqué, il est dirigé sur le camp de Taourirt-Ighil pour achever les travaux commencés et détruire la mauvaise impression que les tristes événements de la fin de février avaient pu produire sur les indigènes.

Le 20 mars, il quitte son camp de travail et d'observation et vient tenir garnison à Sétif.

Un mois et demi après son arrivée dans cette place, le général de Mac-Mahon lui envoie l'ordre de rejoindre, à Milah, la colonne expéditionnaire de la Kabylie orientale.

Expédition de la Kabylie orientale.

(Mai-Juillet 1852.)

Depuis longtemps, l'attention du gouvernement était fixée sur les montagnes qui bordent le littoral entre Dellys et Philippeville ; cette partie du pays était restée en dehors de notre autorité, alors que l'Algérie tout entière, de la frontière de Tunis à celle du

---

ÉTAT NOMINATIF DE MM. LES OFFICIERS DU 3ᵉ RÉGIMENT DE ZOUAVES AU MOMENT DE SA FORMATION.

MM. TARBOURIECH, colonel.
JEANNIN, lieutenant-colonel.

1ᵉʳ *bataillon.*

MM.	MM.
DUBOS, chef de bataillon.	PIERRON, lieutenant.
D'AIGREMONT, capitaine adjudᵗ-major.	DUFAU, lieutenant.
ENGELBERT, capitaine.	LEFEBVRE, lieutenant.
BONIS, capitaine.	DE MONROTY, sous-lieutenant.
DE NARBONNE, capitaine.	PRINGUET, sous-lieutenant.
CAMBON, lieutenant.	MAMALET, sous-lieutenant.

2ᵉ *bataillon.*

MONTAUDON, chef de bataillon.	MARTENOT, lieutenant.
MARTIN, capitaine adjudant-major.	LALANNE, lieutenant.
MELOT, capitaine.	BEUTZ, lieutenant.
GENDRE, capitaine.	HUCHER, lieutenant.
BRINCOURT, capitaine.	RODES, sous-lieutenant.
CHAMPEAUX, capitaine.	DE TOURNEMINE, sous-lieutenant.
LALANNE, capitaine.	NOGARET, sous-lieutenant.
DE LA BARRE, capitaine.	LANDRUT, sous-lieutenant.
DE POTIER, lieutenant.	DE GUÉRIF, sous-lieutenant.
STAHL, lieutenant.	CHEVALIER, sous-lieutenant.
MANGIN, lieutenant.	TURC, sous-lieutenant.
LAPEYRIÈRE, lieutenant.	GROSSI, sous-lieutenant.

Maroc, de la Méditerranée aux limites sud du Sahara algérien, avait reconnu notre domination.

De nombreuses expéditions, renouvelées pendant plusieurs années consécutives, avaient amené des soumissions partielles ; nos colonnes avaient parcouru à différentes reprises la région de Collo, mais sans y fonder d'établissement permanent; de sorte que la fidélité des tribus de la Kabylie orientale était toujours aléatoire.

Il était indispensable de réduire complètement, et le plus tôt possible, cette région remuante pour donner un peu de sécurité à nos établissements de Philippeville et à la route de Constantine.

Dans ce but, le gouverneur général résolut de fonder un établissement à Collo et d'arriver, pendant l'année 1852, à la soumission complète des tribus situées entre l'Oued-el-Kébir (le Roumel) et l'Oued-Guébli.

Pour empêcher les montagnards des Babors et de la Grande Kabylie de troubler l'opération, on forme deux colonnes d'observations : l'une, sous les ordres du général Camou, se porte sur le versant occidental du Djurdjura; l'autre, commandée par le général Maissiat, est chargée d'observer le pays entre Sétif et Bougie.

Le 2ᵉ bataillon du régiment (commandant Montaudon) fait partie de cette dernière colonne et travaille avec les autres troupes à rendre carrossable la route de Bougie à Sétif.

Le 1ᵉʳ bataillon (commandant Dubos) arrive à Milah le 10 mai, et prend sa place dans la colonne du général de Mac-Mahon, destinée à opérer dans la Kabylie orientale.

3ᵉ *bataillon.*

MM.	MM.
Dupin de Saint-André, chef de bataillon.	de la Hayrie, lieutenant.
de Crécy, capitaine adjudant-major.	Japy, lieutenant.
Maupont, aide-major.	Paoli, lieutenant.
Javary, capitaine.	Valet, lieutenant.
Goetzman, capitaine.	Montié, lieutenant.
Candolive, capitaine.	Masquelez, lieutenant.
Dorsène, capitaine.	Maguin, lieutenant.
Simon, capitaine.	Blaise, sous-lieutenant.
Gouzy, capitaine.	Gautier, sous-lieutenant.
Dubois, capitaine.	Jarrié, sous-lieutenant.
Déchard, capitaine.	Drut, sous-lieutenant.
Sarrette, capitaine.	Retault, sous-lieutenant.
Boistard, lieutenant.	Vincent, sous-lieutenant.
Parguez, lieutenant.	Robert, sous-lieutenant.
	Pichon, sous-lieutenant.

Il se met en mouvement, le 12, dans la direction d'El-Miliah et s'établit, le 15, au bivouac de Fedj-Zerzour, chez les Ouled-Aïdoun.

Une colonne légère, sous les ordres des généraux de Mac-Mahon et Bosquet, et composée de toute la cavalerie, du goum, d'un bataillon du 16e léger, de la légion étrangère et de zouaves, pousse une reconnaissance à deux lieues de la face est du bivouac.

Les Kabyles se retirent devant nos troupes sans tirer un coup de fusil. Le bataillon Dubos, qui se trouvait en tête de la colonne, forme l'arrière-garde à son retour; les meilleurs tireurs du bataillon, au nombre de 80, réunis en deux sections d'élite, marchent sous les ordres des sous-lieutenants Dousselin et Pringué et sont employés aux missions les plus périlleuses.

Les Kabyles se rapprochent de la colonne et inquiètent notre arrière-garde. Le cheval du commandant Dubos a les deux cuisses traversées d'un coup de feu.

Le soir, trois à quatre cents montagnards sortent de leurs broussailles et viennent attaquer nos grand'gardes; la fusillade devenant très vive, le commandant Dubos réunit les tambours et clairons du bataillon et leur fait battre et sonner la charge.

Les Kabyles croient à une marche à la baïonnette et ralentissent leur feu pendant quelques minutes; mais bientôt la fusillade recommence avec plus d'intensité; une deuxième charge est sonnée et tout bruit cesse vers 11 heures du soir.

Cette attaque de nuit nous coûte 1 caporal et 5 hommes blessés.

Le lendemain, de petites colonnes quittent le camp et vont ravager les moissons, incendier les villages, couper les oliviers.

Les Kabyles renouvellent l'attaque de nos grand'gardes pendant la nuit; 2 zouaves sont blessés.

Le 18, la colonne de Mac-Mahon va s'établir à El-Miliah, d'où elle rayonne, les 19 et 20, pour compléter l'œuvre de destruction sur le territoire des Ouled-Aïdoun.

Le 21 mai, la colonne quitte El-Miliah pour aller châtier les Ouled-Aouat, dont on signale de nombreux contingents sur la rive gauche de l'Oued-el-Kébir.

Les Kabyles occupent une forte position couronnée par quatre villages et couverte en avant par un ravin profond rempli d'épaisses broussailles.

Le général de Mac-Mahon fait canonner les villages par l'artillerie et lance les zouaves sur la position, tandis que d'autres troupes essaient de la tourner par les ravins.

Le bataillon du commandant Dubos escalade les rochers, malgré les difficultés du terrain et s'avance, avec un entrain remarquable, jusqu'aux villages que l'ennemi abandonne.

La 3ᵉ compagnie, commandée par M. le lieutenant Pierron, reçoit l'ordre d'aller brûler quelques gourbis qui se trouvent à mi-côte sur la rive droite de l'Oued-el-Kébir. Entraînée par la fusillade et n'entendant pas la sonnerie de la retraite, cette compagnie arrive jusqu'à la crête de la montagne et tombe au milieu de Kabyles embusqués derrière les broussailles; 6 zouaves sont atteints, dont un mortellement.

Le goum, les spahis, le 1ᵉʳ bataillon du 16ᵉ léger accourent pour protéger la retraite de la compagnie qui, sans ce renfort, aurait éprouvé des pertes considérables. Pendant la retraite, les sergents Villaret de Joyeuse et Collinaud, le caporal Bouteau, les zouaves Augeol, Lerain, Hardy et Tosche, de la 5ᵉ compagnie, font un retour offensif pour enlever aux mains des Kabyles un soldat du 16ᵉ léger qui venait d'être tué.

Quoique blessé, le zouave Augeol rapporte sur ses épaules le cadavre de son camarade.

Ce brillant fait d'armes se reproduit dans tous les engagements avec les Arabes ou les Kabyles, et les zouaves se font un devoir de ne jamais abandonner à l'ennemi les dépouilles de leurs camarades tués ou blessés.

Le 23 mai, une colonne légère, dont fait encore partie le bataillon du commandant Dubos, traverse l'Oued-el-Kébir et marche contre les Béni-Kettab, qui ne veulent pas accepter notre domination avant d'avoir fait parler la poudre.

Nos troupes arrivent à 8 heures sur le territoire de cette tribu. Les zouaves et le 3ᵉ bataillon d'Afrique, couverts par un épais brouillard, enlèvent les positions ennemies sans coup férir, tandis que d'autres troupes dessinent un mouvement tournant. Le brouillard nous empêche de poursuivre les Kabyles, qui se jettent dans les ravins boisés. L'ennemi reparaît pendant notre retraite sur le camp et vient harceler l'arrière-garde. Cette affaire nous coûte 3 zouaves tués et 11 blessés.

La colonne de Mac-Mahon séjourne à El-Miliah jusqu'au 1ᵉʳ juin, pour assurer la pacification du pays; à cette date, elle se met en route pour Collo, où elle arrive le 12 juin, après avoir parcouru le pâté montagneux qui sépare l'Oueld-el-Kébir de l'Oued-Guebli, et livre dans ces gorges boisées de continuels combats aux Kabyles.

Le général de Mac-Mahon devait fonder un établissement permanent à Collo; mais, sur ces entrefaites, un mouvement insurrectionnel éclatait dans la région Bône-Guelma et, sous peine de lui voir prendre une extension considérable, il fallait le combattre sans retard.

Le 17 juin, la colonne quitte Collo et marche sur le Djebel-Goufy, où les Beni-Toufout ont pris position et élevé des retranchements.

Les zouaves gravissent, au prix de grandes fatigues, ces pentes raides, rocheuses et couvertes de broussailles ; ils délogent, par des feux de salve, les contingents kabyles, qui font rouler, sur les colonnes d'assaut, de gros blocs de rochers.

Le 20 juin, le général de Mac-Mahon pénètre sur le territoire des Ouled-Attia, dans la vallée de l'Oued-Zour, et se prépare à porter un dernier coup aux tribus insoumises, lorsqu'il apprend que l'insurrection de l'Est gagne du terrain et que les postes d'Aïn-Beïda et de Souk-Arrhas, dégarnis de troupes, sont menacés par les Haractas et les Hanenchas révoltés. La colonne rentre au plus vite, pour se porter sur le théâtre de l'insurrection ; elle repasse par El-Miliah, Milah, refoule les contingents qui essaient d'inquiéter sa retraite, et arrive, le 2 juillet, à Constantine.

Opérations dans les cercles de Guelma et Souk-Arrhas.

(Juin-Juillet 1852.)

Pendant que le général de Mac-Mahon opère dans la région de Collo, le 2ᵉ bataillon est occupé aux travaux de la route de Sétif à Bougie, le 3ᵉ bataillon tient garnison à Constantine. L'Est de la province est dégarni de troupes, et l'insurrection, qui a pris naissance dans le cercle de Guelma, s'étend rapidement vers Bône et Aïn-Beïda.

Le 4 juin, les 3ᵉ, 4ᵉ, 5ᵉ et 6ᵉ compagnies du 3ᵉ bataillon quittent Constantine, avec le commandant DE SAINT-ANDRÉ, et se dirigent à marches forcées vers la Mahouma, dans le cercle de Guelma. Ces quatres compagnies font partie d'une colonne que commande le lieutenant-colonel Ameil, du 3ᵉ chasseurs d'Afrique. Les quatre autres compagnies du 3ᵉ bataillon partent, quelques jours après, avec le colonel TARBOURIECH et opèrent, sous Aïn-Beïda, leur jonction avec une colonne accourue de Khenchéla sous les ordres du colonel Desvaux. Des renforts sont envoyés de tous les points de la province sur le territoire insurgé.

Le lieutenant-colonel Ameil passe l'Oued-Cherf, suit le versant est de la Mahouma, par de très mauvais chemins et rallie, le 7 juin, la faible colonne du colonel Dumarcix, du 10e léger ; les Arabes, qui tiraillaient depuis le matin, se retirent à notre approche.

Le lendemain, au point du jour, l'ennemi reparaît en nombre sur les hauteurs qui entourent le camp et entame bientôt le combat avec nos grand'gardes ; les compagnies prennent les armes, et, quoique fort nombreux, les Arabes ne nous attendent pas. Les zouaves s'emparent au pas de course des positions ennemies, qu'ils occupent jusqu'à la nuit. A 9 heures du soir, la fusillade recommence ; un mouvement offensif de nos grand'gardes amène la retraite des Arabes, qui fuient de toutes parts, abandonnant leurs morts sur le terrain.

Le 9, à 4 heures 1/2 du soir, notre camp est attaqué de nouveau ; les efforts de l'ennemi se portent surtout sur les faces sud et ouest, où veillent les grand'gardes des 3e et 4e compagnies.

Les zouaves prennent les armes en silence, et, laissant les Arabes s'approcher à petite distance, fondent sur eux à la baïonnette.

Enhardi par l'arrivée de quelques renforts, l'ennemi reprend bientôt l'offensive et s'élance avec plus d'acharnement sur la 3e compagnie.

Les zouaves de cette compagnie, bientôt soutenus par ceux de la 6e, abordent de nouveau l'ennemi à la baïonnette et le poursuivent jusqu'à 1 kilomètre de nos postes avancés.

Les pertes des Arabes sont très nombreuses ; de notre côté, le zouave THIRION, de la 4e compagnie, est tué à coups de yatagan ; le zouave DIÉNY, de la même compagnie, est dangereusement blessé en disputant à l'ennemi le cadavre de son camarade THIRION.

Le 10, à 11 heures du soir, nouvelle attaque : le lieutenant DE LA HAYRIE et le sous-lieutenant GAUTHIER, de la 3e compagnie, se portent en silence sur les positions ennemies, qu'ils doivent enlever à la baïonnette et sans tirer un seul coup de fusil ; le mouvement s'exécute avec ordre, intelligence et sang-froid ; malheureusement, le temps est à l'orage et, au moment où les deux sections vont aborder les Arabes, les éclairs qui se succèdent les signalent à l'ennemi et trahissent leur marche.

Les Arabes fuient dans toutes les directions.

Le 11 juin, le colonel de Tourville renforce la colonne Dumareix avec des troupes qu'il amène de Bône ; apprenant que les insurgés se sont réfugiés, avec la plus grande partie de leurs troupeaux, sur le Kef-el-Aks (rive droite de l'Oued-Cherf), le colonel de Tourville prend le commandement supérieur de la colonne et la dirige vers cette espèce de forteresse naturelle, qui est le réduit de l'insurrection.

Le 13, il a avec les Arabes un léger engagement à Akbet-el-Zitoun et, le 14, il les attaque à Kef-el-Aks, d'où il les chasse et leur prend leurs hôpitaux. Jusqu'au 18, il reste dans le pays et fait chaque jour une razzia nouvelle ; le 18, il se dirige sur le Fedj-el-Macta, à l'Ouest de Souk-Arrhas, et, le 26, la colonne fait son entrée à Souk-Arrhas.

Les quatre compagnies du 3e bataillon, que le colonel TARBOURIECH a emmenées à Aïn-Beïda, le 10 juin, font partie d'une colonne que le général d'Autemarre dirige sur le territoire des Haractas. Le 27, la colonne d'Autemarre fait sa jonction avec les troupes du colonel de Tourville, et les huit compagnies du 3e bataillon se trouvent de nouveau réunies. Le général d'Autemarre surveille le pays et lance des colonnes légères à la poursuite des tribus insoumises. Il est rejoint, le 11 juillet, à Aïn-Tmatmat, par la colonne que le général de Mac-Mahon ramène en toute hâte de Collo. Les 1er et 3e bataillons du régiment marchent désormais réunis sous le commandement du colonel TARBOURIECH.

La répression du mouvement insurrectionnel et la poursuite des rebelles ont été l'œuvre, jusqu'à ce jour, des colonnes légères envoyées successivement de Guelma (colonel Dumareix), de Constantine (lieutenant-colonel Ameil), de Bône (colonel de Tourville), d'Aïn-Beida (colonel TARBOURIECH et général d'Autemarre).

L'arrivée de la colonne de Kabylie met entre les mains du général de Mac-Mahon des moyens d'action plus puissants et lui permet de disposer de 10 bataillons, de 5 escadrons et de 4 sections d'artillerie.

Le général d'Autemarre n'avait pas poursuivi les dissidents au delà de la frontière tunisienne ; le général de Mac-Mahon obtient l'autorisation d'aller les y combattre. La colonne lève le camp le 12 juillet, à 4 heures du soir, et se dirige sur le marabout des Ouled-sidi-Yaya (au nord d'El-Meridj).

Tandis que la cavalerie surprend les rebelles et razzie leurs troupeaux, l'infanterie de la colonne marche pendant dix-sept heures, par une nuit très noire et à travers un pays difficile ; elle arrive à 9 heures 1/2 sur le théâtre du combat, au moment où les Hamenchas demandaient l'aman.

Le général de Mac-Mahon, après avoir accordé un jour de repos à ses troupes, remonte la frontière et dirige sa colonne sur le territoire des Béni-Salah. La chaleur est accablante, et le mauvais état des chemins augmente encore la fatigue de nos hommes.

Quoique formé d'éléments peu homogènes, le 3ᵉ bataillon montre, au milieu de ces épreuves, la solidité, l'énergie, l'intrépidité que donnent l'esprit de corps et le culte des traditions.

La colonne arrive, le 18, au bordj de Sidi-Youcef.

Les Beni-Salah s'étaient réfugiés en Tunisie, sur le territoire des Ouchtétas; ils y sont poursuivis et razziés les 23 et 24 juillet; le général de Mac-Mahon rentre à Souk-Arrhas le 28 juillet, et les troupes de sa colonne rejoignent leurs différentes garnisons.

Les 1ᵉʳ et 3ᵉ bataillons du régiment arrivent à Constantine le 6 août. Pendant ces opérations sur la frontière tunisienne, le 2ᵉ bataillon continue ses travaux de route et tient garnison à Sétif.

Colonne des Ouled-Mahboub.

(Septembre 1852.)

Le 27 septembre, le 1ᵉʳ bataillon reçoit l'ordre de partir dès le lendemain; le but de sa marche est secret. Le 29, il est rejoint par trois escadrons de chasseurs d'Afrique et un escadron de spahis, à Bord ben Zékri, où une colonne s'organise sous les ordres du général d'Autemarre.

Ces troupes lèvent le camp à 10 heures du soir, laissent les bagages au bivouac et arrivent, à 5 heures du matin, chez les Ouled-Mahboub, tribu que l'on doit châtier.

La 2ᵉ compagnie du 1ᵉʳ bataillon (capitaine SAINT-MARTIN) reçoit l'ordre d'entourer un douar d'une vingtaine de tentes et de passer les habitants par les armes.

Les femmes et les enfants sont épargnés. Le 1ᵉʳ bataillon rentre à Constantine le 2 octobre. Le 20 octobre, le régiment tout entier est réuni à Constantine; le général de Mac-Mahon lui passe l'inspection générale.

COMPOSITION DES TROIS BATAILLONS, APRÈS LE TIERCEMENT
QUI SUIT L'INSPECTION GÉNÉRALE.

1ᵉʳ *bataillon.*

MM. MONTAUDON, chef de bataillon
MARTIN, capitaine adjudant-major.

1ʳᵉ *compagnie.*	2ᵉ *compagnie.*
MM.	MM.
FLÈCHE, capitaine.	DUBOIS, capitaine.
DOINEAU, lieutenant.	MONTIÉ, lieutenant.
LEFRANC, sous-lieutenant.	PICHOUD, sous-lieutenant.

Colonne de Laghouat.

(Novembre-décembre 1852.)

Le 29 novembre, le 1er bataillon reçoit l'ordre de rejoindre la colonne du général Bosquet, qui, de Sétif, doit se diriger sur Laghouat. Le commandant MONTAUDON et le lieutenant-colonel JEANNIN marchent avec le bataillon.

Assaillis par la grêle et la pluie, surpris par des rafales d'un vent glacé, les zouaves supportent des fatigues inouïes avec une énergie et une patience admirables; ceux que l'on veut évacuer sur les hôpitaux refusent de quitter les rangs.

Le 9 décembre, on apprend la prise de Laghouat, et la colonne rentre à Sétif sans avoir eu les honneurs du combat, mais cruellement éprouvée par les rigueurs du climat et les longues marches. Le 1er bataillon, les chasseurs et les spahis restent seuls en expédition du côté de Bou-Saada, sous les ordres du général Bosquet.

Le 1er bataillon rentre à Sétif le 24 décembre; les 2e et 3e sont occupés jusqu'à la fin de l'année à des travaux de route.

Expédition des Babors.

(Mai-juillet 1853.)

Le 15 mai 1853, les trois bataillons du régiment sont concentrés à Sétif, pour prendre part à l'expédition que le général Randon,

---

3e compagnie.

MM.
GENDRE, capitaine.
(vacance).
DE TOURNEMINE, sous-lieutenant.

4e compagnie.

BONIS, capitaine.
LALANNE, lieutenant.
RETAULT, sous-lieutenant.

5e compagnie.

CANDOLIVE, capitaine.
MANGIN, lieutenant.
DOUSSELIN, sous-lieutenant.

6e compagnie.

LALANNE, capitaine.

MM.
REGLEY, lieutenant.
DE GUÉRIF, sous-lieutenant.

7e compagnie.

SIMON, capitaine.
PAOLI, lieutenant.
NOGARET, sous-lieutenant.

8e compagnie.

CAMMIADE, capitaine.
MASQUELEZ, lieutenant.
ROBERT, sous-lieutenant.

9e compagnie (dépôt).

DUFAU, capitaine.
(vacance).

gouverneur général de l'Algérie, doit diriger dans la Kabylie des Babors, c'est-à-dire dans la région comprise entre Sétif, Bougie, Djidjelli, le Zouara et le Ferdjiouah.

Le corps expéditionnaire comprend 2 divisions à 2 brigades ; les 2ᵉ et 3ᵉ bataillons du régiment font partie de la 1ʳᵉ brigade (général Paté) de la 1ʳᵉ division (général de Mac-Mahon) ; le 1ᵉʳ bataillon fait partie de la 2ᵉ brigade (colonel de Failly) de la 2ᵉ division (général Bosquet).

Depuis 1839, époque de notre installation, Djidjelli était tenu bloqué et n'avait pu s'ouvrir un débouché vers l'intérieur.

Après avoir obtenu la soumission des tribus voisines, nos soldats devaient échanger le fusil contre la pioche, tracer des routes, assurer ainsi la conquête du pays, et ouvrir Djidjelli au commerce.

La colonne du général Randon se met en route le 18 mai, pour assurer l'exécution de ce programme. La division Bosquet se dirige sur la rive gauche de l'Oued-Agrioun, vers les montagnes des Djermouna ; le 19, aussitôt après l'arrivée au camp de l'Oued-Draouat, le général Bosquet fait faire une sortie sans sacs à quelques-uns de ses bataillons.

2ᵉ *bataillon.*

MM. Dubos, chef de bataillon.

Letors de Crécy, capitaine adjudant-major.

1ʳᵉ compagnie.

MM.

Maurice, capitaine.

de Potier, lieutenant.

Rodes, sous-lieutenant.

2ᵉ compagnie.

Melot, capitaine.

Stahl, lieutenant.

Jeanselme, sous-lieutenant.

3ᵉ compagnie.

Mougin, capitaine.

Grossy, sous-lieutenant.

4ᵉ compagnie.

Brincourt, capitaine.

Lapeyrière, lieutenant.

Drut, sous-lieutenant.

5ᵉ compagnie.

Doumet, capitaine.

Martenot, lieutenant.

Jarrige, sous-lieutenant.

6ᵉ compagnie.

MM.

Gouzy, capitaine.

Valet, lieutenant.

Pernot, sous-lieutenant.

7ᵉ compagnie.

de Nanteuil, capitaine.

Beutz, lieutenant.

Chevalier, sous-lieutenant.

8ᵉ compagnie.

Delord, capitaine.

Parguez, lieutenant.

Rouet, sous-lieutenant.

9ᵉ compagnie (dépôt).

Sarrette, capitaine.

Garridel, lieutenant.

Pringué, sous-lieutenant.

Le bataillon du commandant MONTAUDON tient la tête de la colonne et arrive, après une heure et demie de marche, en vue des villages insoumis.

Les dispositions sont rapidement prises, et tandis qu'une partie de la 5ᵉ compagnie, sous les ordres du capitaine CANDOLIVE, s'embusque dans les rochers et répond au feu des tirailleurs ennemis, d'autres fractions du bataillon sont détachées pour incendier les villages. Les zouaves PEYROL et CHAMPENNE sont blessés.

Le 21, la division Bosquet se porte vers le col des Beni-Sakka, dans le pâté montagneux des Beni-Tizi.

L'avant-garde se déploie en face de cette position d'un accès difficile, et, appuyée par l'artillerie de la colonne, ouvre son feu contre les retranchements en pierres sèches que les Kabyles ont élevés. Le feu de nos tirailleurs ne parvenant pas à débusquer l'ennemi, le général Bosquet lance au milieu des rochers deux compagnies du bataillon de zouaves et la section de tireurs d'élite, com-

---

3ᵉ *bataillon.*

MM. DUPIN DE SAINT-ANDRÉ, chef de bataillon.
SENTUPÉRY, capitaine adjudant-major.

1ʳᵉ *compagnie.*

MM.
JAVARY, capitaine.
BOISTARD, lieutenant.
MAGUIN, sous-lieutenant.

2ᵉ *compagnie.*

GOETZMANN, capitaine.
PIERRON, lieutenant.
MAMELET, sous-lieutenant.

3ᵉ *compagnie.*

ENGELBERT, capitaine.
MARIE, lieutenant.
GAUTIER, sous-lieutenant.

4ᵉ *compagnie.*

DORSÈNE, capitaine.
LEFEBVRE, lieutenant.
JARRIÉ, sous-lieutenant.

5ᵉ *compagnie.*

CHAMPEAUX, capitaine.

MM.
CAMBON, lieutenant.
LANDRUT, sous-lieutenant.

6ᵉ *compagnie.*

DE NARBONNE, capitaine.
DELATTRE, lieutenant.
TURC, sous-lieutenant.

7ᵉ *compagnie.*

SAINT-MARTIN, capitaine.
JAPY, lieutenant.
BLAISE, sous-lieutenant.

8ᵉ *compagnie.*

GRAVIER, capitaine.
HUCHER, lieutenant.
VOGEL, sous-lieutenant.

9ᵉ *compagnie (dépôt).*

BÉRARD, capitaine.
VINCENT, sous-lieutenant.

mandée par M. le lieutenant Dousselin. Les Kabyles abandonnent aussitôt leurs villages et leurs retranchements; jusqu'au 28 mai, la 2ᵉ division parcourt le pays, brûlant moissons et villages et améliorant les chemins.

Les tribus situées entre l'Oued-Agrioun et la route de Bougie (1) viennent successivement faire leur soumission.

En quittant Sétif, le général de Mac-Mahon s'était dirigé sur El-Ouricia, et, par la rive droite de l'Oued-Agrioun, sur Oued-Berd, où il campait le 19. Les 20, 21, 22 et 23, la colonne s'enfonce dans les gorges de Tababor, brûle les villages, ravage les moissons et coupe les oliviers. Des colonnes légères parcourent cette région montagneuse, fouillent les ravins et donnent la chasse aux Kabyles. Ceux-ci se retirent généralement à l'approche de nos troupes, mais reviennent plus nombreux harceler les arrière-gardes qui protègent la rentrée au camp.

Le 22, 5 hommes du 3ᵉ bataillon sont blessés; le 23, les capitaines Melot et Gouzy, le sous-lieutenant Jeanselme, le sergent Bonnafond, le caporal Humbert, le zouave Dugas, du 2ᵉ bataillon, se font remarquer par leur élan dans l'attaque du col de Tizi-Mouggourt et dans le retour offensif que prononcent nos troupes pour soutenir l'arrière-garde vivement engagée.

Dès le 24, les tribus du Babor, voyant l'impossibilité de résister, viennent faire leur soumission.

Le 29 mai, les deux divisions de la colonne Randon se mettent en marche pour se rapprocher de la mer et faire leur jonction près de l'embouchure de l'Oued-Agrioun. Elles sont réunies le 4 juin, après quelques étapes des plus pénibles dans un pays extraordinairement difficile.

Les opérations de la colonne, la vigueur de nos troupes ont un tel retentissement, que les tribus situées entre l'Oued-Agrioun et l'Oued-Djindjin viennent demander l'aman.

Mais, sur la rive droite de cette rivière, deux puissantes tribus, les Beni-Ider et les Beni-Afer, ne font aucune ouverture et paraissent même vouloir résister les armes à la main.

Le général Randon donne l'ordre d'envahir leur territoire, par deux côtés à la fois, de manière à briser leur résistance; la division Bosquet se portera sur Fidoulès, en longeant le Ferdjiouah,

---

(1) Nota. — A cette époque, la route de Sétif à Bougie passait par Aïn-Rouah ; la route du Chabet-el-Akra n'a été ouverte que plus tard.

tandis que le général de Mac-Mahon pénétrera entre les deux tribus et s'établira à Ksiba, sur la rive gauche de l'Oued-Nil.

Les deux divisions quittent, le 5 juin, les bords de l'Oued-Agrioun et vont camper à Ziama, où le mauvais temps les retient jusqu'au 10.

Le 17, les généraux de Mac-Mahon et Bosquet atteignent les points qui leur avaient été assignés. Les Beni-Ider et les Beni-Afer n'essaient pas d'entamer la lutte, et s'empressent de venir faire leur soumission.

L'œuvre de pacification est presque terminée; à partir du 20, les troupes sont échelonnées dans le pays et travaillent, jusqu'à la fin du mois, aux routes stratégiques qui doivent relier Djidjelli à Milah et à Sétif.

La colonne est dissoute dans les premiers jours de juillet, en raison des grandes chaleurs, et les troupes sont renvoyées dans leurs garnisons.

Le 1er bataillon (commandant MONTAUDON) quitte le 1er juillet son ancienne division et rejoint les deux autres bataillons de son régiment, dans la division de Mac-Mahon.

Le 11 juillet, les trois bataillons se séparent encore, et, tandis que le 1er va tenir garnison à Sétif, les deux autres se dirigent sur Constantine.

Le 2e bataillon du régiment va relever à Sétif le bataillon du commandant MONTAUDON, en fin septembre. Le 12 octobre, les 1er et 3e bataillons quittent Constantine sous les ordres du colonel TARBOURIECH et se rendent au delà de Milah, sur la route de Djidjelli. Le général de Mac-Mahon rejoint, le 29 octobre, nos deux bataillons avec des troupes de Constantine et de Bône, et se porte, avec cette colonne, sur le territoire des Beni-Ider, pour assurer la soumission des tribus et continuer les routes commencées.

Coup de main du lieutenant Japy.

(Novembre 1853.)

Le 10 novembre, pendant les opérations de la Kabylie orientale, un ordre du jour de la division fait connaître aux troupes le brillant coup de main qui vient d'être exécuté près de Tébessa par le lieutenant JAPY, du 3e zouaves, commandant provisoirement le cercle de Tébessa.

Le chérif Si-Amar-ben-Kendidah, personnage influent, d'une

famille de l'Aurès, réfugié dans la régence de Tunis, prêchait depuis quelque temps la guerre sainte contre nous.

Le 6 novembre, à la tête d'une cinquantaine de cavaliers et d'une centaine de fantassins, il franchit la frontière et porte son camp sur les hauteurs qui dominent Beccaria, petit village à trois lieues de Tébessa ; il force les habitants à se réfugier dans leur mosquée. Le lieutenant JAPY est informé à 3 heures de ce mouvement ; il prend immédiatement les renseignements nécessaires pour bien connaître l'état des choses, et, à midi, laissant la garde de Tébessa aux troupes d'infanterie qui en formaient la garnison, il se porte directement contre le chérif avec 40 spahis et 20 cavaliers du goum. A deux heures, il arrive en face du camp ennemi.

Prévenu de son arrivée, le chérif l'attend avec sa cavalerie, et cache ses fantassins en arrière, dans un terrain difficile, rocheux et couvert de broussailles.

A cent pas de lui, le lieutenant JAPY le fait sommer de se rendre ; ne recevant que des injures pour toute réponse, il donne l'ordre aux spahis de charger. A la sonnerie de : « En avant ! », nos cavaliers se précipitent à toute bride et culbutent tout ce qui se trouve devant eux.

Le chérif est tué un des premiers ; à la nouvelle de sa mort, les fantassins abandonnent leurs embuscades et fuient dans toutes les directions.

Cinq grands drapeaux en soie, un grand nombre d'armes, les instruments de musique, les tentes du chérif et trois cents fanions, destinés aux tribus révoltées, restent entre nos mains.

La retraite s'effectue dans le plus grand ordre, et les dépouilles du chérif sont plantées, le soir, au sommet de la porte principale de Tébessa.

Cette attaque, conduite avec toute l'intelligence et la vigueur possibles par le lieutenant JAPY, arrête immédiatement un mouvement insurrectionnel qui aurait pu se propager parmi nos tribus du Sud-Est, et ne nous coûte d'autres pertes qu'un cheval tué et trois chevaux blessés.

L'année 1853 s'achève sans autre incident.

Dans les premiers jours de l'année 1854, au moment où l'on fait appel aux troupes d'Algérie pour la campagne d'Orient, le 1er bataillon est sur la route de Batna ; le 2e bataillon est occupé à des travaux de route et de colonisation aux environs de Constantine.

LIVRE II

GUERRE D'ORIENT

CHAPITRE Ier

Départ du 3ᵉ zouaves pour l'armée d'Orient (avril 1854). — Marche sur Varna (juin 1854). — Les zouaves pendant le choléra (juillet 1854). — Marche sur la Dobroutcha (juillet 1854). — Incendie de Varna (août 1854).

Départ du 3ᵉ zouaves pour l'armée d'Orient.

(Avril 1854.)

Depuis la création du 3ᵉ régiment, les zouaves de la province de Constantine se sont montrés les dignes émules de leurs anciens camarades, par leur énergie et leur intrépidité dans les pénibles expéditions de la Grande-Kabylie, de la frontière de Tunis et des Babors. Aguerris par des marches et des combats incessants, rompus aux fatigues, ils vont maintenant cueillir sur d'autres terres de nouveaux lauriers et consacrer, en Crimée, la réputation acquise dans les guerres d'Afrique : l'expédition d'Orient leur permettra d'inscrire de nouveaux traits de courage et d'héroïsme dans leurs annales déjà si glorieuses.

Juillet 1853.

Les armées russes ayant envahi les principautés danubiennes dans les premiers jours du mois de juillet 1853, la France et l'Angleterre se réunissent pour protéger l'intégrité de l'empire ottoman, intégrité indispensable à la paix de l'Europe.

Tandis que les escadres alliées se répandent dans la Baltique et la mer Noire, une armée de secours est organisée en France et en Angleterre; de toutes parts, nos troupes s'acheminent vers les ports d'embarquement de la Méditerranée. Les troupes d'Algérie sont appelées les premières à fournir au corps expéditionnaire leur redoutable contingent.

Le 1er février 1854, une dépêche télégraphique du gouverneur général ordonne au colonel Tarbouriech de concentrer à Philippeville les 1er et 2e bataillons du régiment à l'effectif de 2,000 hommes. Le 1er bataillon (commandant Montaudon) quitte, le 3 février, les camps de travail du Djebel-Mansour sur la route de Batna et arrive, le 6, à Philippeville. Le 2e bataillon (commandant Dubos) quitte Sétif le 2 février et arrive le 9 au port d'embarquement.

Etat nominatif des officiers composant les 1er et 2e bataillons de zouaves le jour de l'embarquement pour l'armée d'orient.

MM. Tarbouriech, colonel.
Ritter, sous-lieutenant (porte-drapeau).
Gerrier, chirurgien-major.

1er *bataillon.*

Montaudon, chef de bataillon.
Martin, capitaine adjudant-major.
Masnon, aide-major.

1re *compagnie.*
MM.
de Chard, capitaine.
Dousselin, lieutenant.
Lefranc, sous-lieutenant.

2e *compagnie.*
Dubois, capitaine.
Moutier, lieutenant.
Pichaud, sous-lieutenant.

3e *compagnie.*
Goetzmann, capitaine.
de Tournemine, lieutenant.
Aillery, sous-lieutenant.

4e *compagnie.*
Bonis, capitaine.
Lalanne, lieutenant.
Mauroumecq, sous-lieutenant.

5e *compagnie.*
MM.
Candolive, capitaine.
Mangin, lieutenant.
Villaret de Joyeuse, sous-lieutenant.

6e *compagnie.*
Lalanne, capitaine.
Pernot, lieutenant.
de Guérif, sous-lieutenant.

7e *compagnie.*
Simon, capitaine.
Paoli, lieutenant.
Rapp, sous-lieutenant.

8e *compagnie.*
Carminade, capitaine.
Masquelez, lieutenant.
Lespine, sous-lieutenant.

Mars 1854.

Les zouaves du 3ᵉ bataillon, jaloux de la gloire que vont acquérir en Orient leurs camarades des 1ᵉʳ et 2ᵉ bataillons, se disputent l'honneur de marcher avec eux, pour compléter l'effectif des compagnies. Du 10 février au 31 mars, le colonel Tarbouriech attend à Philippeville l'ordre du départ, donne une nouvelle impulsion à l'instruction de son régiment et le prépare à ses prochaines épreuves par des marches, des exercices, des tirs à la cible.

Le 1ᵉʳ bataillon s'embarque, le 2 avril, à Stora, avec le colonel, relâché à Malte du 5 au 7, et les navires qui le portent viennent successivement mouiller dans le port de Gallipoli, du 10 au 14. L'armée d'Orient va s'organiser dans la presqu'île de Gallipoli, désignée comme base de nos opérations futures et point de concentration de nos dépôts, de nos ambulances et de nos approvisionnements. A peine débarquées, les compagnies se rendent au camp de la Grande-Rivière, à 6 kilomètres au Sud de la ville, et sont employées aux travaux de fortification qui doivent relier le golfe de Saros à la mer de Marmara. Le froid est très rigoureux,

---

2ᵉ bataillon.

MM. Dubos, chef de bataillon.
de Crécy, capitaine adjudant-major.
Moiret, aide-major.

1ʳᵉ compagnie.
MM.
Sarette, capitaine.
Drut, lieutenant.
Gauthier, sous-lieutenant.

2e compagnie.
Gérard, capitaine.
Stahl, lieutenant.
Raynal, sous-lieutenant.

3ᵉ compagnie.
de Narbonne, capitaine.
Pringué, lieutenant.
Brun, sous-lieutenant.

4ᵉ compagnie.
Brincourt, capitaine.
Lapeyrière, lieutenant.
Gauthier, sous-lieutenant.

5ᵉ compagnie.
MM.
Champeaux, capitaine.
Vallet, lieutenant.
Collet, sous-lieutenant.

6ᵉ compagnie.
Gouzy, capitaine.
Coste, sous-lieutenant.

7ᵉ compagnie.
de la Darre, capitaine.
Bentz, lieutenant.
Chevallier, sous-lieutenant.

8ᵉ compagnie.
Javary, capitaine.
Jarrige, lieutenant.
Rouet, sous-lieutenant.

et, pendant plusieurs jours, les troupes sont tourmentées par la neige et d'affreuses rafales d'un vent glacé. Le 27 mai, à 9 heures du matin, débarque, à Gallipoli, le 2ᵉ bataillon, sous les ordres du commandant DUBOS. Jusqu'au 11 juin, les compagnies du régiment sont occupées à des travaux de route, améliorent les passages, adoucissent les pentes de la chaîne de montagnes que l'on doit traverser pour marcher sur Andrinople et Varna.

Marche sur Varna.

(Juin 1854.)

Pendant que les armées alliées se préparent à la guerre et complètent leur organisation, les Russes franchissent le Danube et envahissent la Dobroutcha, pays marécageux, malsain et difficile; mais tous leurs efforts viennent se briser contre l'héroïque résistance des défenseurs de Silistrie. Pour arrêter l'invasion et rejeter au delà du Danube l'armée du maréchal Paskewitch, les généraux alliés choisissent Varna comme nouvelle base des opérations militaires et donnent des ordres pour concentrer leurs forces près de cette ville, vers les premiers jours de juillet.

Le 3ᵉ zouaves fait partie de la brigade d'Autemarre-d'Erville (division Bosquet) avec deux bataillons de tirailleurs algériens (colonel Wimpffen) et deux bataillons du 50ᵉ de ligne (colonel Travers). En exécution du nouveau plan d'opérations, la division Bosquet quitte, le 11 juin, le camp de la Grande-Rivière et remonte la riche vallée de la Maritza. Le 16, le régiment arrive à Andrinople et s'établit au bivouac, dans l'île du Sérail, sur la Toundja; la marche est reprise, le 25 juin, à travers la chaîne des Balkans, par des chemins difficiles au milieu de belles forêts, et, le 4 juillet, la division Bosquet vient camper sur les hauteurs de Iéni-Keui, à deux lieues et demie au Nord-Ouest de Varna.

Les zouaves pendant le choléra.

(Juillet 1854.)

La vigoureuse défense de Silistrie, la marche des troupes alliées avaient déterminé la retraite des Russes; leur armée se retire devant nos drapeaux et nous refuse la bataille; nos soldats, malheureusement, vont avoir à lutter contre un ennemi plus terrible et plus meurtrier que les balles russes. Vers le 9 juillet, à la suite d'une nuit d'orage, le choléra commence à sévir, et bientôt ses ravages s'étendent dans les camps alliés, où ils font de nombreuses victimes. Le régiment est cruellement frappé. Soutenus par l'exemple de leurs officiers, les zouaves se font remarquer par la constance avec laquelle ils supportent le fléau.

Marche sur la Dobroutcha.

(Juillet 1854.)

Les Russes, en se retirant, avaient laissé une arrière-garde d'environ 10,000 hommes dans la Dobroutcha. Pour chasser cette arrière-garde, relever le moral des troupes et les arracher à une inaction funeste, le commandant en chef, maréchal de Saint-Arnaud, donne l'ordre à la 2e division de marcher vers la Dobroutcha. Le 24, la colonne atteint Bajardjik. « Mais le fléau qu'on fuyait, dit un témoin oculaire, s'attache à sa proie ; le choléra, ennemi mortel, insaisissable, plane sur la colonne qui marque, par des tombes, les traces de son rapide passage dans cette contrée funeste ; les cacolets, les litières, les arabas suffisent à grand'-peine au transport des malades ; l'eau manque souvent, et à tant de souffrances, vient encore se joindre une chaleur accablante. »

La 2e division poursuit néanmoins sa marche jusqu'au 3 août, sans rencontrer l'ennemi ; elle rétrograde sur Varna, et le régiment reprend, le 9 août, sur la hauteur d'Iéni, l'emplacement qu'il avait quitté le 22 juillet.

Pendant cette marche de quelques jours et tant que sévit le choléra, nos hommes ne cessent de donner des preuves de la plus grande énergie ; ils s'offrent volontairement pour remplir les dangereuses fonctions d'infirmiers auxiliaires, et montrent autant de dévouement dans les ambulances que de vigueur et de solidité dans les marches.

Incendie de Varna.

(Août 1854.)

Le 10 août, à 7 heures du soir, la générale se fait entendre, de grandes colonne de fumée s'élèvent en épais tourbillons au-dessus de Varna ; la ville est en flammes. Le feu s'est déclaré dans la rue Marchande, et, avec une rapidité effrayante, s'est propagé dans les quartiers avoisinants ; la plupart des constructions sont en bois et offrent à l'incendie un aliment facile. Les poudrières, nos magasins d'habillement, nos approvisionnements sont entourés d'un cercle de feu.

La 2e division descend au pas de course des hauteurs d'Iéni-Keui ; le 3e zouaves, sauf les compagnies paires qui restent au camp, part à 10 heures et demie, colonel en tête.

Le régiment s'arrête à un kilomètre de la ville et attend, pendant une partie de la nuit, son tour de travail. Il faut faire la part du feu, et, aux lueurs des flammes qui s'élèvent menaçantes, les zouaves courent partout où il y a du danger, abattant les murs à coups de hache, sapant les maisons voisines des magasins à poudre, étendant des toiles mouillées sur les toits, et s'y tenant en permanence pour éteindre les étincelles qui y tombent constamment en pluie de feu. Le sous-lieutenant Villaret de Joyeuse a la figure et les oreilles brûlées.

Enfin, vers 5 heures du matin, tout danger est écarté. Nos troupes s'établissent au milieu des décombres fumants, et sont occupées jusqu'au 21 à des travaux de déblaiement. Presque tous les effets de notre magasin sont brûlés, ainsi que les malles et portemanteaux des officiers.

L'incendie de Varna devait être la dernière épreuve de nos troupes sur cette terre inhospitalière : le 25 août, le maréchal de Saint-Arnaud annonçait à l'armée d'Orient que le moment de combattre était enfin venu.

ORDRE GÉNÉRAL

« Soldats,

» Vous venez de donner de beaux spectacles de persévérance, de calme et d'énergie, au milieu de circonstance douloureuses qu'il faut oublier.

» L'heure est venue de combattre et de vaincre ; l'ennemi ne nous a pas attendus sur le Danube ; ses colonnes démoralisées, détruites par la maladie, s'éloignent péniblement. C'est la Providence, peut-être, qui nous a épargné l'épreuve de ces contrées malsaines, et c'est elle aussi qui nous appelle en Crimée, pays salubre comme le nôtre, et à Sébastopol, siège de la puissance russe, dans ces murs où nous allons chercher ensemble le gage de la paix et de notre retour dans nos foyers. L'entreprise est grande et digne de vous : vous la réaliserez à l'aide du plus grand appareil maritime et militaire qui se vit jamais. Les flottes alliées avec leurs 3,000 canons et leurs 25,000 matelots, vos émules et vos compagnons d'armes, porteront sur la terre de Crimée : une armée anglaise, dont vos pères ont appris à respecter la haute valeur ; une division choisie de ces soldats ottomans, qui viennent de faire leurs preuves à vos yeux, et une armée française que j'ai le droit et l'orgueil d'appeler l'élite de notre armée tout entière.

» Je vois là plus que des gages de succès, j'y vois le succès lui-même.

» Généraux, chefs de corps, officiers de toutes armes, vous partagerez et vous ferez passer dans l'âme de vos soldats la confiance dont la mienne est remplie.

» M[al] DE SAINT-ARNAUD. »

CHAPITRE II

Débarquement en Crimée (14 septembre 1854). — Bataille de l'Alma (20 septembre). — Mort du colonel Tarbouriech (23 septembre). — Mort du maréchal de Saint-Arnaud (29 septembre). — Bataille d'Inkermann (5 novembre). — Les zouaves pendant l'hiver 1854-1855. — Assaut du Mamelon Vert (7 juin 1855). — Bataille de Traktir (16 août.) — Assaut de Malakoff (8 septembre). — Départ pour l'Algérie (21 août 1856).

Débarquement en Crimée.

(14 septembre 1854.)

La nouvelle de l'expédition est accueillie avec le plus grand enthousiasme, et nos soldats appellent de tous leurs vœux le moment de se mesurer avec l'ennemi. L'embarquement de la 2e division a lieu le 31, à Baldjick, au milieu de la joie la plus vive. Les bataillons sont réduits à 600 hommes : un capitaine par bataillon et un officier par deux compagnies restent en Turquie avec les hommes en excédent.

Le régiment s'embarque sur le *Friedland* et le *Marengo*. Le 14 septembre, au matin, l'escadre mouille devant la plage d'Old-fort, sur les côtes de Crimée, à douze lieues environ de Sébastopol, et, à midi, le débarquement des troupes est achevé.

Les tentes se dressent et nos drapeaux se déploient sur cette terre de Crimée que beaucoup ne devaient plus quitter.

« Vous cherchez l'ennemi depuis plus de cinq mois, disait le commandant en chef aux soldats de l'armée d'Orient, il est devant nous et nous allons lui montrer nos aigles. Préparez-vous à subir les fatigues et les privations d'une campagne qui sera difficile, mais courte, et qui élèvera dans l'Europe la réputation de l'armée d'Orient au niveau des plus hautes gloires militaires de l'histoire.

» Vous ne permettrez pas que les soldats des armées alliées vous dépassent en vigueur et en solidité devant l'ennemi, en constance dans les épreuves qui vous attendent. »

Le 19, à 6 heures du matin, l'armée alliée lève le camp d'Old-fort et, longeant le rivage, marche dans la direction de Sébastopol. A 2 h. 1/2, nos soldats arrivent sur les bords de la Bulganack, et aperçoivent distinctement, sur les hauteurs de la rive gauche, des détachements ennemis, escadrons russes et artillerie à cheval; quelques coups de canon sont échangés et le régiment s'établit au bivouac à 5 heures du soir, l'ennemi n'ayant fait aucune tentative sérieuse. Le régiment marchait en tête de la 1re brigade, place qui lui est assignée invariablement dans toutes les prises d'armes. La nuit se passe sans incident.

Bataille de l'Alma.

(20 septembre.)

Le 20, au matin, la 2e division quitte son bivouac et s'avance sur l'Alma, dont le cours sinueux devait être franchi malgré les difficultés du terrain, l'escarpement des berges et les tirailleurs nombreux jetés par l'ennemi dans les jardins et derrière les haies et les arbres. Les brigades d'Autemarre et Bouat, de la division Bosquet, formant l'extrême droite de l'armée alliée, marchent à un kilomètre environ de la côte et parallèlement à elle. 40,000 Russes nous attendent sur les hauteurs de la rive gauche, occupant des positions formidablement retranchées, appuyées, devant la division Bosquet, à des escarpements que le prince Mentshikoff avait jugés infranchissables.

Un retard imprévu dans la marche de l'armée alliée oblige le général Bosquet à masser sa division dans la plaine. Il fait une halte de deux heures et demie et arrive à 11 heures sur les bords de l'Alma : la bataille commence aussitôt.

Deux passages praticables avaient été reconnus devant la 2e division. Le général Bosquet se met à la tête de la brigade d'Autemarre, et, suivi de son artillerie, franchit, sans coup férir, le gué d'Almatamak; le village est évacué; mais les hauteurs de la rive droite se dressent devant nos troupes, comme une muraille de plus de 100 mètres. Cet obstacle ne peut arrêter nos zouaves, vieux soldats de la Kabylie, familiarisés avec la guerre de montagnes et habiles à se frayer un passage au milieu des broussailles, des rochers, des escarpements. Les 1re et 8e compagnies du 2e bataillon, sous les ordres du capitaine Savary, se déploient en tirailleurs et abordent les hauteurs de la rive gauche, suivies par les 6e et 7e compagnies du 1er bataillon. Le reste du régiment s'engage dans un sentier muletier, qui conduit sur le plateau. Les zouaves s'élancent; les aspérités du sol, les accidents du terrain, les broussailles leur servent de point d'appui; ils se soutiennent les uns les autres, se donnent la main, formant de longues chaînes, des bords de la rivière à la crête des escarpements; l'obstacle est bientôt vaincu et le 3e zouaves déployant sur le plateau ses lignes de tirailleurs, a l'honneur de tirer les premiers coups de fusil. Il ouvre le feu contre des pelotons de Cosaques, qui ne tardent pas à se replier, et contre un bataillon ennemi qui couvrait la gauche des Russes. Sous la protection du régiment, la 2e division peut se former sur le plateau; les tirailleurs algériens se portent à notre gauche et la brigade Bouat à droite.

L'artillerie de la division, retardée par les difficultés du terrain, traînée à bras par les servants, gravit avec d'incroyables efforts un sentier étroit, escarpé, s'effondrant sous les pièces, et parvient enfin à déboucher sur le plateau. Elle répond immédiatement au feu d'une batterie russe de 40 pièces et seconde le régiment, qui, jusqu'alors, a seul supporté l'effort de la lutte sur cette partie du champ de bataille; la 1re compagnie du 1er bataillon, les 1re et 2e du 2e, forment une ligne de tirailleurs à 300 mètres environ en avant du front de la brigade. Le colonel Tarbouriech les dirige lui-même et ne craint pas de se porter aux endroits les plus périlleux. Son cheval est frappé au poitrail par une balle. Le lieutenant Masquelez tombe devant le front de la 8e compagnie, grièvement blessé par un éclat d'obus : « Adieu mes amis, s'écrie-t-il, comportez-vous bravement comme doivent le faire des zouaves. »

La bataille est engagée sur toute la ligne. Après une lutte héroïque, l'armée française tout entière est arrivée sur le plateau; la 2e division a débordé la gauche russe et la marche en avant de nos troupes permet aux Anglais, longtemps arrêtés sur notre gauche par un feu meurtrier, décimés par une artillerie formidable, d'apparaître aussi sur les hauteurs. Le prince Mentshikoff donne l'ordre de battre en retraite. A 5 h. 1/2, la bataille était gagnée.

Cette glorieuse journée coûtait au régiment 1 officier grièvement blessé, 2 contusionnés et 60 sous-officiers, caporaux ou zouaves tués ou blessés. Dans son rapport à l'Empereur, le maréchal de Saint-Arnaud cite le 3e zouaves pour sa brillante conduite et célèbre l'élan et l'intrépidité des hommes, dans ces termes connus de tous : *« Les zouaves se sont fait admirer des deux armées; ce sont les premiers soldats du monde. »* Le général Bosquet, de son côté, adresse ses félicitations aux troupes qu'il avait sous ses ordres. « La 2e division, dit-il, qui a eu l'honneur, la première, d'aborder les positions russes, a pris une glorieuse part à la bataille de l'Alma. Le général est fier d'avoir commandé des troupes si vigoureuses et heureux de porter à leur connaissance que le maréchal commandant en chef a bien voulu lui envoyer un officier pour lui exprimer qu'il était content de la 2e division. »

La journée du 21 est consacrée au renouvellement des munitions, à l'enlèvement des morts, à l'évacuation des blessés. L'armée alliée ne reprend sa marche que le 23. Le colonel Tarbouriech tombe sérieusement malade pendant la nuit et est évacué à bord de la *Gorgone.* Le commandant Dubos prend provisoirement le commandement du régiment. La 2e division arrive à 3 heures sur la Katcha et établit son bivouac sur la rive gauche de cette rivière, sans être inquiétée par l'ennemi qui s'est réfugié sous le canon de Sébastopol.

Mort du colonel Tarbouriech.

(23 septembre.)

Trois jours après le glorieux fait d'armes qui illustrait à jamais le 3e zouaves, mourait du choléra le colonel Tarbouriech qui avait formé le régiment à Philippeville et qui, pendant la bataille de l'Alma, malgré les premières atteintes du mal, avait donné à tous le plus noble exemple de calme, d'énergie, de courage. Bravant les périls et surmontant les fatigues de la bataille, il restait douze heures à cheval et parvenait, à force de volonté, à arracher quelques jours à la terrible maladie qui l'épuisait.

L'ordre du jour du général Bosquet, annonçant cette mort à sa division, célèbre, mieux que nous ne saurions le faire, les brillantes qualités de ce modeste héros. « Nous venons de perdre notre intrépide camarade, le colonel Tarbouriech du 3e régiment de zouaves. Les boulets russes qu'il défiait, le premier, dans la bataille de l'Alma, n'ont pas voulu de lui. Dieu l'a frappé d'une cruelle maladie qui nous coûte déjà bien des regrets : que sa volonté soit faite! Pour nous, les zouaves, et la division entière, nous conserverons religieusement le souvenir d'un des cœurs les plus simples, les plus nobles et les plus braves de notre temps, et chaque zouave le prendra pour modèle. »

Mort du maréchal de Saint-Arnaud.

(29 septembre.)

Quelques jours après, ce fut le tour du maréchal de Saint-Arnaud, commandant en chef. Frappé aussi par la maladie, et obligé de résigner le commandement entre les mains du général Canrobert, il mourut le 29, au moment où il venait d'acquérir d'impérissables titres à la reconnaissance du pays, à quelques lieues de Sébastopol, qu'un autre plus heureux devait réduire.

Du 23 au 30 septembre, l'armée alliée exécute un vaste mouvement tournant au nord de Sébastopol et, le 1er octobre, les troupes viennent successivement camper sur le plateau de Chersonèse ; le régiment s'établit en première ligne sur les hauteurs qui dominent la plaine de Balaklava, à 6 kilomètres de Sébastopol. Le 1er octobre, les dispositions du siège sont réglées d'une manière définitive : les 3e et 4e divisions de l'armée française, sous les ordres du général Forey, sont chargées de la gauche, et l'armée anglaise, de la droite des attaques contre la place ; un corps d'observation, sous les ordres du général Bosquet et comprenant les 1re et 2e divisions, vient occuper les hauteurs de la rive gauche de la Tchérnaïa, se reliant à l'armée anglaise, près d'Inkermann.

Les opérations du siège commencent aussitôt, et le régiment fournit tour à tour des tireurs d'élite pour les reconnaissances spéciales et les embuscades, des travailleurs pour la construction des tranchées et des batteries. Le 17 octobre, à 6 h. 1/2 du matin, commence le bombardement de la place ; le régiment prend les armes, les grand'gardes sont doublées, mais nos batteries ne peuvent éteindre le feu des Russes ; les travaux de siège sont repris activement. Le 25 octobre, pendant que la cavalerie anglaise et les chasseurs d'Afrique chargent héroïquement dans la plaine de Balaklava contre une division ennemie, le régiment quitte le camp à 5 h. 1/2 du matin, se tient prêt à marcher au combat, mais regagne son emplacement à 8 heures du soir, sans avoir été engagé. Les travaux d'approche continuent avec une infatigable activité.

Les Russes, cependant, déployant dans la défense la même opiniâtreté que nos soldats dans l'attaque, complètent les fortifications de la place, élèvent de nouveaux ouvrages, arment, pendant la nuit de puissantes batteries, harcèlent sur tous les points l'armée alliée, combinant les sorties de la garnison avec les attaques de leurs troupes de campagne.

Bataille d'Inkermann.

(5 novembre.)

Le 5 novembre, de grand matin, une armée de 40,000 hommes profite d'un brouillard des plus épais et surprend, sur les hauteurs d'Inkermann, le camp anglais qui formait la droite du corps de siège : « Nos régiments allaient être écrasés, dit un correspondant anglais, malgré l'énergique ténacité des soldats, lorsque ces braves gens virent apparaître sur le haut de la collines les couleurs bien connues des zouaves, et avant que l'ennemi ait eu le temps de se reconnaître, ces brillants soldats étaient au milieu d'eux. »

Le 3e zouaves avait reçu l'ordre à 6 heures du matin de prendre les armes et de se porter en arrière de ses grand'gardes.

L'ennemi semblait vouloir diriger une attaque contre les lignes du corps d'observation, mais le général Bosquet ne tarde pas à reconnaître que la lutte se prononce sur les hauteurs d'Inkermann contre les positions anglaises. Il se porte aussitôt avec sa division au secours de nos alliés ; le général d'Autemarre, laissant dans leurs retranchements les 3e et 8e compagnies, se dirige au pas de course, avec le reste du 2e bataillon et les tirailleurs algériens, vers la droite des lignes anglaises.

Le 1er bataillon, qui avait d'abord suivi le même chemin, reçoit l'ordre de s'arrêter et de revenir se placer en arrière des grand'gardes du régiment. Arrivée sur les hauteurs, la 1re compagnie se déploie en tirailleurs en avant de deux batteries anglaise et française ; le capitaine SARRETTE et le sous-lieutenant GAUTHIER sont blessés. Les autres compagnies du bataillon s'élancent, au milieu du brouillard et de la pluie, à l'assaut d'un redan occupé par l'ennemi. Nos zouaves « bondissent comme des panthères » à travers les broussailles et les bouquets d'arbustes épineux qui rompent les rangs ; la position est enlevée vigoureusement et les Russes sont rejetés dans la vallée de la Tchernaïa ; le capitaine DE NANTEUIL, de la 7e compagnie, est tué.

L'ennemi tentant un retour offensif, essaie de tourner la gauche de notre ligne de tirailleurs. Le commandant DUBOS reçoit l'ordre de l'attaquer de front et à la baïonnette, avant qu'il ait pu nous déborder. Cette charge, poussée avec un élan extraordinaire, détermine chez les Russes un nouveau mouvement de retraite.

Une troisième colonne, très compacte, tente encore l'assaut de nos lignes ; les dispositions sont prises pour la recevoir à bonne portée. Les zouaves, déployés en tirailleurs en arrière de la crête, attendent l'ennemi à 20 ou 30 mètres et ouvrent sur lui un feu rapide, qui l'arrête sur place. Le général Bosquet fait alors sonner la charge ; les clairons français dominent le tumulte de la bataille, zouaves et tirailleurs algériens se précipitent sur les Russes qui sont culbutés dans le ravin et jonchent le terrain de morts et de blessés.

« Le bataillon de zouaves du commandant Dubos, écrit le général Bosquet dans son rapport, a manœuvré avec cette intelligence, cette bravoure à toute épreuve qui ne s'émeut pas, même quand l'ennemi vous entoure. »

A 4 heures du soir, le 2ᵉ bataillon, qui était engagé depuis 7 heures du matin, est relevé par le 1ᵉʳ bataillon qui vient se masser en arrière du redan. Le commandant Montaudon, du 1ᵉʳ bataillon, et son capitaine adjudant-major de Crécy, ont leurs chevaux tué sous eux, en se portant sur la ligne des tirailleurs. A 5 heures, les deux bataillons, réunis de nouveau, se portent en avant pour soutenir une batterie d'artillerie qui activait la retraite de l'ennemi et protéger la reprise d'une pièce abandonnée dans un ravin ; à 6 heures du soir, les compagnies rentraient au camp.

Cette glorieuse journée coûtait au régiment 2 officiers et 22 zouaves tués, 9 officiers et 145 zouaves blessés. Un ordre du jour du général en chef, en date du 25, apprenait à l'armée l'importance des résultats obtenus par la victoire d'Inkermann et rendait hommage au courage et à l'intrépidité de nos soldats.

« Soldats,

» Vous avez eu aujourd'hui une autre glorieuse journée ; une grande partie de l'armée russe, à la faveur de la nuit et du brouillard, a pu s'établir avec une puissante artillerie sur les hauteurs qui forment l'extrémité droite de nos positions. Deux divisions anglaises ont soutenu un combat inégal avec l'inébranlable solidité que nous connaissons à nos alliés, pendant qu'une partie de la division Bosquet, conduite par son digne chef, arrivait à leur appui et se lançait sur l'ennemi avec une audace et une intelligence auxquelles je rends ici un éclatant hommage... Les troupes appelées à repousser cette sortie ont fait preuve d'une énergie qui ajoute beaucoup aux titres que leur a déjà mérités la constance avec laquelle elles ont supporté les rudes et laborieux travaux du siège. »

De son côté, la reine d'Angleterre adressait au général Bosquet une lettre de remerciement pour la part glorieuse que sa division avait prise à la bataille du 5 novembre.

Le 9 novembre, le colonel DE SAINT-POL, du 50ᵉ de ligne, vient prendre le commandement, en remplacement du colonel TARBOU-RIECH. Les commandants MONTAUDON, nommé lieutenant-colonel au 10ᵉ léger, et DUBOS, nommé lieutenant-colonel au 6ᵉ de ligne, sont remplacés par les commandants DUMOULIN et PISSONET DE BELLEFONDS.

Les zouaves pendant l'hiver 1854-1855.

Le saison s'avançait et le froid commençait à se faire rigoureusement sentir ; la neige et la pluie détrempaient le sol, les tranchées s'emplissaient d'eau, et la continuation des travaux d'approche exigeait les plus pénibles efforts. Les pieds dans une boue glacée, nos soldats veillent leurs grand'gardes sans se plaindre, déblaient les tranchées, continuent les cheminements vers la place, sans que ces dures épreuves puissent abattre leur indomptable énergie. L'attitude du régiment ne cesse d'être admirable au milieu des combats incessants d'avant-postes, des privations, des souffrances de tous genres que leur imposent les froides nuits de bivouac et le laborieux service du siège. Toujours prêts à donner des preuves de dévouement et de courage, les zouaves se disputent l'honneur des missions les plus dangereuses ; qu'il s'agisse d'une surprise, d'une embuscade, d'une reconnaissance, nous retrouvons ces « enfants perdus » toujours au premier rang, jouant, sans hésiter, leur vie dans des rencontres obscures. Honneur à ces braves gens, héros trop souvent oubliés, qui nous ont permis d'inscrire sur les plis de notre drapeau, comme un des plus beaux titres de gloire du régiment, le nom immortel de Sébastopol !

Lorsqu'il a déposé la pelle du sapeur ou le fusil du tirailleur, nous retrouvons chez le zouave le soldat industrieux de l'Algérie, habile à tous les métiers, oubliant les fatigues de la tranchée, construisant des abris pour ses cuisines, des gourbis pour ses officiers, à l'aide de son couteau et de sa hachette. La sympathie des soldats alliés lui est bientôt acquise ; la gaîté de son caractère, son entrain, son air décidé excitent l'admiration des Anglais et font dire à l'un d'eux : « Ils semblent toujours prêts à se battre avec le diable. » Des théâtres s'organisent dans les camps, et nos zouaves, qui se sont signalés dans tous les combats par leur intrépidité, viennent faire applaudir, sur les planches de scènes improvisées, leurs chansonnettes et leurs intermèdes comiques.

Le 2 février 1855, le général d'Autemarre, délégué pour passer l'inspection, félicite le régiment de la patience, de l'énergie, du courage qu'il a toujours montrés au milieu des terribles épreuves de l'hiver.

« Dans cette longue et laborieuse campagne de 1854, le 3e zouaves a soutenu avec éclat la vieille réputation du corps. Une grande part de cet heureux résultat est due au dévouement infatigable des soldats qui ont supporté patiemment les plus dures fatigues et dont le courage bien guidé a surmonté tous les obstacles.

» Le général aime à se souvenir qu'il a présidé à la formation du 3e régiment de zouaves; son plus vif désir est de le conserver longtemps sous ses ordres. »

Le 9 février, l'Empereur arrête une nouvelle organisation de l'armée d'Orient, en la constituant définitivement en deux corps à quatre divisions, placés sous les ordres des généraux Pélissier et Bosquet et chargés, l'un, des attaques de gauche de la place; l'autre, tout en restant corps d'observation, des travaux d'approche contre les ouvrages de Malakoff.

Février 1855.

Le 3e zouaves continue à faire partie de la 2e division (2e corps) dont le général Bosquet cède le commandement au général Camou.

« Si je devais m'éloigner de vous, disait le général Bosquet dans son ordre d'adieux à la 2e division, ce serait pour moi une peine de cœur extrême, comparable à l'éloignement de la famille.

» Heureusement que le nouveau commandement que l'Empereur a bien voulu me confier ne nous sépare pas, et j'ai de plus la douce satisfaction de remettre le commandement direct au brave général Camou, le vétéran des guerres de l'Empire et de l'Afrique, que vous avez tous appris à aimer et à vénérer comme un père.

» Avec lui, vous m'aiderez à justifier la confiance de l'Empereur, car c'est vous qui l'avez fait naître par votre belle conduite à l'Alma et à Inkermann, où ma tâche a été si facile, grâce à votre bravoure et à votre dévouement.

» Ce n'est point adieu que je vous dis, mes braves camarades, mais au revoir sur de nouveaux champs de bataille et de victoire. »

Le 19 février, à minuit, le régiment prend les armes. Des rapports d'espions et de déserteurs constataient la présence de détachements russes sur la rive droite de la Tchernaïa, près du village de Tchorgoun. Le général Bosquet reçoit l'ordre de les enlever, où du moins de les refouler vigoureusement, avec une partie de son corps d'armée,

L'obscurité de la nuit rend difficile le rassemblement et la direction des troupes. Un ouragan de neige s'abat avec une extrême violence sur la colonne à peine formée. Songeant qu'il serait imprudent de s'engager par un temps aussi noir et une pareille tourmente, le général Bosquet ajourne son coup de main et le régiment regagne le camp à 3 heures du matin.

Le capitaine Banon, du 2ᵉ zouaves, remplace au régiment le commandant Pissonet de Bellefonds, passé dans les zouaves de la garde, par décision du 27 février.

Mars 1855.

Le deuxième corps français, avons-nous dit, exécutait les travaux d'attaque devant la tour Malakoff, mais chaque nuit de nouveaux ouvrages de contre-approche, de nouvelles embuscades surgissaient aux flancs des ravins, ou sur les terrains mamelonnés, et d'habiles tireurs harcelaient continuellement nos approches les plus avancées. Le 14 mars, le 1ᵉʳ bataillon, sous les ordres du commandant Dumoulin, est chargé de porter des sacs à terre dans une embuscade russe prise pendant la nuit, et qui, faute d'abris suffisants, était exposée aux feu d'artillerie et de mousqueterie de la place. Le bataillon exécute cette opération avec le plus grand succès, parcourant un espace de 500 mètres à découvert, sous une pluie de projectiles qui mettent 12 hommes hors de combat.

Dans la nuit du 16, 10 hommes pris dans chacune des compagnies de droite du 2ᵉ bataillon, sous les ordres de leur commandant de compagnie, les capitaines Brincourt, de Narbonne-Lara, les lieutenants Paoli et Jarrige, enlèvent et détruisent quatre embuscades russes, construites à environ 300 mètres de nos lignes. Se ralliant ensuite dans les parallèles, où se trouve le gros des compagnies, cette vaillante troupe entretient pendant toute la nuit un feu violent, qui empêche l'ennemi de rétablir les embuscades. A la suite de ce coup de main qui nous coûtait un caporal et 2 zouaves tués, la croix de la Légion d'honneur était accordée au lieutenant Paoli et la médaille militaire au sergent Désséré, au caporal Voutier, aux zouaves Pera, Calvas, Nackas et Laborie.

Le 18 mars, le général en chef, qui venait de visiter les travaux d'approche, décide que, le soir même, trois embuscades russes, qui gênaient les travaux de la tête de sape, seraient enlevées par une compagnie du régiment. La 6ᵉ compagnie du 1ᵉʳ bataillon est désignée pour cette opération et partagée en trois sections, placées sous les ordres directs du capitaine LALANNE, du lieutenant TURC, du sous-lieutenant LAMY. A l'heure fixée, elle sort des tranchées et marche en silence sur les embuscades. Un feu très vif s'engage aussitôt entre les assaillants et les Russes. Très supérieurs en nombre, ceux-ci obligent le commandant DUMOULIN à appuyer le mouvement de la 6ᵉ compagnie avec trois nouvelles compagnies du bataillon. Après une heure d'un vigoureux combat, il est forcé de se replier devant six bataillons russes, descendus du Mamelon Vert, et de regagner ses tranchées où l'ennemi n'ose le poursuivre malgré son énorme supériorité numérique.

Les quatre compagnies engagées dans ce combat de nuit laissent sur le champ de bataille le quart de leur effectif : nos pertes sont de 2 officiers et 22 zouaves tués, 7 officiers et 80 zouaves blessés. A la suite de cette affaire, le commandant DUMOULIN est promu officier de la Légion d'honneur; les capitaines MARTIN, DUBOIS, les lieutenants VILLARET DE JOYEUSE, le sergent GRÉGOIRE, reçoivent la croix de chevalier. Le sergent DIDIER, le caporal GARDON, les zouaves BERNADON, HOUDET, GAUDET sont décorés de la médaille militaire.

Dans la nuit du 21 au 22 mars, les trois embuscades russes qu'on avait vainement attaquées le 18 sont enlevées à la baïonnette par la compagnie du capitaine LALANNE et une section de la 5ᵉ sous les ordres du lieutenant VILLARET DE JOYEUSE ; les 7ᵉ et 8ᵉ compagnies du 2ᵉ bataillon viennent les occuper, pour protéger les travailleurs de la tête de sape.

Dans la nuit du 22, vers 11 heures du soir, à la faveur de l'obscurité, une colonne de 10,000 Russes sort de la redoute du Mamelon Vert, se précipite à l'improviste sur les embuscades occupées par les 7ᵉ et 8ᵉ compagnies, et tente une sorte d'assaut général contre nos cheminements. Travailleurs et défenseurs sont refoulés, la gabionnade commencée est détruite, et les Russes abordent la parallèle de front, pendant qu'une deuxième colonne essaie de la tourner sur notre gauche par le ravin de Karabelnaya.

Un combat acharné s'engage dans la tranchée entre nos soldats et les Russes et, malgré leur infériorité numérique, les zouaves défendent, pendant plus d'une heure, le terrain pied à pied, en soutenant vaillamment une lutte inégale, à laquelle prennent bien-

tôt une part active les bataillons des 82ᵉ et 86ᵉ de ligne, de garde
aux tranchées.

L'arrivée des renforts, composés du 4ᵉ bataillon de chasseurs,
des 86ᵉ et 100ᵉ de ligne (division Brunet, brigade Cœur), détermine l'ennemi à la retraite, qui s'opère sous le feu meurtrier de
nos lignes.

Le régiment a perdu, dans ce sanglant engagement qui avait
duré de 11 heures du soir à 2 heures du matin, 6 officiers tués,
4 blessés, 31 zouaves tués, 126 blessés, 52 disparus, ensevelis probablement dans la tranchée. Le commandant BANON et son capitaine adjudant-major, LETORS DE CRÉCY; le lieutenant PAOLI, un des
héros de l'affaire du 16 mars; le capitaine CHAMPEAUX, les sous-
lieutenants AVON et ALDEBERT sont tués.

Blessé à la tête, à l'épaule et au flanc, le capitaine BRINCOURT
lutte dans la tranchée, au milieu des soldats russes qui l'entourent.
Epuisé par la perte de son sang, il se soutient à peine, mais refuse
de se rendre. Il tombe frappé d'un dernier coup d'épée à la poitrine,
lorsque les zouaves accourent, le délivrent et l'emportent presque
mourant.

La rosette d'officier de la Légion d'honneur récompensait le
lendemain une si noble bravoure; 8 croix de chevalier et 23
médailles militaires étaient accordées au régiment à la suite de
ce brillant fait d'armes.

Parmi les nouveaux chevaliers, nous relevons les noms du sergent GAVILLOT, des caporaux OUTIER et LEDIOT, des zouaves VIN-
CENT et PILET.

Avril 1855.

A partir du mois d'avril, la tranchée russe et la tranchée française ne sont plus, sur quelques points, qu'à 50 mètres l'une de
l'autre, ce qui rend la garde des têtes de sape pénible et meurtrière.

La vive résistance des Russes avait porté jusqu'alors sur leurs
ouvrages avancés, qui nous tenaient constamment en échec.

La tour Malakoff couronnait les hauteurs qui dominent le fond
du port; les Ouvrages Blancs et les batteries du Mamelon Vert
défendaient les abords de cette position importante, véritable clef
de la place, et présentaient sur toute la ligne un front d'attaque
en quelque sorte inexpugnable.

Assaut du Mamelon Vert.

(7 juin.)

Le général Pélissier, qui avait succédé dans le commandement en chef de l'armée au général Canrobert, décide l'attaque du Mamelon Vert et des Ouvrages Blancs, dont les feux continuels nous causaient le plus grand mal.

Le général Bosquet est chargé de l'exécution, avec quatre divisions du 2ᵉ corps.

Le 6 juin, à la pointe du jour, nos batteries ouvrent un feu terrible contre les ouvrages de Karabelnaya; le Mamelon Vert est écrasé sous une pluie de projectiles. Le 7, à 6 h. 1/2 du matin, une fusée partie de la redoute Victoria donne le signal de l'assaut. La brigade de Wimpffen, dont fait partie le régiment, sort de ses places d'armes et de la troisième parallèle et s'élance en trois colonnes sur le Mamelon Vert :

1ʳᵉ colonne, à droite, régiment de tirailleurs algériens, colonel Rose ;

2ᵉ colonne, au centre, 50ᵉ de ligne, colonel de Brancion ;

3ᵉ colonne, à gauche, 3ᵉ zouaves, colonel DE POLHÈS.

Les 1ʳᵉ, 2ᵉ, 3ᵉ et 4ᵉ compagnies du 1ᵉʳ bataillon, sous les ordres des capitaines JAPY et DUBOIS, des lieutenants DE GUÉRIF et TAILLE-COURT, se déploient en tirailleurs et se portent au pas de course sur les retranchements ennemis. En arrière et prêts à soutenir les tirailleurs, les quatre compagnies de gauche du 1ᵉʳ bataillon et le 2ᵉ bataillon sont formés en colonne d'attaque sous les ordres directs du colonel DE POLHÈS. Tandis que les tirailleurs algériens s'élancent à l'assaut d'une batterie de quatre pièces, annexe de la redoute, les colonnes du 50ᵉ de ligne et du 3ᵉ zouaves se précipitent en avant avec un élan irrésistible, abordent résolument la redoute, se jettent dans le fossé, escaladent le parapet et clouent sur leurs pièces les canonniers russes. Le Mamelon Vert est à nous.

N'écoutant que leur ardeur, et entraînés par le brillant succès qu'ils viennent d'obtenir en quelques minutes, nos soldats, malgré les ordres formels du général Camou, s'élancent à la poursuite des Russes, jusqu'aux fossés de la tour Malakoff. Ils essaient en vain d'escalader les embrasures; le feu violent des réserves russes les décime et les oblige à se replier sous la protection des bataillons de soutien. L'explosion d'une poudrière détruit tout à coup la gabionnade que viennent d'élever nos réserves dans la redoute du Mamelon Vert, pour nous assurer la possession de l'ouvrage. Les bataillons de soutien n'ont plus aucun abri contre le retour offensif de l'ennemi qui nous dispute notre conquête.

La brigade de Wimpffen est sur le point d'être écrasée, lorsque les colonnes de secours arrivent au pas gymnastique. Les efforts désespérés des Russes se brisent contre nos baïonnettes et, à 7 h. 1/2 du soir, les Ouvrages Blancs et le Mamelon Vert sont définitivement conquis. Le régiment fut cruellement éprouvé dans la journée du 7 juin.

Nos pertes s'élèvent à 4 officiers tués et 11 blessés ; 79 hommes tués, 402 blessés. 23 hommes furent faits prisonniers dans les fossés de la tour Malakoff.

Le lendemain de la bataille, le commandant en chef cite à l'ordre du jour de l'armée les commandants DUMOULIN et DE NARBONNE-LARA, le capitaine CANDOLIVE, le sergent LÉMOZY, les caporaux VORAUX et ROULOT, et accorde au régiment six croix et sept médailles.

Le 18 juin, pendant que trois divisions des 1er et 2e corps renouvellent l'assaut de Malakoff, la division Camou, établie sur les monts Fedjouchine, surveille la vallée de la Tchernaïa et ne prend aucune part au combat. Le régiment est campé à l'extrême gauche des lignes du 2e corps.

Les Russes couronnaient les hauteurs de Mackensie, sur la rive droite de la Tchernaïa, mais leur armée de campagne était depuis longtemps inactive et nos troupes, dans leurs reconnaissances, ne rencontraient que quelques pelotons de Cosaques, qui fuyaient après de courtes escarmouches. L'insuccès de l'assaut de Malakoff, l'arrivée de nombreux renforts, les décident à tenter une attaque contre les positions du 2e corps. Le 16 août, vers 4 heures du matin, le cri : « Aux armes ! » retentit tout à coup dans les camps de la Tchernaïa ; nos postes avancés sont écrasés par un feu violent.

Bataille de Traktir.

(16 août.)

Dès les premiers coups de canon, nos troupes prennent les armes. La brume épaisse qui couvre les fonds de la Tchernïa et la fumée de la canonnade empêchent tout d'abord de distinguer le point contre lequel l'ennemi comptait faire effort. Les Russes franchissent la rivière et le canal de dérivation sur des ponts improvisés, culbutent nos avant-postes et s'avancent très bravement sur nos positions. La division Camou est assaillie par la 7e division russe. Le régiment n'avait alors que le 1er bataillon, à l'effectif de 679 hommes; le 2e bataillon était détaché à Baïdar. La 8e compagnie (capitaine LAPEYRIÈRE) était de grand'garde; aux premiers coups de fusil, les 1re et 2e compagnies sont envoyées pour la soutenir, sous les ordres du capitaine DUBOIS, faisant fonctions de chef de bataillon; mais ces trois compagnies sont bientôt forcées de se replier devant l'effort des Russes, très supérieurs en nombre. Elles prennent la direction du pont de Traktir, où l'attaque semblait la plus vive.

A 4 h. 1/2, le colonel DE POLHÈS fait sonner la marche du régiment, rallie les autres compagnies du bataillon et sort du camp, couvert par la 3e compagnie déployée en tirailleurs. Cette petite colonne se dirige sur le pont de Traktir; mais, s'apercevant en route qu'un fort détachement menace la Maison Blanche, le colonel change de direction et se porte au devant de l'ennemi, au pas gymnastique. La Maison Blanche était déjà occupée. Les grand'gardes des tirailleurs algériens et du 50e de ligne avaient été repoussées, et, favorisé par un épais brouillard, l'ennemi gravissait déjà les hauteurs. A 60 pas de la Maison Blanche, les zouaves se trouvent inopinément en face des Russes et se déploient sur la 7e compagnie qui a pris la tête du bataillon. Les Russes reculent d'abord devant l'élan de nos hommes et le poste est repris; mais, assaillies par des forces supérieures, les cinq compagnies de zouaves se replient à leur tour, défendant le terrain pas à pas. L'arrivée soudaine d'un bataillon du 82e de ligne, la charge des tirailleurs algériens leur permettent de reprendre l'offensive. Elles se précipitent de nouveau sur les Russes, les culbutent, et les poursuivent jusqu'à la Tchernaïa. Arrêtées par l'artillerie ennemie, elles reviennent sous la mitraille se placer le long du canal, prêtes à repousser tout retour offensif. Le régiment se maintient sur ses positions jusqu'à 1 heure de l'après-midi, heure à laquelle l'ennemi est en pleine retraite sur tous les points de son attaque des positions sardes et françaises.

La division Camou dont fait partie le régiment est citée dans l'ordre du général commandant en chef l'armée d'Orient « comme ayant été à la hauteur de sa vieille réputation. Le général de Wimpffen et le colonel DE POLHÈS, ajoutait le général Pélissier, ont droit à la reconnaissance de l'armée ».

Le brave capitaine LALANNE fut tué à la tête de la 6e compagnie, qu'il avait si vaillamment conduite à l'assaut des embuscades russes les 18 et 22 mars ; 4 officiers, dont le colonel, étaient blessés ; 21 zouaves tués et 76 blessés.

Après la journée de Traktir, nos approches sur Malakoff continuent, sous les feux des batteries ennemies. Le moment décisif approche ; le jour de l'assaut est fixé au 8 septembre.

L'ennemi devait être abordé par l'armée alliée, sur les points principaux de sa vaste enceinte. Le 1er corps, renforcé d'une brigade sarde, était chargé de l'attaque de gauche ; les Anglais, de l'attaque du centre ; le 2e corps, de l'attaque de Malakoff et des ouvrages du Carénage. La brigade de Wimpffen, à laquelle appartient le régiment, forme, avec les deux bataillons de zouaves de la garde, la réserve de l'attaque de Malakoff, confiée à la 1re division du 2e corps, sous les ordres du général de Mac-Mahon.

Assaut de Malakoff.

(8 septembre).

A partir du 5 septembre, les batteries alliées entretiennent un feu violent sur tous les points de l'enceinte, écrasant de projectiles les ouvrages ennemis ; le 7, à 2 heures du matin, le 1er bataillon du régiment quitte sans bruit ses positions des monts Fedjouchine. Les petites tentes restent dressées et sont occupées par des corps de l'armée de réserve, pour cacher aux Russes l'affaiblissement de notre ligne. Le bataillon sort du camp sans sonnerie, va s'établir dans la redoute Victoria et prend la garde des parallèles avancées devant Malakoff et les Batteries Noires, pour donner une nuit de repos aux troupes de la 1re division, chargées de fournir le lendemain les colonnes d'assaut.

Le 8, à midi, le signal est donné et la division de Mac-Mahon, 1er zouaves en tête, s'élance à l'attaque. Malakoff nous est énergiquement disputé ; le gain de la journée est attaché à la possession de cet ouvrage, et les Russes le défendent avec un acharnement qui n'a d'égal que l'ardeur des assaillants. Enfin Malakoff est enlevé, malgré la fusillade et la mitraille, et le drapeau de la France flotte sur ses parapets.

Les réserves s'avancent alors pour assurer la conquête de l'ouvrage et nous protéger contre tout retour offensif.

La brigade Wimpffen accourt avec une partie de la garde impériale.

Le colonel DE POLHÈS, à la tête de trois compagnies, pénètre dans

Malakoff, en franchissant le parapet à la droite du saillant ; le reste du bataillon se précipite par la brèche du saillant et se rallie au colonel à la gorge de l'ouvrage.

Les Russes, fortement appuyés, font des efforts désespérés pour nous le reprendre ; leurs retours offensifs sont constamment repoussés par les troupes françaises, malgré une pluie de bombes et une fusillade extrèmement vive, qui décime nos rangs. Les zouaves se ruent à la baïonnette sur les colonnes russes, au milieu des pièces, des fascines, des gabions renversés.

Vers 5 heures du soir, l'ennemi paraît décidé à abandonner la partie, et ses batteries seules continuent jusqu'à la nuit à couvrir de projectiles nos tranchées et les ouvrages conquis. La prise de Malakoff devait amener la chute de Sébastopol. Les Russes se retirent pendant la nuit, brûlent la ville, font sauter les ouvrages de défense, les édifices, et coulent leurs derniers vaisseaux.

Les pertes du 1er bataillon dans cette mémorable journée furent de 12 officiers blessés, 9 zouaves tués et 106 blessés.

Pendant la nuit, le 1er bataillon est de garde à la tour Malakoff et, le lendemain, il va reprendre ses positions sur les monts Fedjouchine. Le soir même, à 8 heures, le 2e bataillon, qui était resté à Baïdar depuis le 16 août, se rend à Traktir où le 1er bataillon vient le rejoindre. Le 29, le colonel DE CHABRON prend le commandement du régiment en remplacement du colonel DE POLHÈS, nommé dans la garde.

Les opérations militaires sont terminées, en Crimée, depuis la prise de Sébastopol.

Départ pour l'Algérie.

(21 avril 1856.)

Le régiment passe l'hiver sur les hauteurs de Traktir et, le 21 avril 1856, il s'embarque à Kamiesh, pour l'Algérie.

La campagne d'Orient avait ajouté une page immortelle à l'histoire du 3e régiment de zouaves : les noms de l'Alma, d'Inkermann, de la Tchernaïa, du Mamelon Vert, de Malakoff, sont autant de titres de gloire que le régiment peut citer avec orgueil, parce qu'il les a largement payés de son sang.

Les pertes des 1er et 2e bataillons dans cette guerre ont été de 16 officiers et de 187 zouaves, morts sur le champ de bataille ; 45 officiers et 1,102 zouaves blessés.

Le 13 mai, le bataillon débarque à Philippeville.

Depuis leur débarquement jusqu'à leur rentrée à Constantine, les ovations se succèdent sur le passage de ces intrépides soldats, toujours gais, alertes, infatigables, malgré une laborieuse campagne de vingt-quatre mois, comme si la guerre avait respecté tant d'énergie et de courage.

La porte de la Brèche, à Constantine, est transformée en un splendide arc de triomphe de verdure, que décorent de nombreux drapeaux tricolores et de magnifiques trophées.

Les troupes de la garnison rendent les honneurs aux frères d'armes qui, sur les champs de bataille de la Crimée, viennent de couvrir de gloire les aigles françaises. La population tout entière se presse dans les rues trop étroites de la ville, heureuse d'acclamer ces vainqueurs de l'Alma, qui ont quitté jadis les montagnes de Kabylie pour courir aux tranchées de Sébastopol et qui, maintenant, reprenant l'œuvre interrompue de la conquête, vont continuer les travaux de colonisation et se reposer des fatigues de la guerre dans les chantiers et les camps de travail.

Honneur à ces vaillants soldats! Paix aux braves qui ont payé de leur sang le triomphe de leurs camarades !

CHAPITRE III

Expédition de la grande Kabylie.

(Avril-Juillet 1854.)

Pendant que les 1er et 2e bataillons combattent glorieusement sur les champs de bataille de la Crimée, le 3e bataillon, laissé en Afrique sous les ordres du lieutenant-colonel PAER, soutient le renom, déjà éclatant, du 3e régiment de zouaves.

Au moment où la guerre d'Orient enlevait à l'armée d'Afrique ses plus vieilles et ses meilleures troupes, l'agitateur Bou-Barla (l'homme à la mule) reparaissait en Kabylie et prêchait la guerre sainte. Le départ de quelques régiments avait réveillé des espérances qu'on croyait à jamais éteintes, et l'insurrection s'était rapidement propagée parmi les tribus de la rive droite de l'Oued-Sébaou, entre Dellys et Bougie.

Le maréchal Randon avait pris immédiatement ses mesures pour comprimer la révolte, et deux divisions, commandées par les généraux de Mac-Mahon et Camou, avaient été envoyées de Constantine et d'Alger pour opérer contre les tribus révoltées du Djurdjura, dans la grande Kabylie.

Le 18 avril, le 3e bataillon quitte Constantine pour se rendre à Sétif, où se forme la colonne du général de Mac-Mahon; il fait partie de la 2e brigade, commandée par le colonel Piat, du 71e de ligne. Le 28 mai, la division est complètement organisée et vient bivouaquer à Dra-el-Arba; le 30, elle campe sous Bougie, et, le 1er juin, elle s'établit à Ksar-Kebouch, où 640 hommes du bataillon sont employés à la construction d'une redoute et d'un blockhaus.

Le 14 juin, en arrivant au bivouac de Souk-el-Had, sur les bords de l'Oued-el-Hammam, on aperçoit de nombreux contingents kabyles, sur les hauteurs qui dominent le camp. Le général de

Mac-Mahon fait tirer sur eux cinq coups d'obusier, les tambours et les clairons battent et sonnent la charge, et nos troupes s'élancent en même temps sur les positions ennemies. Les zouaves du commandant DE SAINT-ANDRÉ escaladent les rochers avec une telle vigueur que les Kabyles abandonnent leurs retranchements et fuient de toutes parts, laissant leurs morts sur le terrain. Cette affaire coûte au bataillon 1 sergent et 2 zouaves tués, 1 zouave blessé.

Le 12 juin, la division arrive au bivouac de Souk-el-Etnin (des Beni-Djennad), où elle fait sa jonction le lendemain 13, avec la colonne venue d'Alger, sous les ordres du gouverneur général. Les 14, 15 et 16, elle traverse le territoire des Beni-bou-Chaïb et des Beni-Yahia. Le 17, à 11 heures du matin, toutes les troupes de la division de Constantine, à l'exception de quatre compagnies du 3ᵉ bataillon, placées sous les ordres du commandant DE SAINT-ANDRÉ, pour veiller à la sûreté du camp, prennent les armes et se portent chez les Aït-Itouragh, où sont réunis les contingents armés des Beni-Mellikeuch et des Beni-Idjer. Les quatre compagnies du bataillon, sous le commandement du capitaine adjudant-major SENTUPÉRY, et le bataillon de tirailleurs indigènes de Constantine sont mis sous les ordres du lieutenant-colonel PAER et dirigés vers le col d'Aïn-Soumier, où les Kabyles se sont fortement retranchés. La position est rapidement enlevée par les zouaves ; mais les 2ᵉ et 3ᵉ compagnies, qui se sont portées beaucoup plus loin pour incendier cinq villages, sont vigoureusement assaillies pendant leur retraite. Les Kabyles quittent leurs embuscades, sortent de leurs broussailles et nous mettent cinq hommes hors de combat.

COMPOSITION DU 3ᵉ BATAILLON A SON DÉPART DE CONSTANTINE.

MM. PAER, lieutenant-colonel, commandant le 3ᵉ zouaves en Afrique.
DE SAINT-ANDRÉ, chef de bataillon.
SENTUPÉRY, capitaine adjudant-major.
SAINT-MARTIN, capitaine.
LECLERC, capitaine.
HUCHER, capitaine.

MM.	MM.
PIERRON, lieutenant.	TURC, sous-lieutenant.
DE LA HAYRIE, lieutenant.	LANDRUT, sous-lieutenant.
MARIE, lieutenant.	MAGUIN, sous-lieutenant.
BOISTARD, lieutenant.	BLAISE, sous-lieutenant.
RODES, lieutenant.	JARRIÉ, sous-lieutenant.
	BOYÉ, sous-lieutenant.

La situation est critique ; l'ennemi reçoit des renforts et devient de plus en plus entreprenant.

Les zouaves font un retour offensif, repoussent les Kabyles et réussissent à leur enlever leurs camarades tués ou blessés. Le bataillon rentre au bivouac à 8 heures du soir ; ses pertes s'élèvent à 7 tués et 18 blessés.

Pendant deux jours, un épais brouillard empêche toute nouvelle opération dans les montagnes. Lorsque le beau temps revient, on s'aperçoit que les Kabyles se sont préparés à reprendre la lutte, ont élevé des retranchements sur les hauteurs et mis en état de défense les villages que nous avions enlevés le 17. La résistance semble s'être concentrée au village de Taourirt, le plus considérable des Beni-Menguellel, protégé par des retranchements en pierres sèches, des abatis et des barricades de troncs d'arbres. Dix bataillons, appartenant à la division Camou et à la brigade Piat, de la division de Mac-Mahon, sont chargés de l'enlever et de le détruire.

Les autres troupes restent au camp pour le défendre et faire face aux attaques qui pourraient venir d'un autre côté.

Le 3e bataillon marche en tête de la brigade Piat, et s'élance avec tant de vigueur que l'ennemi évacue ses positions sans brûler une amorce. Le village est incendié ; mais les Kabyles reviennent plus nombreux au moment où la colonne regagne son camp, et harcèlent les compagnies d'arrière-garde ; le 3e bataillon a 2 zouaves légèrement blessés pendant la retraite.

Le 26, le 3e bataillon prend part à une nouvelle sortie, sur le territoire des Aït-Itouragh, et a 7 hommes mis hors de combat. La colonne descend, sans encombre, dans la vallée de l'Oued-Sébaou et campe à la mosquée de Bou-Béhir ; le 30, commencent les opérations chez les Beni-Idjer. Arrivés sur le plateau de Souk-el-Tléta, le bataillon de zouaves et le bataillon indigène de Constantine reçoivent l'ordre d'enlever les positions que les Kabyles occupent en avant du camp. L'assaut est donné avec un tel élan, que l'ennemi, surpris, s'enfuit en abandonnant sur le terrain ses armes et une quinzaine de cadavres.

Les positions conquises se trouvent sous le feu de trois villages fortifiés que le lieutenant-colonel Paer fait enlever à la baïonnette. Les Kabyles tentent deux retours offensifs pour enlever leurs morts ; le bataillon les repousse vigoureusement et le zouave Candas, de la 8e compagnie, leur prend un drapeau. L'ennemi perd, dans cette journée, 200 morts ou blessés.

Le bataillon a 23 hommes mis hors de combat. Le commandant DE SAINT-ANDRÉ a son cheval tué sous lui.

Jusqu'au 2 juillet, des colonnes légères vont saccager les récoltes et incendier les villages des Beni-Idjer. Le 2 juillet, le 3ᵉ bataillon forme l'arrière-garde après l'assaut du village de Taourirt, et 5 zouaves sont blessés pendant la retraite. Privés du concours des tribus voisines, les Beni-Idjer ne tardent pas à reconnaître qu'ils ne peuvent plus continuer la lutte ; ils demandent l'aman, le 4 juillet.

La soumission des Beni-Idjer met fin à l'expédition de la grande Kabylie et ramène sous notre autorité les tribus comprises entre le Sébaou et l'Oued-Sahel ; elle prépare les voies à l'expédition définitive de 1857, et prouve aux indigènes que l'armée d'Afrique, bien que réduite d'un tiers, est encore assez forte pour protéger la colonie.

Dès le 5 juillet, les divisions sont dirigées sur leurs provinces respectives ; le 6, le 3ᵉ bataillon est à Sétif et, le 17, il rentre à Constantine, après cette pénible campagne de trois mois contre les tribus guerrières du Djurdjura, dans un pays montagneux, difficile, sans route, où chaque rocher cachait un ennemi.

Le 5 septembre 1854, le commandant DUPIN DE SAINT-ANDRÉ, promu lieutenant-colonel au 75ᵉ de ligne, est remplacé par le commandant LABROUSSE, du 25ᵉ de ligne. Pendant les derniers mois de l'année 1854 et dans le courant de l'année 1855, le 3ᵉ bataillon est employé à des travaux de route et fournit les détachements destinés à renforcer les deux bataillons du régiment qui combattent en Crimée.

LIVRE III

ITALIE

CHAPITRE Ier

Expédition des Babors (1856). — Expédition de la Grande-Kabylie (1857). —
Colonnes d'El-Oued, de Takitount, d'El-Miliah (1858). — Colonne de
Biskra (1859.)

Expédition des Babors.

(Juin-Juillet 1856.)

Une certaine agitation règne dans la région des Babors, au
commencement de l'année 1856 ; notre autorité est méconnue et
les Kabyles assassinent plusieurs des cheikhs que nous leur
avions imposés.

L'arrivée d'un bataillon de tirailleurs n'avait pu contenir ces
populations remuantes. Le 10 mai, cette petite troupe, isolée au
milieu de tribus révoltées, éprouve des pertes sérieuses à l'attaque
du village de Kerrata.

Le général Maissiat, commandant la division de Constantine,
s'empresse d'organiser une colonne pour étouffer l'insurrection et
relever notre prestige menacé.

Les trois bataillons du régiment sont appelés à prendre part à cette
expédition. Arrivés à Constantine le 25 mai, les deux bataillons de
Crimée se remettent en route le 28, pour rejoindre les autres
troupes de la colonne. Ces infatigables soldats ont à peine eu le

temps de prendre pied en Algérie et déjà le hasard de leur carrière aventureuse les entraîne vers de nouvelles fatigues, vers de nouveaux combats.

Le régiment est réuni, le 1er juin, au camp d'Aïn-Sultan, chez les Beni-Yahia, fraction des Amouchas ; il fait partie de la 2e brigade (colonel Desmarets) de la division Maissiat.

Le 2 juin, la 2e brigade (moins les deux bataillons de zouaves arrivés la veille) se porte en avant pour détruire quelques villages. Le 3e bataillon (commandant LABROUSSE) marche à l'avant-garde et échange quelques coups de fusils avec les Kabyles ; mais une charge exécutée par quelques hommes de la 4e compagnie, sous les ordres du lieutenant LANDRUT, les refoule dans les ravins.

La rentrée au camp n'est pas inquiétée.

Le soir, à 2 heures, le commandant LABROUSSE reçoit l'ordre de repartir pour dégager des compagnies du 71e aux prises avec l'ennemi. Surprises par les Kabyles, au moment où elles incendient les gourbis et ravagent les moissons, ces compagnies ont déjà plusieurs hommes hors de combat, lorsque se fait entendre un refrain bien connu : la charge sonne et les zouaves du 3e bataillon s'élancent à la baïonnette sur l'ennemi, qui fuit dans toutes les directions, nous abandonnant des armes et plusieurs cadavres. Les deux premiers bataillons du régiment quittent le camp à 3 heures pour soutenir et protéger la retraite des troupes engagées ; cette journée nous coûte 3 zouaves blessés.

La colonne parcourt, les jours suivants, le territoire des Beni-Dracen, des Ouled-Salah et continue, chez ces tribus rebelles, la destruction des villages, la dévastation des jardins et des moissons.

Les populations, épouvantées, viennent faire leur soumission.

Le général Maissiat fait ouvrir une route dans la direction des Babors, et emprunte les travailleurs aux différents corps de la colonne. Il accorde l'aman aux Kabyles révoltés et fait commencer, à Takitount, les travaux d'un poste permanent pour surveiller le pays. La colonne est dissoute le 27 juillet. Dans son ordre d'adieux, le général Maissiat adresse ses félicitations aux troupes qu'il a commandées et rend hommage aux brillantes qualités militaires qu'elles ont montrées pendant l'expédition.

ORDRE DE LA DIVISION

« L'organisation de la colonne en brigades cessera à dater du 3 juillet. Les troupes et fractions de corps de la subdivision de

Sétif rentreront sous le commandement du colonel DESMARETS ;
les autres restent sous les ordres directs du général commandant
la division.

» Je saisis cette occasion, pour exprimer aux officiers et soldats
combien j'ai été satisfait de la conduite qu'ils ont tenue pendant le
cours de cette expédition. Malgré les difficultés du terrain, partout
où l'ennemi s'est montré, il a été abordé avec un entrain et une
vigueur qui, dès les premiers jours, lui ont laissé peu d'espoir sur
les résultats de sa révolte ; ses pertes sont considérables : 400 morts

---

COMPOSITION DU RÉGIMENT A LA SUITE DU TIERCEMENT DU 11 DÉCEMBRE.

MM. DE CHABRON, colonel.
PAER, lieutenant-colonel.
SOUVILLE, major.
PETIT-JEAN, capitaine trésorier.
RIONDEL, capitaine d'habillement.
CHAME, sous-lieutenant porte-drapeau.

1er bataillon.

LABROUSSE, chef de bataillon.
DRUT, adjudant-major.
BERNIER, médecin-major.

1re compagnie.
MM.
MOUGIN, capitaine.
SAVELLI, lieutenant.
HERVÉ, sous-lieutenant.

2e compagnie.
VALET, capitaine.
COSTES, lieutenant.
MULLER, sous-lieutenant.

3e compagnie.
SAINT-MARTIN, capitaine.
RITTER, lieutenant.
LEGUÉ, sous-lieutenant.

4e compagnie.
JAPY, capitaine.
BREUNE, lieutenant.
TACCOEN, sous-lieutenant.

5e compagnie.
MARTENOT, capitaine.

MM.
MAUROUMECQ, lieutenant.
FLEURY, sous-lieutenant.

6e compagnie.
DOUSSELIN, capitaine.
MAMALET, lieutenant.
ARNOUX, sous-lieutenant.

7e compagnie.
N..., capitaine.
RODES, lieutenant.
VIEL, sous-lieutenant.

8e compagnie.
PRINGUÉ, capitaine.
BRUN, lieutenant.
LÉGÉ, sous-lieutenant.

9e compagnie.
PICARD, capitaine.
CHEVALLIER, lieutenant.
BERTRAND, sous-lieutenant.

ou blessés, 50 villages détruits, ont vengé les trahisons des 10 et 11 mai.

» Je ne donnerai pas moins d'éloges à l'ardeur déployée par les troupes pour les travaux qui ont alterné avec les expéditions de guerre ; chacun a senti l'importance de ces tranchées ouvertes à travers ces contrées d'un si formidable accès ; on a compris que les routes qui les enlacent en assurent la conquête et que l'œuvre de la pioche a achevé et consolidé celle du fusil. »

Le 3ᵉ zouaves reste avec le général Maissiat, et ses trois bataillons sont employés aux travaux de la route de Djidjelli à Sétif. Le régiment quitte ses camps de travail au mois d'août et arrive le 22 à Philippeville pour y passer l'inspection générale.

Le 2ᵉ bataillon s'embarque le 1ᵉʳ septembre à destination de Djidjelli, détruit par un tremblement de terre, et fournit des travailleurs pour la reconstruction de la ville. Les deux autres bataillons terminent l'année dans les garnisons de Philippeville et de Constantine.

2ᵉ *bataillon.*

MM. DUMOULIN, chef de bataillon.
     MANGIN, adjudant-major.
     FANCHON, médecin aide-major.

1ʳᵉ *compagnie.*
MM.
ENGELBERG, capitaine.
LAMY, lieutenant.
LUCOT, sous-lieutenant.

2ᵉ *compagnie.*
DE FRANCHESSIN, capitaine.
ROUET, lieutenant.
DEHAN, sous-lieutenant.

3ᵉ *compagnie.*
GOUZY, capitaine.
MALATERRE, lieutenant.
MANIORT, sous-lieutenant.

4ᵉ *compagnie.*
HERVÉ, capitaine.
BLAISE, lieutenant.
DE CHANTELOUP, sous-lieutenant.

5ᵉ *compagnie.*
HUCHER, capitaine.

MM.
MAGUIN, lieutenant.
SABATIER, sous-lieutenant.

6ᵉ *compagnie.*
DE LA HAYRIE, capitaine.
JARRIÉ, lieutenant.
MARTIN, sous-lieutenant.

7ᵉ *compagnie.*
LALANNE, capitaine.
GOUTÉ, lieutenant.
FRANCESCHI, sous-lieutenant.

8ᵉ *compagnie.*
TURC, capitaine.
MONEYROT, lieutenant.
DEBUREAU, sous-lieutenant.

9ᵉ *compagnie.*
JEANNINGROS, capitaine.
DE JOYEUSE, lieutenant.
COUTURIER, sous-lieutenant.

CHAPITRE II

Départ du 3e zouaves pour l'Italie.

(Mai 1859.)

Quatre ans après la glorieuse campagne de Crimée, la France va de nouveau tirer l'épée pour soutenir la cause de l'indépendance italienne.

Au moment où une guerre inévitable doit mettre aux prises le Piémont et l'Autriche, Napoléon organise une armée de secours et se prépare à défendre les droits de son allié de Sébastopol.

« L'armée d'Afrique, outre ses vieux régiments de zouaves, de tirailleurs algériens et de chasseurs d'Afrique qui, tous, avaient fait la campagne d'Orient, se composait de régiments de ligne également habitués aux marches, aux bivouacs, et qui, pour la plupart, avaient déjà combattu en Kabylie. Ces différents corps pouvaient être au début d'une campagne, un élément de succès trop important pour qu'on ne songeât pas à en tirer parti.

» Il fut décidé qu'ils seraient, aussitôt que possible, rappelés en France et remplacés en Afrique par des régiments venant de l'intérieur. En conséquence, le ministre de la Guerre, après avoir ordonné la formation d'un régiment de tirailleurs indigènes, en prenant un bataillon dans chacun des trois régiments existants, prescrivit au commandant en chef de tenir prêts à être embarqués les deux régiments étrangers, les trois régiments de zouaves, le 11e bataillon de chasseurs à pied, les 45e, 65e, 70e, 71e, 72e, 75e, 89e, 93e et 94e de ligne ». (Historique du dépôt de la guerre.)

Dans les premiers jours du mois de mai 1859, le colonel DE CHA-
BRON reçoit l'ordre de concentrer son régiment à Philippeville.
Les 7e et 8e compagnies de chaque bataillon restent en Algérie avec
le dépôt et forment un 4e bataillon, placé sous les ordres du commandant FRIRION. Les trois bataillons de guerre, sous les ordres
des commandants LABROUSSE, DUMOULIN et BOCHER, s'embarquent à
Stora avec le colonel DE CHABRON, les 4 et 5 mai, et débarquent à
Gênes du 9 au 10. Le régiment est désigné pour faire partie de la
brigade Neigre (division d'Autemarre) du 5e corps.

Le prince Napoléon annonce à ces troupes, le 12 mai, qu'il prend
le commandement du 5e corps de l'armée d'Italie. « L'Empereur,
dit-il, m'appelle à l'honneur de vous commander. Plusieurs d'entre
vous sont mes anciens camarades de l'Alma, d'Inkermann ; comme
en Crimée, comme en Afrique, vous serez dignes de votre glorieuse réputation.

» Discipline, courage, ténacité, voilà les vertus militaires que
vous montrerez de nouveau à l'Europe, attentive aux grands événements qui se préparent. Le pays qui fut le berceau de la civilisa-
tion antique et de la Renaissance va vous devoir sa liberté : vous

---

COMPOSITION DES TROIS BATAILLONS DU RÉGIMENT AU JOUR DU DÉPART
POUR L'ITALIE.

MM. DE CHABRON, colonel.
HENRY, sous-lieutenant porte-drapeau.

1er *bataillon.*

LABROUSSE, chef de bataillon.
GRATREAU, adjudant-major.

1re *compagnie*	4e *compagnie.*
MM.	MM.
BOISTARD, capitaine.	MARIE, capitaine.
LÉGÉ, lieutenant.	CHAME, lieutenant.
DE LAPORTE, sous-lieutenant.	COUTURIER, sous-lieutenant.
2e *compagnie.*	**5e *compagnie.***
JARRIGE, capitaine.	DE FRANCHESSIN, capitaine.
AILLERY, lieutenant,	DELORD, lieutenant.
CASSE, sous-lieutenant.	LEMAIRE, sous-lieutenant.
3e *compagnie.*	**6e *compagnie.***
SAINT-MARTIN, capitaine.	SICARD, capitaine.
RITTER, lieutenant.	DAUTUN, lieutenant.
LEGUÉ, sous-lieutenant.	CERVONI, sous-lieutenant.

allez le délivrer à jamais de ces dominateurs étrangers, de ces éternels ennemis de la France, dont le nom se confond, dans notre histoire, avec le souvenir de toutes nos luttes et de toutes nos victoires. »

Le régiment ne devait pas rester longtemps réuni à sa division. Le 13 mai, le 3° zouaves reçoit l'ordre de marcher sur Bobbio, que l'on supposait occupé par les Autrichiens; il lève le camp, le 14, sous une pluie torrentielle, et se rend en tenue de route sur le champ de manœuvre, où le prince Napoléon vient passer la revue de départ. Après le défilé, le commandant du 5° corps réunit les officiers et leur fait ses adieux.

« Des observations m'ont été faites, ajoute-t-il, sur les grandes difficultés de la route que vous allez suivre; *mais j'ai répondu que le 3° zouaves savait passer par tous les chemins.* »

Une compagnie du génie, avec ses outils, et une section d'artillerie de montagne de l'armée sarde sont adjointes à la petite colonne : le 14, le régiment atteint Torriglia et, le 15, le petit village d'Ottone, par de très mauvais chemins muletiers, à travers l'Apennin. La pluie, qui ne cessait de tomber depuis quelques jours, augmentait encore les difficultés et les fatigues de la marche, dans ces gorges affreuses, par ces sentiers étroits et escarpés. Le 17, à 2 heures de l'après-midi, le régiment fait son entrée dans Bobbio, aux acclamations unanimes des habitants. Les Autrichiens n'avaient pas occupé cette ville; quelques reconnais-

---

2° *bataillon.*

MM. Dumoulin, chef de bataillon.
Drut, adjudant-major.

1re *compagnie.*	**4° *compagnie.***
MM.	MM.
Hubert de la Hayrie, capitaine.	Blain des Cormiers, capitaine.
Lamy, lieutenant.	Breune, lieutenant.
Luco, sous-lieutenant.	Faye, sous-lieutenant.
2° *compagnie.*	**5° *compagnie.***
Rigault, capitaine.	Parguez, capitaine.
Vosgel, lieutenant.	Lespine, lieutenant.
Taccoen, sous-lieutenant.	Lemaistre, sous-lieutenant.
3° *compagnie.*	**6° *compagnie.***
Demay, capitaine.	Jeanningros, capitaine.
Malaterre, lieutenant.	Jarrié, lieutenant.
Maniort, sous-lieutenant.	Lannes, sous-lieutenant.

sances seulement s'étaient avancées jusqu'aux portes et s'étaient retirées devant la bonne contenance de la garde civique. Le régiment s'établit au bivouac sur les hauteurs qui dominent la ville au Nord-Est. Le 19 mai, le colonel DE CHABRON sort du camp avec quatre compagnies et reconnaît à 10 kilomètres de Bobbio, près du village de Catholica, un détachement autrichien qui se retire à notre approche. Les reconnaissances des jours suivants ne rencontrent pas l'ennemi. Le 22, la division d'Autemarre rejoint le 3ᵉ zouaves et repart avec le régiment, le 24, pour Voghera.

L'Empereur a résolu de déborder la droite de l'ennemi par un mouvement rapide, de passer le Pô à Casal, la Sésia à Verceil et de marcher sur Novare et Mila n.

Le 28, une partie de l'armée française se porte par voie ferrée en avant de Verceil, tandis que les divisions piémontaises, établies à l'Est de la ville, masquent et protègent le mouvement tournant de nos troupes.

Le jour même, le général d'Autemarre adresse la lettre suivante, du major général de l'armée, au colonel de CHABBON : « Le 29, vers 2 heures du soir, le 3ᵉ zouaves aura, à Tortone, les moyens de se porter, par les voies ferrées, de Tortone à Verceil. A son arrivée dans cette place, le colonel se mettra à la disposition du roi de Sardaigne.

« Le 3ᵉ zouaves rejoindra après une très courte absence ; il

3ᵉ *bataillon.*

MM. BOCHER, chef de bataillon.
    JAPY, adjudant-major.
    TEINTURIER, médecin aide-major.

1ʳᵉ *compagnie.*	4ᵉ *compagnie.*
MM.	MM.
SIMON, capitaine.	HERVÉ, capitaine.
HERVÉ, lieutenant.	BLAISE, lieutenant.
RENOUX, sous-lieutenant.	MARIER DE CHANTELOUP, sous-lieutenant.
2ᵉ *compagnie.*	**5ᵉ *compagnie.***
TURC, capitaine.	LALANNE, capitaine.
MONEYROT, lieutenant.	GOUTÉ, lieutenant.
DEBUREAUX, sous-lieutenant.	GRÉBAN, sous-lieutenant.
3ᵉ *compagnie.*	**6ᵉ *compagnie.***
MARTENOT, capitaine,	MARIANI, capitaine.
MAUROUMECQ, lieutenant.	DEHAN, lieutenant.
SOUVERVIE, sous-lieutenant.	VADON, sous-lieutenant.

emmènera une voiture pour l'état-major du régiment et une voiture
ou trois mulets pour les officiers de chaque bataillon. Il prendra
quatre jours de vivres et quatre jours d'avoine et d'orge. »

Le général d'Autemarre ajoutait à cette lettre :

« Assurez l'exécution ponctuelle de ces ordres et emmenez avec
vous, de Vogehra, les cartouches nécessaires pour compléter l'ar-
mement à 76 cartouches par homme. »

Le régiment quitte Voghera le 29 mai, arrive le jour même à
Tortone et prend, dans la soirée, le train qui doit le transporter à
Verceil. Les trois bataillons, forts d'environ 2,600 hommes, sont
réunis dans cette ville, le 30, à 4 heures du soir.

Dès son arrivée, le colonel DE CHABRON reçoit du général Della
Rocca, chef d'état-major général de l'armée sarde, l'ordre de
porter son régiment à Terrione, sur la rive gauche de la Sésia, et
de camper en avant du village. Le régiment part aussitôt et campe,
dans la soirée, à Terrione, où est établi le quartier général du roi.
Pendant la marche, le canon gronde dans le lointain et fait battre
le cœur de ces vieux soldats d'Afrique et de Crimée, impatients de
se mesurer avec l'ennemi. La pluie tombe à torrents, le sol est
fortement détrempé ; des voitures de bagages, un convoi de blessés
encombrent la route et rendent la marche très lente et très pénible; mais la pensée qu'ils vont bientôt combattre électrise nos
hommes et leur fait oublier les fatigues. L'armée piémontaise,
cependant, devait avoir seule les honneurs de la journée du 30 mai.

Combat de Palestro.

(31 mai.)

Le lendemain, à 6 heures du matin, le colonel DE CHABRON
marche sur Palestro, que le roi Victor-Emmanuel, dans une vigoureuse attaque, venait d'enlever aux Autrichiens.

Palestro, village assez considérable sur la route de Verceil à
Mortara par Bobbio, est surtout important par sa position topographique. Situé sur un plateau, il commande toutes les communications entre Novare et Mortara.

C'était, pour les Autrichiens qui occupaient cette ligne, un
excellent poste d'observation qu'ils avaient renforcé par des
ouvrages de campagne. La plaine qui entoure le village est couverte de rizières et coupée par de longs et profonds canaux d'irri-
gation. Le 30 mai, les Piémontais enlevaient ce poste aux Autri-

chiens; mais, résolus à reprendre cette position importante, ceux-ci se préparent, dans la soirée, à livrer bataille le lendemain 31 mai.

Le 3e zouaves, mis à la disposition du roi Victor-Emmanuel, arrive à Palestro, à 9 heures du matin, et campe au Sud du village, en arrière d'un canal qui le sépare des Piémontais; il est à peine installé que l'attaque des Autrichiens se prononce par les routes de Bobbio et de Rosasco, sur le front et la droite de la petite armée piémontaise.

Le colonel DE CHABRON fait aussitôt abattre les tentes, prendre les armes et dirige le régiment en colonne vers le pont de la Bridda, où le feu paraissait le plus vif. Les Autrichiens, établis sur le plateau qui domine la vallée de la Sésia de 15 à 20 mètres, menaçaient de tourner les Piémontais par leur droite et de les prendre à revers. Une batterie avait ouvert le feu, ses boulets tombaient déjà dans nos rangs, la fusillade éclatait de toutes parts.

Le colonel fait poser les sacs, mettre baïonnette au canon, battre et sonner la charge. Au cri de : « En avant! » répété par tous, il lance le régiment au pas de course sur la batterie; quatre compagnies déployées en tirailleurs, dans les blés, couvrent la colonne, qu'un canal large et profond, courant au pied du plateau, sépare de la batterie. Les bords du canal sont plantés de saules et de peupliers; en quelques endroits, les berges élevées sont couvertes de taillis d'acacias dans lesquels sont embusqués de nombreux tirailleurs ennemis. La colonne, au pas de course, s'engage au milieu des rizières, longe ce canal infranchissable; tout le monde se sent poussé d'instinct vers la batterie, et chacun cherche un passage pour l'aborder facilement.

La mitraille et la mousqueterie éclaircissent nos rangs; des chasseurs tyroliens, embusqués derrière les arbres de l'autre rive, augmentent encore, par la précision de leur tir, les ravages de l'artillerie.

Le capitaine adjudant-major DRUT, du 2e bataillon, est tué à deux pas du commandant BOCHER. Un boulet emporte la tête de son cheval et frappe le capitaine en pleine poitrine. Le capitaine SICARD, les lieutenants DAUTUN et LÉGER sont blessés grièvement; beaucoup de zouaves sont frappés à mort.

On court ainsi, sans tirer, pendant 500 mètres. Rien n'arrête l'élan des zouaves.

« En avant! en avant! » tel est le cri qui sort de toutes les poitrines.

Tout à coup, les berges du canal s'abaissent ; le terrain, piétiné, indique un gué. Les zouaves se jettent dans le canal, la carabine haute, le traversent ayant de l'eau jusqu'à la ceinture et gravissent la rive opposée. On est un peu abrité par le terrain ; la mitraille passe au-dessus des têtes, et nos tirailleurs, ruisselants d'eau, débouchent, pleins d'ardeur, sur le plateau, à 100 mètres de la batterie. Le capitaine Parguez, les sous-lieutenants Couturier et Cervoni arrivent les premiers sur la position. Les Autrichiens veulent recharger leurs pièces, ils ne le peuvent plus. On tombe dans la batterie à la baïonnette.

Les servants sont tués ou faits prisonniers ; les troupes de soutien prennent la fuite. Les cinq pièces de la batterie restent en notre pouvoir.

L'ardeur de la lutte n'exclut pas la générosité ; le capitaine en second, renversé par un zouave d'un coup de crosse de fusil, voit tout à coup son adversaire le relever et lui tendre sa gourde, en lui disant : « Buvez un coup, mon capitaine, ça vous remettra ! »

Le capitaine commandant la batterie, qui avait vu la colonne disparaître dans le canal et la croyait anéantie, a aussi la vie sauve ; beaucoup de blessés autrichiens sont secourus par les zouaves.

Ce n'était là cependant que le premier acte de la bataille. Trois compagnies du 1er bataillon (commandant Dumoulin) se jettent à gauche, vers la cascina San-Pietro, pour donner la main aux Piémontais. Le 3e bataillon (commandant de Briche), suivi du 2e (commandant Bocher) et du restant du 1er, se porte à droite, au pont de la Bridda, solidement occupé et en arrière duquel on aperçoit une forte colonne.

Ce pont est défendu, en avant, par un moulin crénelé et garni de tirailleurs ; sur la gauche, coule un canal profond bordé de taillis d'acacias. Deux pièces sont en batterie près du pont ; la charge sonne encore, le cri : « En avant ! » se fait entendre de nouveau et, d'un bond, la colonne arrive à l'entrée du pont, au milieu des Autrichiens qui combattaient vigoureusement.

Les deux pièces de canon sont enlevées ; les défenseurs du moulin abandonnent leurs créneaux et leurs fenêtres, se précipitent vers le pont et, le trouvant encombré, se jettent dans le canal. La plupart d'entre eux sont emportés par le courant et s'y noient ; quelques rares nageurs parviennent à gagner la rive opposée ; d'autres sont sauvés par les zouaves qui leur tendent une main généreuse.

Un des officiers autrichiens qui défendaient le moulin, voyant le colonel DE CHABRON à l'entrée du pont, vient lui remettre son sabre. « Gardez votre épée, lui dit le colonel, nous avons l'habitude de laisser les armes à ceux qui savent si bien s'en servir », et il le fait conduire par un officier au quartier général.

Une nouvelle colonne ennemie arrive par la route de Rosasco. Le pont est encombré de cadavres, on ne peut le franchir qu'à la file. Nos zouaves se précipitent, comme un torrent, au milieu des morts et des blessés. Le pont est enlevé et l'ennemi abordé à la baïonnette. Le commandant DE BRICHE est en tête. Le sous-lieutenant HENRY, porte-drapeau, chasse les fuyards à coups de hampe, et trace la marche ; il tombe, le genou fracassé par un balle que lui tire à bout portant un blessé autrichien. Le sergent LAFONT prend l'aigle, fait quelques pas et tombe à son tour. Le poste est dangereux et la mitraille déchire les plis du drapeau. Le sous-lieutenant SOUVERVIE le reçoit des mains d'un sous-officier blessé et le relève pour la sixième fois. Le sous-lieutenant GOULÉ, la poitrine traversée d'une balle, anime encore ses soldats d'une voix défaillante. Le sous-lieutenant COUTURIER lutte corps à corps avec des officiers autrichiens qu'il désarme : il quitte la mêlée, la main brisée par une balle.

L'élan est irrésistible ; les Autrichiens commencent à plier, les zouaves redoublent d'ardeur et bientôt l'ennemi abandonne la position et se retire en désordre par la route de Rosasco, nous laissant encore deux canons. Sur notre gauche, les Piémontais, qui luttaient depuis le matin, avaient repoussé également les attaques des Autrichiens contre le village de Palestro.

Les trois compagnies que le commandant DUMOULIN avait lancées sur la cascina San-Pietro culbutent l'ennemi, le poursuivent et opèrent leur jonction avec le colonel au delà du pont de la Bridda.

Cependant, quelques hommes de la colonne principale, emportés par leur élan, avaient dépassé les positions sur lesquelles le commandant DE BRICHE s'était arrêté.

Les Autrichiens s'aperçoivent de leur petit nombre, prononcent un retour offensif qui nous fait subir quelques pertes.

Le lieutenant JARRIÉ est grièvement blessé au milieu de ses tirailleurs.

L'arrivée au pas gymnastique des compagnies BOISTARD, JARRIGE et DE FRANCHESSIN, sous les ordres du commandant DUMOULIN, arrête l'ennemi et le tient à distance.

Ce fut le dernier épisode de cette glorieuse journée qui coûtait au régiment 1 officier et 47 hommes tués, 15 officiers et 218 hommes blessés, 8 disparus, probablement dans le canal. Plus de 8,000 hommes de la division Jellachich avaient été engagés contre les 2,600 hommes du 3ᵉ zouaves, qui ramenaient comme trophées 9 pièces de canon et plus de 500 prisonniers.

Le combat, complètement terminé à 2 heures, avait duré plus de quatre heures.

L'Empereur et le roi Victor-Emmanuel visitent le champ de bataille dans la soirée, suivent le chemin si intrépidement parcouru par le 3ᵉ zouaves et jalonné malheureusement par nos morts et les nombreux blessés qu'on n'avait pas eu encore le temps d'enlever. C'est avec peine que leurs chevaux traversent le canal, que nos braves soldats avaient franchi quelque temps auparavant pour marcher au canon. Animés encore par l'ardeur du combat, nos blessés se soulèvent sur le passage des deux souverains et les saluent en agitant leur carabine de leurs mains noircies par la poudre.

Le régiment est rassemblé à la Bridda. L'Empereur serre la main du colonel DE CHABRON en lui disant : « C'est très bien, colonel, vous avez dignement soutenu votre vieille réputation. »

Le lendemain, 1ᵉʳ juin, le 3ᵉ zouaves était mis à l'ordre de l'armée d'Italie.

« La journée d'hier, disait l'ordre général, a été signalée par un nouveau fait d'armes.

» L'armée du roi de Sardaigne, après avoir repoussé l'ennemi sur tout son front, a vu un instant sa droite débordée par les Autrichiens, qui menaçaient le pont de bateaux de la Sésia, au moyen duquel le maréchal Canrobert devait opérer sa jonction avec l'armée du Roi.

» L'Empereur ayant envoyé au Roi le 3ᵉ zouaves, le régiment fut chargé d'arrêter cette attaque. Déjà les Autrichiens avaient mis 8 pièces en batterie, en avant d'un canal profond, dont le passage, sur un pont étroit, est couvert par un moulin et défendu par des rizières.

» Le 3ᵉ zouaves, commandé par son brave colonel DE CHABRON, après avoir jeté un coup d'œil sur la position et avant que le Roi ait eu le temps de le faire appuyer par du canon, s'est élancé sans faire feu sur la batterie, a tué à la baïonnette ou jeté à l'eau les compagnies de soutien placées au delà du canal, s'est emparé de 5 pièces et a fait 500 prisonniers.

» L'Empereur met ce glorieux fait d'armes à l'ordre de l'armée. »

A la suite du combat de Palestro, les commandants Dumoulin et Bocher étaient nommés lieutenants-colonels et remplacés par les capitaines Saint-Martin et de Franchessin, du régiment, nommés chefs de bataillon au corps. Le commandant de Briche et le capitaine Simon étaient promus officiers de la Légion d'honneur et, parmi les nouveaux chevaliers, nous relevons les noms de 10 sergents, 3 caporaux et 19 zouaves. 68 sous-officiers, caporaux et zouaves recevaient la médaille militaire.

De son côté, le roi Victor-Emmanuel envoyait de son quartier général de Terrionne au colonel de Chabron une lettre d'éloges et de remerciements pour la part glorieuse que le 3e zouaves avait prise au combat de Palestro, et le brillant concours que le régiment avait prêté, dans cette journée, à l'armée piémontaise.

« Monsieur le Colonel,

« L'Empereur, en plaçant sous mes ordres le 3e zouaves, m'a donné un précieux témoignage d'amitié. J'ai pensé que je ne pouvais mieux accueillir cette troupe d'élite qu'en lui fournissant immédiatement l'occasion d'ajouter un nouvel exploit à ceux qui, sur les champs de bataille d'Afrique et de Crimée, ont rendu si redoutable à l'ennemi le nom de zouave.

» L'élan irrésistible avec lequel votre régiment, Monsieur le Colonel, a marché hier à l'attaque a excité toute mon admiration ; se jeter sur l'ennemi à la baïonnette, s'emparer d'une batterie en bravant la mitraille, a été l'affaire de quelques instants.

» Vous devez être fier de commander à de pareils soldats ; ils doivent être heureux d'obéir à un chef tel que vous.

» J'apprécie vivement la pensée qu'ont eue vos zouaves de conduire à mon quartier général les pièces d'artillerie prises aux Autrichiens, et je vous prie de les en remercier de ma part.

» Je m'empresserai d'envoyer ce glorieux trophée à S. M. l'Empereur, auquel j'ai déjà fait connaître la bravoure incomparable avec laquelle votre régiment s'est battu hier à Palestro et a soutenu mon extrême droite.

» Je serai toujours heureux de voir le 3e zouaves combattre à côté de nos soldats et cueillir de nouveaux lauriers sur les champs de bataille qui nous attendent ; veuillez, Monsieur le Colonel, faire connaître ces sentiments à vos zouaves.

» Victor Emmanuel. »

Le colonel DE CHABRON reçut la croix de commandeur de l'ordre militaire de Savoie; 36 croix d'officier et de chevalier étaient accordées aux officiers, et 147 sous-officiers, caporaux et zouaves recevaient la médaille en argent *Al Valor militare*. Voulant récompenser le régiment d'une façon particulière, le roi de Sardaigne accordait en outre au 3e zouaves la médaille d'or *Al Valor militare* qu'on voit attachée depuis à la cravate du drapeau.

Le double combat de Palestro, des 30 et 31 mai, avait permis à nos corps d'armée d'opérer leur jonction avec les troupes piémontaises. Les projets de l'Empereur avaient réussi et, le 3 juin, les deux armées marchaient sur Novare et Magenta.

Le 3e zouaves, dans une lutte de quatre heures contre un ennemi trois fois plus nombreux, venait d'écrire une des belles pages de cette campagne.

Le régiment peut être fier de la journée du 31 mai et se glorifier de compter, parmi ses aînés, les héros de Palestro.

Ce sont toujours les dignes frères de ces vaillants soldats de Kabylie, de l'Alma, d'Inkermann, du Mamelon Vert, dont aucun obstacle ne peut arrêter l'élan : ni les difficultés du terrain, ni la mitraille ennemie. Que de noms à citer parmi ces intrépides soldats jaloux de soutenir la réputation de bravoure du régiment, aussi ardents dans le combat que généreux après la victoire! L'histoire, malheureusement, n'a pu sauver de l'oubli les noms de tous les zouaves qui se sont distingués le 31 mai ; mais qu'importe? Les noms s'effacent, l'exemple reste. Lorsque le moment de faire appel à leur dévouement sera venu, il nous suffira de montrer à nos jeunes générations la médaille d'or qui brille à la cravate du drapeau; il nous suffira de leur faire lire, sur les plis de cet emblème sacré, le nom de Palestro à côté de celui de Sébastopol pour retrouver chez elles la bravoure et l'intrépidité de leurs aînées.

Le 3 juin, les zouaves rentrent à Verceil et se réunissent de nouveau à la division d'Autemarre, dont ils ne devaient plus se séparer pendant la campagne. Après quelques jours de repos à Verceil, la division reçoit l'ordre de se diriger sur Milan par Novare et Magenta. Le 8 juin, le régiment campe sur le champ de bataille de Magenta, où se voyaient encore les traces sanglantes de la bataille du 4. Le 9, il prend la direction de Pavie par Abiatte-Grasso, en descendant la rive gauche du Tessin.

Les Autrichiens avaient évacué Pavie; l'arrière-garde qu'ils avaient laissée entre cette place et Magenta s'éloigna à notre approche.

La division d'Autemarre ne s'arrète pas à Pavie, qu'elle ne fait que traverser ; elle reçoit l'ordre de continuers a route sur Plaisance, que l'ennemi venait également d'abandonner. Le 13, la division passe le Pô à Spezza, au Sud de Corte-Olena. Ce passage s'exécute sur des ponts volants pour les animaux et le matériel ; la troupe est embarquée dans de grandes barques pontées, lancées à la dérive. Ce passage dure trente heures.

Le 3e zouaves, qui forme l'arrière-garde, bivouaque sur les bords du fleuve dans la nuit du 13 au 14 ; il a l'ordre de ne quitter la rive gauche qu'après l'embarquement complet du matériel, des bagages et des animaux.

Le 14 juin, à 10 heures du soir, la division traverse Plaisance à la lueur des flambeaux et au milieu d'un concours immense qui témoigne à l'armée sa sympathie et sa reconnaissance. Partout, dans les champs, dans les plus petits villages comme dans les grandes villes, les populations empressées accourent au devant de la colonne et, donnant un libre cours à la joie de la délivrance, font retentir l'air de leurs acclamations. Les musiques italiennes jouent l'air national et se mêlent aux musiques et fanfares des régiments. Des balcons et des fenêtres, des pluies de fleurs, de bouquets et de couronnes tombent sur nos soldats.

Au milieu de ces témoignages de sympathie, qui se traduisent souvent par des étreintes chaleureuses et de vifs embrassements, il n'y eut jamais dans les rangs la moindre confusion, le moindre désordre.

Ces vieux soldats d'Afrique et de Crimée, plus habitués au bruit du canon et aux émotions de la bataille qu'à ces ardentes démonstrations d'un peuple reconnaissant, restent calmes au milieu de la joie universelle et témoignent ainsi de leur discipline et de leur bonne tenue.

Le 14 juin, après une marche de 50 kilomètres, le 3e zouaves va cantonner, à 11 heures du soir, au couvent de San-Lazaro, vaste établissement religieux, à 3 kilomètres à l'Est de Plaisance.

Les Autrichiens, en se retirant, avaient replié le pont de bateaux jeté sur le Pô en face de la ville ; les communications avec Pizzighetone étaient coupées. Un nouveau pont de bateaux est jeté à la place de l'ancien, et, le 20 juin, la division d'Autemarre franchit encore le fleuve pour se rendre à Cremone, en passant par Pizzighetone.

Le 21 juin, le colonel DE CHABRON est nommé général de brigade, et remplacé au régiment par le lieutenant-colonel MANGIN, du 93e de ligne, promu colonel. Le 24 juin, pendant que tonne le canon de Solferino, le régiment est à Cremone.

Cependant, le dénouement approche ; la journée du 24 juin devait être le dernier événement militaire important de la campagne.

Le 25, le régiment quitte Cremone et se rend à Bozzolo, où il reste quelques jours ; le 4, il passe le Mincio à Goïto, sur un pont ds bateaux, et va s'établir au bivouac, sur la rive gauche, entre Bozzolo et Valeggio. Le 10 juillet, le régiment apprend, à Saliouze qu'une suspension d'armes a été conclue entre les puissances belligérantes, Le 12, l'Empereur annonce à l'armée d'Italie que la paix est signée entre la France et l'Autriche,

ORDRE GÉNÉRAL

« Les bases de la paix sont arrêtées avec l'empereur d'Autriche ; le but principal de la guerre est atteint ; l'Italie va devenir pour la première fois une nation.

» Vous allez bientôt retourner en France ; la patrie reconnaissante accueillera avec transport les soldats qui ont porté si haut la gloire de nos armes à Montebello, à Palestro, à Magenta, à Marignan et à Solferino ; qui, en deux mois, ont affranchi le Piémont et la Lombardie, et ne se sont arrêtés que parce que la lutte allait prendre des proportions qui n'étaient plus en rapport avec les intérêts que la France avait dans cette guerre formidable.

» Soyez donc fiers de vos succès, fiers des résultats obtenus, fiers surtout d'être les enfants bien-aimés de cette France qui sera toujours une grande nation tant qu'elle aura un cœur pour comprendre les nobles causes, et des hommes comme vous pour les défendre.

» Quartier général de Valeggio.

» NAPOLÉON. »

Le mouvement en arrière commence aussitôt. Un corps d'occupation, fort de cinq divisions et placé sous les ordres du maréchal Vaillant, doit être laissé en Lombardie jusqu'à la conclusion définitive de la paix. Les troupes qui ont pris part à cette glorieuse campagne, à l'exception des régiments du corps de Lombardie, s'acheminent à petites journées vers la France, où les attendent des fêtes et des triomphes dignes de ceux que Rome victorieuse offrait à ses légions.

Le 3ᵉ zouaves à Milan.

(Juillet-octobre 1859.)

Le 3ᵉ zouaves, qui fait partie du corps d'occupation, quitte, le 18 juillet, les bords du Mincio et se retire à Milan, par Brescia et Bergame. La victoire de Palestro avait rendu les zouaves populaires en Italie. La ville de Milan tout entière se porte au devant de nos soldats et les accueille par des acclamations enthousiastes.

Le régiment reste près de trois mois au milieu de la population milanaise, et, pendant ce séjour, malgré les entraînements d'une vie facile, au lendemain de longues marches et de pénibles épreuves, nos zouaves se font remarquer par leur conduite, leur bonne tenue, leur discipline. Pas une plainte, pas une réclamation contre eux.

Le général de division d'Autemarre, désigné pour passer l'inspection générale à Milan, rend hommage aux brillantes qualités de ce corps d'élite.

« Le 3ᵉ régiment de zouaves est pour moi une vieille connaissance, que j'ai été heureux de voir dans ma division, au début de la campagne et que je retrouverai toujours avec plaisir.

» Les officiers sont parfaitement dignes de commander à leurs soldats. Ils sont connus d'eux et ils exercent leur autorité avec bienveillance.

» Les sous-officiers sont tout à fait bien ; il est regrettable qu'on ne puisse donner à beaucoup d'entre eux l'avancement auquel ils ont droit de prétendre. La tenue des zouaves est bonne.

« Le 3ᵉ zouaves est un régiment heureux. Les chances de la guerre le conduisent aux bonnes affaires, et il sait en profiter. A l'Alma, il a joué un des premiers rôles ; à Inkermann, il a largement contribué à la victoire ; enfin, à Palestro, il a obtenu à lui seul un des beaux succès de l'armée d'Italie.

» Pour un pareil régiment, le passé garantit l'avenir, et si on devait encore avoir besoin de son dévouement, je suis certain qu'on ne le réclamerait pas en vain. »

Départ pour l'Algérie.

(Octobre 1859.)

Le régiment quitte Milan le 18 octobre, prend le chemin de fer de Gênes et s'embarque le lendemain pour l'Algérie. Il débarque à Mers-el-Kébir et reste quelques jours à Oran.

Le 3ᵉ zouaves est embrigadé avec le 1ᵘʳ zouaves, venu également d'Italie, et forme la réserve du corps expéditionnaire du Maroc. Le 9 novembre, les opérations étant terminées, le régiment repart, sur le *Descartes* et le *Cacique*, pour rejoindre ses garnisons de la province de Constantine.

Le 13, il débarque à Philippeville, où l'attendait, comme au lendemain de la Crimée, l'accueil le plus sympathique et les plus chaleureuses ovations.

Les populations algériennes, qui avaient applaudi aux bulletins de victoire de l'armée d'Italie, fières des succès du 3ᵉ zouaves, se pressent, malgré le mauvais temps, sur le passage des troupes ; ce ne fut qu'un triomphe continuel, de Philippeville à Constantine. La foule se découvre avec respect devant notre drapeau déchiré par la mitraille, et le salue de patriotiques acclamations. Elle accompagne de cris enthousiastes ces vaillants soldats qui viennent d'ajouter un fleuron de plus à la couronne de dévouement, d'héroïsme et de gloire du régiment. La municipalité de Constantine offre un punch aux officiers et donne 2 francs à chaque sous-officier, caporal ou zouave revenant d'Italie.

Le 4ᵉ bataillon, qui, pendant la campagne d'Italie, avait occupé la garnison de Constantine et détaché deux compagnies à El-Miliah pour les travaux du fort Jérôme, est licencié par décret du 22 novembre. Le tiercement a lieu à la même date, et les compagnies du 4ᵉ bataillon rentrent aux bataillons de guerre.

COMPOSITION DU RÉGIMENT APRÈS LE TIERCEMENT ET LE LICENCIEMENT DU 4ᵉ BATAILLON.

1ᵉʳ *bataillon.*

MM. DE BRICHE, chef de bataillon.
GRATREAUD, adjudant-major.

1ʳᵉ *compagnie.*	**6ᵉ *compagnie.***
MM.	MM.
ENJELBERT, capitaine.	MAMALET, capitaine.
2ᵉ *compagnie.*	**7ᵉ *compagnie.***
JEANNINGROS, capitaine.	MARIE, capitaine.
3ᵉ *compagnie.*	**8ᵉ *compagnie.***
PARGUEZ, capitaine.	RITTER, capitaine.
4ᵉ *compagnie.*	**9ᵉ *compagnie.***
LANDRUT, capitaine.	AILLERY, capitaine.
5ᵉ *compagnie.*	
JARRIGE, capitaine.	

2ᵉ *bataillon.*

MM. SAINT-MARTIN, chef de bataillon.
HERVÉ, adjudant-major.

1ʳᵉ *compagnie.*
MM.
SIMON, capitaine.

2ᵉ *compagnie.*
MARIANI, capitaine.

3ᵉ *compagnie.*
LALANNE, capitaine.

4ᵉ *compagnie.*
RODES, capitaine.

5ᵉ *compagnie.*
RIGAULT, capitaine.

6ᵉ *compagnie.*
MM.
CHEVALLIER, capitaine.

7ᵉ *compagnie.*
DES CORMIERS, capitaine.

8ᵉ *compagnie.*
BLAISE, capitaine.

9ᵉ *compagnie.*
JARRIÉ, capitaine.

3ᵉ *bataillon.*

MM. DE FRANCHESSIN, chef de bataillon.
JAPY, adjudant-major.

1ʳᵉ *compagnie.*
MM.
MARTENOT, capitaine.

2ᵉ *compagnie.*
BOISTARD, capitaine.

3ᵉ *compagnie.*
LEFEBVRE, capitaine.

4ᵉ *compagnie.*
BRANDE, capitaine.

5ᵉ *compagnie.*
TURC, capitaine.

6ᵉ *compagnie.*
MM.
BRUN, capitaine.

7ᵉ *compagnie.*
SICARD, capitaine.

8ᵉ *compagnie.*
LESPINE, capitaine.

9ᵉ *compagnie.*
VOGEL, capitaine.

CHAPITRE III

Colonne du Hodna (1860). — Expédition de la Kabylie orientale (1860). —
Colonne d'El-Oued. (1861).

Colonne du Hodna.

(Mars 1860.)

En rentrant d'Italie, le 1er bataillon est dirigé sur Sétif, le 2e
va tenir garnison à Batna et Lambessa, le 3e reste à Constantine.
Le 22 mars, le 1er bataillon et les 1re, 6e, 7e et 8e compagnies du 2e
bataillon reçoivent l'ordre de se joindre à une colonne expéditionnaire destinée à opérer dans le Hodna, sous les ordres du
général de brigade Nesmes-Desmarets. Au milieu du calme le plus
profond, une insurrection venait d'éclater subitement chez les
Ouled-Amar de la subdivision de Batna ; un marabout avait prêché
la guerre sainte aux tribus guerrières du Hodna, et, grâce au
prestige qu'il exerçait sur ces imaginations ardentes, il était
parvenu, en quelques jours, à grouper autour de lui plus de 800
tentes et de 1,800 fusils. Cet imposteur avait établi ses smalas, qui
grossissaient d'heure en heure, à quelque distance de la grande
chaîne de montagnes du Bou-Thaled.

A la première nouvelle de l'agitation, des colonnes légères
partent de Sétif et de Batna, et marchent sur le camp du chérif à
Kanguet-el-Hamman.

Les quatre compagnies du 2e bataillon font partie de la colonne, que
le colonel Pein amène, de Batna, au général Nesmes-Desmarets,
commandant la subdivision de Sétif. L'inquiétude commence à
gagner les tribus de proche en proche et nos goums eux-mêmes

montrent une incertitude alarmante, lorsque les deux colonnes font leur jonction, le 25 mars.

Arrivé le premier en vue du camp ennemi, le général Desmarets ne veut pas laisser ses goums sous l'impression de leurs hésitations et de leurs craintes; il fait commencer l'attaque par une partie de sa cavalerie au Sud, en même temps qu'il s'avance avec le reste de sa colonne vers le Nord. Les rebelles sont repoussés jusqu'au sommet des collines abruptes, où la difficulté du terrain et l'épuisement des chevaux arrètent nos cavaliers. Animés du fanatisme le plus sauvage, les Arabes se précipitent sur les compagnies de zouaves, qui arrivent en soutien; femmes, enfants, vieillards, armés de pistolets, de bâtons et de pierres, sortent de leurs tentes et prennent part au combat. La résistance est opiniâtre et, sur plusieurs points du champ de bataille, s'engagent des luttes corps à corps. Pour rétablir un peu d'ordre, le général Desmarets rallie le bataillon de zouaves sur ses réserves, ouvre le feu de sa section d'obusiers, et reprend la marche en avant, lorsque la colonne de Batna apparaît à l'Est. Sous l'action combinée de nos troupes, la résistance est bientôt vaincue; l'ennemi prend la fuite, protégé par les ravins inextricables qui entourent le théâtre du combat. Cinq drapeaux sont enlevés, les morts et les blessés restent entre nos mains; les smalas et les troupeaux tombent au pouvoir du vainqueur. Ce succès qui met fin à l'insurrection du Hodna, nous coûte 1 officier tué : M. Lucot lieutenant; 3 blessés : MM. Gratreaud, capitaine adjudant-major; Landrut, Mamalet, capitaines; 12 hommes tués et 36 blessés. Les troupes de Batna et de Sétif rejoignent leurs garnisons.

Expédition de la Kabylie orientale.

(Mai-août 1860.)

Au mois de mai de la même année, les trois bataillons du régiment sont concentrés à Milah pour opérer dans la Kabylie orientale, avec la colonne du général Desvaux, commandant la division de Constantine.

La création du poste d'El-Miliah n'avait pas fait cesser les désordres qui troublaient le commandement indigène de l'Oued-el-Kébir. Une petite colonne, à laquelle prit part la compagnie Landrut du 4ᵉ bataillon, avait été envoyée dans le Zouara, au mois de juin 1859, pour calmer l'agitation de cette région.

Les Kabyles étaient venus régler leurs différends à l'amiable avec le général Lefèvre, et la colonne avait regagné Constantine sans coup férir. La soumission ne fut qu'apparente. Une bande de Kabyles vint attaquer, dans la nuit du 14 au 15 juillet, un poste de 8 zouaves, employés à fabriquer de la chaux pour la construction du bordj d'El-Miliah, et nous blessa trois hommes. La province était encore dégarnie de troupes ; les trois bataillons rentraient seulement d'Italie et la saison était si avancée que la crainte du mauvais temps fit renvoyer l'expédition au printemps de l'année suivante. Pendant les derniers mois de l'année 1859 et au commencement de 1860, l'agitation gagna le pays entre Djidjelli et Collo ; il devenait urgent d'arrêter le mouvement insurrectionnel qui menaçait de prendre de grandes proportions. Le général Desvaux, commandant la division de Constantine, organise, au mois de mai 1860, une colonne expéditionnaire forte de trois brigades ; les trois bataillons du régiment sont appelés à faire partie de la 2ᵉ brigade, placée sous les ordres du général Desmarets.

Le 26 mai, la concentration est achevée et la colonne est tout entière réunie à Milah. Le 30 mai, elle atteint Fedj-el-Arba où elle s'arrête quelques jours. La plupart des tribus insoumises protestent de leurs intentions pacifiques, et le général Desvaux profite du long repos de ses troupes au camp de Fedj-el-Arba pour les employer à la route stratégique de Milah à Djidjelli. Mais les fauteurs de désordres travaillent en secret l'esprit des Kabyles et finissent par l'emporter. Les Beni-Kettab donnent l'exemple de la rébellion. A la suite d'une réunion organisée à Sidi-Marrouf par les chefs du parti de la résistance, la guerre sainte est proclamée et, dans la nuit du 11 au 12 juin, des bandes de Kabyles viennent attaquer nos grand'gardes ; cette tentative est renouvelée le 13. Le général se décide, devant cette levée de boucliers, à agir vigoureusement et à frapper d'abord les Beni-Kettab, où ont eu lieu les réunions hostiles.

Le 14 juin, la colonne se porte à El-Aroussa, chez les Beni-F'tah. Pendant la marche, la tête de la colonne est attaquée par des Kabyles établis sur une crête rocheuse et boisée ; l'avant-garde suffit pour les déloger ; le régiment ne prend aucune part à cette affaire. Le lendemain, l'ennemi prend position sur les hauteurs de Bou-Thouïl et se dispose à nous barrer la route. Le 1ᵉʳ bataillon s'établit sur un mamelon boisé pour protéger le flanc droit de la colonne. Les 2ᵉ et 3ᵉ bataillons marchent avec la brigade de tête et reçoivent l'ordre d'enlever les hauteurs de Bou-

Thouïl, défendues par de nombreux Kabyles. L'ennemi n'oppose pas une résistance bien sérieuse; il se retire dans les bois et les ravins, après une courte fusillade qui nous blesse 3 hommes. Le 2ᵉ bataillon vient occuper les positions enlevées et les garde toute la nuit, pour protéger le passage du convoi. Le 3ᵉ bataillon poursuit sa marche à l'avant-garde et enlève encore sans difficulté les hauteurs de Taffertas que les Kabyles paraissaient vouloir défendre. Le 1ᵉʳ bataillon abandonne, à 5 heures du soir, les positions qu'il occupait depuis le matin et vient former l'arrière-garde de la colonne, sous les ordres du général de Lasserre.

Les 7ᵉ et 8ᵉ compagnies sont déployées en tirailleurs et refoulent les Kabyles qui essaient d'inquiéter la retraite. Le bataillon n'arrive au camp de Taffertas que le lendemain, à 5 heures du matin.

Le corps expéditionnaire séjourne au camp de Taffertas jusqu'au 1ᵉʳ juillet. Chaque jour, des colonnes légères parcourent le pays des Beni-Kettab, brûlant les villages, détruisant les récoltes et razziant les troupeaux qu'elles peuvent atteindre. Le régiment prend souvent part à ces sorties, et ses pertes pendant ces opérations sont de 16 blessés.

La colonne, n'ayant plus rien à détruire chez les Beni-Kettab, se transporte le 2 juillet à El-Boutou. Le 3ᵉ bataillon du régiment reçoit l'ordre de s'élever sur les crêtes, de reprendre les positions abandonnées et, par un vigoureux retour offensif, de dégager toute l'arrière-garde. Couvert par les tirailleurs de la 5ᵉ compagnie, le bataillon de zouaves escalade les rochers avec un entrain irrésistible, enlève successivement toutes les positions et poursuit l'ennemi, la baïonnette dans les reins, pendant plus de 6 kilomètres. Les Kabyles sont en pleine déroute et la colonne peut reprendre sa marche sans être inquiétée. Le 3ᵉ bataillon arrive au camp d'El-Boutou, à 1 h. 1/2, n'ayant eu que 2 blessés. Le colonel Mangin met à l'ordre du régiment la brillante conduite du 3ᵉ bataillon dans cette affaire, et cite les officiers, sous-officiers, caporaux et zouaves qui se sont distingués.

ORDRE DU RÉGIMENT

« Le général de division commandant la colonne a félicité le 3ᵉ zouaves sur la manière vigoureuse dont le 3ᵉ bataillon avait fait aujourd'hui, à l'arrière-garde, un retour offensif et culbuté l'ennemi.

» En transmettant ces compliments au régiment, le colonel est heureux de pouvoir dire à ses zouaves combien il est fier de commander à de tels soldats; si, jusqu'à ce jour, il a été sobre d'éloges, c'est qu'il les conservait pour des journées comme celle-ci, dans laquelle l'entrain et l'intelligence de chacun ont fait, sans restriction, l'admiration de tous ceux qui y ont assisté.

» Il porte à l'ordre du régiment les noms des officiers, sous-officiers et soldats qui lui ont été cités parmi ceux qui s'étaient fait le plus particulièrement remarquer :

» MM. le commandant DE FRANCHESSIN ; les capitaines BOISTARD et JAPY ; les lieutenants GOUTE, LÉGÉ, LEMAISTRE ; l'adjudant COLLIN ; les sergents-majors BOILEAU et BOUCACHARD ; les sergents NICOLAS, LEFEBVRE, LAFARRE, CAMPAND, BERNARDON, AUBIN et GAUBERT ; les caporaux SEMPÉ, MIQUEL, RIBERPREY et LENFANT ; les zouaves de 1re classe FABY, SCHALLER, REYER, ROUILLARE, MONTAGNON et LABORDE ; les zouaves de 2e classe MARTIN, PENVION, LAMBLES, RESONCHE, HOUSSET, REMONTET, LAVERLOCHER, CHABOISSIER, EON, CARTIER, NOÉ, JOUANNOTE, DAMGREAUX et GILLE.

» Sont nommés de 1re classe tous les zouaves de 2e classe compris dans le présent ordre. »

Le 5 juillet, la colonne arrive à Tamarka et reçoit la soumission des tribus voisines.

De Tamarka, le général Desvaux fait rayonner ses troupes sur le territoire des Beni-Aïcha et continue l'œuvre de dévastation. Le 9 juillet, la colonne atteint Bordj-Taher, des Beni-Ider, et y séjourne jusqu'au 23 juillet, razziant les tribus insoumises et ravageant leurs villages et leurs récoltes.

Le général Desvaux annonce à ses troupes, le 23 juillet, que les opérations actives du Zouarah sont terminées et les félicite de la bravoure et de l'énergie dont elles ont fait preuve pendant la répression de l'insurrection.

ORDRE GÉNÉRAL

« Au début de votre expédition, les Kabyles paraissaient désirer la paix ; vous vous êtes livrés au travail des routes avec l'ardeur que l'armée d'Afrique apporte à toutes choses. Mais bientôt, cédant à des conseils funestes, quelques tribus refusèrent de livrer leurs otages et de payer leurs amendes. Pendant deux nuits, des coups de fusil furent tirés sur les grand'gardes de Feldj-el-Arba ; un détachement envoyé au fourrage fut inquiété. Alors a commencé l'action de guerre et, malgré la résistance des insurgés, vous êtes venus vous installer au sommet du pays des Beni-Kettab. De ce camp de Taffertas, vous avez successivement châtié toutes les fractions de cette tribu, chez laquelle, le 11 juin, dans une assemblée solennelle de tous les Kabyles, à Sidi-Marrouf, on avait médité l'attaque de la concession Lacroix et proclamé la guerre sainte.

» Vous avez parcouru successivement le territoire des Ouled-Ali, Beni-Aïcha, Taïmen, Beni-Abibi, Beni-Ider, Beni-Ftah, respectant les tribus innocentes, punissant les coupables. Découragés enfin par leurs pertes, par leur impuissance, cernés dans l'Oued-Irdjana, tous les insurgés ont demandé l'aman et ont rempli les conditions que je leur ai imposées.

» C'est à votre bravoure, c'est à votre constance que sera due la répression de cette insurrection qui pouvait être si grave; vous vous êtes montrés braves soldats, patients à la fatigue et, comme toujours, dévoués au pays.

» Il ne nous reste plus qu'à régler l'affaire de l'Oued-el-Kébir et à punir les Beni-Touffout qui ont attaqué un de nos convois. Cette tâche sera difficile et, malgré la chaleur et les difficultés du terrain, vous resterez, comme au début, prêts à tous les sacrifices.

» Vous avez fait preuve des qualités nécessaires dans la guerre de montagne : énergie, entrain, prudence. L'ennemi n'a pu vous enlever le plus petit trophée et a laissé entre vos mains hommes, femmes, enfants, armes, bestiaux. Votre supériorité a été évidente dans tous les combats. Nos tués et blessés sont peu nombreux et l'état sanitaire de la colonne est des plus satisfaisants. Vous compléterez votre œuvre bientôt, je l'espère, et les témoignages de satisfaction de l'Empereur viendront vous récompenser dans vos garnisons, où vous jouirez, avant peu, d'un repos bien mérité. »

La colonne arrive, le 27 juillet, à El-Miliah et se rend ensuite à Aïn-Betta et El-Gouffi pour châtier les Beni-Touffout. Le 29 juillet, le zouave Jean est mortellement blessé pendant une sortie du régiment.

Le 10 août, la colonne se sépare en deux fractions. Pendant que le général commandant la division avec les 1re et 3e brigades va camper à El-Araba, sur la rive gauche de l'Oued-el-Kébir, la 2e brigade, dont fait partie le régiment, s'établit à El-Miliah. Le 16 août, toutes les tribus ayant fait leur soumission, la colonne est dissoute.

Le régiment rentre à Constantine.

Le calme le plus complet règne dans la province de Constantine, dans les derniers mois de l'année 1860 et pendant l'année 1861. Le va-et-vient habituel entre les diverses garnisons et les travaux de route occupent seuls nos bataillons pendant cette période de paix. Des chefs intelligents et actifs savent trouver cependant, au milieu de leurs nombreuses occupations, le temps nécessaire à l'instruction militaire de leurs hommes et prouver que ces vigoureux pionniers de la colonisation, qui viennent de passer plus d'un an sur les routes ou dans les camps de travail, sont, en même temps, d'excellents soldats dans le rang, rompus à la discipline et au métier des armes.

Qu'il nous suffise, pour le prouver, de citer ici un extrait de l'ordre laissé au corps par l'inspecteur général, à la fin de l'année 1861 :

« En terminant l'inspection du 3e régiment de zouaves, l'inspecteur général éprouve une grande satisfaction à pouvoir dire à ce beau et excellent corps combien il a été content de lui. Très bien commandé, administré avec sagesse et intelligence, animé d'un esprit remarquable, il a largement satisfait à toutes les parties du minutieux examen dont il a été l'objet.

» L'inspecteur général n'a à demander au 3e zouaves que de rester égal à lui-même et de se maintenir à la hauteur à laquelle il s'est placé ; qu'il conserve les souvenirs de la Crimée, de la Kabylie et de Palestro et qu'il garde précieusement le dévouement dont il a donné tant de preuves à l'Empereur. »

Colonne d'El-Oued.

(Décembre 1861-Mars 1862.)

Dans les derniers jours de l'année 1861, le colonel Pein organise à Biskra une colonne légère chargée d'opérer dans le Sud de la province et de montrer nos troupes aux tribus de la région du Souf. Le 1er bataillon quitte Batna, le 9 décembre, pour se joindre à cette colonne qui se rend à El-Oued, en visitant tous les postes du sud. Le 1er bataillon rentre à Batna le 20 mars 1862, après avoir donné, pendant ces trois mois de courses dans le désert, de nouvelles preuves de l'énergie et de la patience des zouaves.

Le premiers mois de l'année 1862 sont encore remplis par les travaux de route.

Au mois de juin, le régiment est concentré à Constantine et

reçoit l'ordre de fournir au corps expéditionnaire du Mexique deux bataillons à six compagnies. Créés d'abord pour occuper et défendre la terre d'Afrique, les zouaves ont été appelés à l'honneur de combattre en Europe et de verser leur sang sur les champs de bataille de Crimée et d'Italie. Leur passé déjà glorieux, leur réputation sans cesse grandissante désigne maintenant les vainqueurs de l'Alma et de Palestro pour la lointaine expédition du Mexique.

LIVRE IV

MEXIQUE

CHAPITRE Ier

Départ pour le Mexique.

(Juin 1862.)

Dix ans à peine après sa formation, le 3ᵉ zouaves va montrer
au Nouveau-Monde le drapeau qu'il a illustré sur les champs de
bataille de Crimée et d'Italie ; le régiment est appelé à fournir deux
bataillons au corps expéditionnaire du Mexique. Le 30 juin 1862,
les six premières compagnies des 1ᵉʳ et 2ᵉ bataillons (commandants DE BRICHE et DE FRANCHESSIN) reçoivent l'ordre de quitter
Constantine et d'aller, par étapes, s'embarquer à Alger ; le 3ᵉ bataillon (commandant HOCHSTETTER), le dépôt, les 7ᵉ et 8ᵉ compagnies des 1ᵉʳ et 2ᵉ bataillons doivent rester en Algérie. Le colonel

MANGIN et le lieutenant-colonel ARNAUDEAU partent avec les deux bataillons du Mexique qui se trouvent de nouveau reconstitués à huit compagnies par l'arrivée à Koléach des 7e et 8e compagnies d'abord retenues à Constantine. Le colonel et le 1er bataillon s'embarquent sur le *Fleurus*, le 2 septembre, quittent à midi le port d'Alger, relâchent quelques jours à Cadix et à Fort de France et débarquent le 4 novembre à la Vera-Cruz.

Opérations autour de la Vera-Cruz.

(Novembre-Décembre 1862.)

Les opérations militaires auxquelles le régiment va se trouver mêlé pendant cette longue campagne de soixante-huit mois, commencent [aussitôt après le débarquement. La concentration des

---

COMPOSITION DES 1er ET 2e BATAILLONS DU 3e ZOUAVES AU MOMENT DU DÉPART.

MM. MANGIN, colonel.
ARNAUDEAU, lieutenant-colonel.
PRIEUR, médecin-major de 1re classe.
BEAUDOIN, médecin-major de 2e classe.
NEUFVILLE, sous-lieutenant porte-drapeau.

1er *bataillon*. -

DE BRICHE, chef de bataillon.
JAPY, capitaine adjudant-major.

1re *compagnie*.	5e *compagnie*.
MM.	MM.
PARGUEZ, capitaine.	RIGAULT, capitaine.
LEGUÉ, lieutenant.	COUTURIER, lieutenant
HENRI, sous-lieutenant.	FAVAL, sous-lieutenant.
2e *compagnie*.	**6e *compagnie*.**
RHODES, capitaine.	CAILLARD, capitaine.
VIEL, lieutenant.	DEBORT, lieutenant.
BALDY, sous-lieutenant.	BERTHUYS, sous-lieutenant.
3e *compagnie*.	**7e *compagnie*.**
DU BESSOL, capitaine.	MARIANI, capitaine.
TINTILLIEU, lieutenant.	VADON, lieutenant.
PARSON, sous-lieutenant.	DE SAINT-SAUVEUR, sous-lieutenant.
4e *compagnie*.	**8e *compagnie*.**
BILLION, capitaine.	MALIGNON, capitaine.
MANIORT, lieutenant.	LEMAISTRE, lieutenant.
LANNES, sous-lieutenant.	COLLIN, sous-lieutenant.

troupes autour de la Vera-Cruz avait épuisé les ressources locales ; l'ennemi avait éloigné des postes français, et chassé vers les hauts plateaux, les troupeaux qui abondent d'ordinaire dans ces régions.

L'insalubrité des terres chaudes, le voisinage des guérillas ennemies, s'ajoutaient encore aux difficultés de l'approvisionnement.

Pour dégager les routes de la montagne, éloigner les guérillas, faciliter le ravitaillement et arracher les troupes à ce climat meurtrier, le général Forey, commandant en chef, détache de petites colonnes mobiles au Nord, à l'Ouest, au Sud de la Vera-Cruz. Le 1er novembre, le lieutenant-colonel Arnaudeau s'embarque avec le 2e bataillon sur la *Moselle* et l'*Éclair*, se dirige au Sud de la Vera-Cruz, vers l'embouchure du rio Jamapa et débarque au Rancho de Novillero.

La petite colonne remonte la rivière sur des embarcations légères et occupe l'hacienda de Paso-del-Toro et la petite ville de Médellin ; mais elle ne peut franchir la barre de la rivière et, le 3 novembre, le 2e bataillon rentre à la Vera-Cruz.

Le 4 novembre, le lieutenant-colonel Arnaudeau est chargé de ramener des bêtes de somme et de trait et des bestiaux qui se trouvent en nombre considérable sur les bords des rios Blanco et Atoyac et près des lagunes d'Alvarado ; il part avec le 2e bataillon

---

2e *bataillon.*

MM. de Franchessin, chef de bataillon.
Gratreau, capitaine adjudant-major.

1re *compagnie.*	5e *compagnie.*
MM.	MM.
Lalanne, capitaine.	de Cormiers, capitaine.
de la Forterie, lieutenant.	Jacquot, lieutenant.
Romignon, sous-lieutenant.	Ducroquet, sous-lieutenant.
2e *compagnie.*	**6e *compagnie.***
Brande, capitaine.	Ruel, capitaine.
de Chanteloup, lieutenant.	Fleury, lieutenant.
Davin, sous-lieutenant.	Bouché, sous-lieutenant.
3e *compagnie.*	**7e *compagnie.***
de la Hayrie, capitaine.	Boistard, capitaine.
Pernot, lieutenant.	Fontaine, lieutenant.
Vuillemenot, sous-lieutenant.	de Givry, sous-lieutenant.
4e *compagnie.*	**8e *compagnie.***
Laurens, capitaine.	Brenne, capitaine.
Renoux, lieutenant.	Faye, lieutenant.
de Mascureau, sous-lieutenant.	Lemaire, sous-lieutenant.

et un escadron du 2e chasseurs d'Afrique, et se dirige sur Médellin, où viennent le rejoindre, le 11, avec le colonel MANGIN, les 1re, 2e, 3e et 4e compagnies du 1er bataillon.

La colonne traverse, au prix de mille fatigues, un pays presque plat, sans culture, humide, dangereux par ses émanations pestilentielles; elle se fraye un chemin au milieu de forêts marécageuses que les moustiques et la boue rendent presque impénétrables.

La fièvre commence à faire des victimes dans nos rangs. Le 15 novembre, après une marche des plus pénibles, le régiment, précédé de la cavalerie et de deux compagnies sans sacs, arrive à Tlaliscoya que l'ennemi venait d'évacuer.

L'insalubrité du pays et les marécages ne permettent pas à la colonne de continuer sa route; elle revient sur Mondijo, où elle laisse 40 malades, sous la garde de la 4e compagnie du 1er bataillon.

Le 23, le colonel MANGIN atteint Alvarado, occupe cette ville sans résistance et s'y installe; il fait les préparatifs nécessaires pour se diriger par eau sur Tlacotalpan, sur les bords du rio Papaloapan, large et beau fleuve, qui traverse une contrée fertile, et que les canonnières peuvent remonter pendant plusieurs lieues; mais le nombre des malades augmente rapidement et dépasse le chiffre de 200.

Le colonel MANGIN reçoit l'ordre de ramener à la Vera-Cruz sa colonne décimée par la fièvre; deux goëlettes franchissent la barre d'Alvarado et emportent des malades.

Marche sur Puebla.

(Décembre 1862.)

Pendant que la plus grande partie du régiment opère du côté de Tlacotalpan, la 8e compagnie du 1er bataillon séjourne à la Vera-Cruz, et les 5e, 6e et 7e compagnies, sous les ordres du capitaine RIGAULT, marchent sur Jalapa, qu'elles atteignent le 1er décembre. Le colonel MANGIN rallie la 8e compagnie et rejoint, le 12 décembre, le détachement du capitaine RIGAULT. Le 3e zouaves fait partie d'une colonne placée sous les ordres du général Bazaine, et comprenant le 7e bataillon de chasseurs à pied, le 51e de ligne, un escadron de cavalerie, une batterie d'artillerie et des cavaliers alliés de Mendez. La colonne quitte Jalapa le 16 décembre, et suit la róute qui conduit au col de Las-Vigas, à travers un terrain difficile et boisé ; le 17, au moment où la tête d'avant-garde s'engage dans ces fourrrés inextricables, elle essuie le feu d'une embuscade ennemie ; le bataillon de chasseurs à pied et quelques compagnies du 1er bataillon sont déployés en tirailleurs, mais ne parviennent pas à atteindre les Mexicains, qui se sauvent à travers les bois. Le lendemain, la colonne prend le chemin de Cerro-Leone, afin de tourner les obstacles accumulés sur la route principale ; à une lieue de la Crux-Blanca, elle se heurte à un corps de 7 à 800 cavaliers ennemis.

Le général Bazaine lance aussitôt contre eux la cavalerie alliée de Mendez, qu'il fait appuyer par un escadron du 12e chasseurs.

La 6e compagnie du 2e bataillon se déploie en tirailleurs en avant du régiment, prend l'ennemi en flanc et lui fait essuyer, par son feu, des pertes sensibles. Le caporal Cochon est blessé.

Quelques jours après cette rencontre, il recevait la croix de la Légion d'honneur.

Le 19, le fort de Pérote, qui commande la route, est occupé sans résistance ; le général Bazaine y arrête sa colonne et fait rayonner ses troupes dans les environs, autant pour rassurer les populations que pour se procurer des vivres.

Le corps expéditionnaire du Mexique s'avance par plusieurs routes sur le plateau d'Anahuac. La ville de Puebla est l'objectif de nos colonnes.

Le général Bazaine laisse ses malades dans le fort de Pérote, sous la protection d'une petite garnison, et continue son mouvement en avant. Le 1er février, il établit son quartier général dans la petite ville de Nopalucan. Jusqu'au jour où les opérations actives doivent être sérieusement reprises contre Puebla, le régiment est occupé à des escortes de convois et disséminé dans différents postes.

Le 15 mars, la division Bazaine est réunie près d'Acajete ; le 16, le 3e zouaves traverse Amozoc sans s'y arrêter et vient camper sous Puebla, entre le Cerro-Amalucan et l'hacienda de Alamos.

Siège de Puebla.

(Mars-Mai 1863.)

Les importants travaux du siège commencent aussitôt : reconnaissances, investissement, service de tranchée. Le régiment est toujours là, réclamant la première place aux fatigues et aux dangers.

Le 18, les zouaves Martin et Bonot, du 1er bataillon, sont blessés près du Molino de Guadalupe. Le 2e bataillon va camper au Cerro d'Amalucan et prend ainsi part à l'investissement de Puebla du côté d'Amozoc ; le 1er bataillon s'établit, la droite à la route de Molino del Medio, la gauche à la Noria.

Les troupes fortifient leurs lignes et maintiennent l'investissement, autant que le permet la disproportion de leur effectif avec l'étendue considérable du périmètre à garder.

Assaut du pénitencier.

(29 mars 1863.)

Le 23 mars au soir, les préparatifs du siège sont terminés ; la tranchée est ouverte devant le fort Saint-Xavier, ouvrage important, dont le réduit est formé par l'église de ce nom et un vaste bâtiment servant de pénitencier.

Les travaux d'attaque sont vigoureusement menés ; les batteries ouvrent le feu, bouleversent les parapets, percent à jour les épaisses murailles du pénitencier. Une attaque de vive force devient possible, et, le 29 mars, à 5 heures du soir, le général Forey lance à l'assaut le 1er bataillon de chasseurs à pied et le 2e bataillon du 2e zouaves.

Les deux colonnes s'élancent sur les parapets qu'elles couronnent bientôt, malgré une fusillade des plus vives. Le 1er bataillon du 3e zouaves reste en réserve près du général Bazaine, qui l'envoie, compagnie par compagnie, compléter l'occupation du pénitencier. Nos soldats sont exposés dans leurs tranchées au feu violent de l'ennemi et ne peuvent y répondre. Les 1re, 2e, 3e et 8e compagnies s'établissent dans un bastion de l'ouvrage et supportent pendant toute la nuit une pluie de bombes et de mitraille. Le 1er bataillon a 30 hommes blessés. Le 2e bataillon, arrivé d'Amalucan dans la journée, vient occuper le soir la 4e parallèle où les boulets de l'ennemi lui blessent 5 hommes.

Le lendemain, le général en chef rend hommage à l'intrépidité des colonnes d'assaut et remercie toutes les troupes qui ont pris part à l'attaque.

« Le rapport général sur cette brillante affaire, qui sera adressé au ministre de la Guerre, lui rendra bon compte de tous les actes de bravoure qui ont été signalés au général en chef et qui sont trop nombreux pour trouver place dans un simple ordre général. Le général en chef se borne, dans cet ordre, à remercier au nom de l'Empereur ses braves soldats du dévouement qu'ils ont montré depuis le commencement du siège de Puebla, et, en particulier, les corps qui ont pris part à l'assaut de Saint-Xavier.

» Le 1er bataillon du 3e zouaves, le 2e bataillon du 51e de ligne, qui formaient la réserve, ont fait des pertes sensibles dans les tranchées et ont été pendant toute la nuit le but que l'artillerie de la place a couvert de projectiles : ces deux bataillons sont restés impassibles sous ce feu meurtrier. Le général en chef, en adressant ses félicitations à tous ceux qui ont pris part à l'assaut, doit les adresser particulièrement aux officiers qui, par leurs habiles dispositions, ont assuré le succès de cette difficile opération. »

La prise du fort Saint-Xavier ne devait pas avancer les opérations du siège autant qu'on l'avait espéré. Nos troupes vont se heurter maintenant à des obstacles de plus en plus difficiles. La ville de Puebla est formée d'îlots de maisons ou de cadres (1), séparés par des rues qui se coupent à angle droit. Cette disposition se prête admirablement à la défense pied à pied du terrain.

Les Mexicains déploient la plus grande énergie, relient les cadres par de fortes barricades armées de canons, se retranchent dans les maisons voisines, dont les épaisses murailles sont à l'épreuve de nos pièces de campagne.

Il faut faire le siège en règle de ces cadres et la marche en avant ne peut se poursuivre qu'au prix de sérieux efforts et de nouveaux sacrifices. Le 1er avril, le 1er bataillon prend la garde au cadre Guadalupite, enlevé dans la nuit du 31 mars par le 18e bataillon de chasseurs à pied. Dans la soirée, on prépare l'attaque du cadre San-Marco. Dès que les brèches de notre artillerie sont jugées praticables, la 5e compagnie s'élance sous une pluie de projectiles et pénètre dans le cadre. Le capitaine Rigault est en tête de sa compagnie et la dirige, une lanterne à la main. Les 2e, 3e, 4e et 8e compagnies suivent ses traces, culbutent l'ennemi et s'établissent, pendant la nuit, dans San-Marco. Les zouaves Rajadi et Jouanneau, de la 5e compagnie, sont tués ; 6 zouaves sont blessés.

Le lendemain, le 2e bataillon vient relever le 1er à San-Marco. L'artillerie prépare par une violente canonnade l'attaque du

---

(1) Pour faciliter l'intelligence des ordres, les cadres avaient été numérotés de 1 à 158.

cadre 26, où se trouvait une caserne ; une brèche est ouverte à 10 heures du soir. Le 2ᵉ bataillon traverse la rue sous une vive fusillade, envahit le bâtiment et débouche dans une chambre obscure, n'ayant d'autre issue qu'un porche étroit par lequel il fallait défiler un à un, devant deux obusiers.

Trente hommes, le capitaine LALANNE en tête, s'engagent dans ce passage et arrivent dans une cour entourée de murs crénelés.

Les escaliers sont détruits, les issues barricadées. Accablée par une grêle de mitraille, de mousqueterie et de grenades, la petite troupe est forcée de battre en retraite. Les caporaux MORLOCK, BÉTHOUT, COURRÈGES, LE GAC, de la 1ʳᵉ compagnie, sont tués ; 23 zouaves sont blessés.

Malgré l'insuccès de cette tentative et de quelques attaques renouvelées les jours suivants par d'autres corps, le général en chef adresse ses félicitations aux troupes qui ont pris part à ces dangereux combats et met à l'ordre du jour les officiers et soldats qui se sont signalés.

« Plusieurs attaques ont eu lieu depuis la prise de Saint-Xavier et du couvent de Guadalupite.

» Celle de San-Marco, dirigée avec intelligence et courage par le général de Castagny, de tranchée le 1ᵉʳ avril, a complètement réussi. Elle nous a mis en possession de plusieurs cadres contigus, où plusieurs obusiers sont tombés entre nos mains.

» L'attaque du cadre 26, situé au Sud de San-Marco, dirigée par M. le général de Berthier, dans la nuit du 2 avril, n'a pas réussi, pas plus que celle qui a été renouvelée le 4 avril au matin par M. le général L'Hériller. Enfin nous avons encore échoué dans la tentative du 6 avril au soir, contre le cadre situé à l'Est de San-Marco. Ces diverses attaques, qu'elles aient été ou non couronnées de succès, ont mis en évidence des actes de bravoure que le général en chef, désireux de récompenser ceux qui ont bien mérité de la patrie, ne peut laisser dans l'oubli. En conséquence, il signale comme s'étant plus particulièrement fait remarquer dans l'affaire du 1ᵉʳ au 2 avril :

» M. RIGAULT, capitaine au 3ᵉ zouaves, qui a pénétré dans le massif de San-Marco, une lanterne à la main, précédant sa compagnie dans un dédale de maisons où l'ennemi faisait une sérieuse résistance ; ALMORIC, sergent, blessé ; LAMBERT, sergent ; SOUGEAU, zouave, blessé.

» Dans l'attaque du 2 au 3 avril, une grande énergie a été déployée par les troupes qui y ont pris part. Accueillies par une véritable pluie de balles, de mitraille, de grenades et d'obus, elles ne se sont retirées qu'après avoir bien constaté l'impossibilité absolue de pénétrer dans l'intérieur de la caserne et avoir fait des pertes sensibles. Les militaires cités par M. le général de Berthier sont, au 3ᵉ zouaves : M. Lalanne, capitaine; Truc, sergent-major; Hourteillau, sergent; Morlock, Béthout, Courrèges, caporaux, morts des suites de leurs blessures; Humbert, Pasquelin, Jeoffroy, zouaves; Boulanger, qui a tué un soldat mexicain sur sa pièce. »

Les cheminements dans les cadres se poursuivent.

Le 19 avril, le 1ᵉʳ bataillon (commandant de Briche) prend la garde en ville pour trois jours et vient occuper les cadres 3 et 4.

A 1 heure, deux batteries ouvrent le feu contre le cadre 29, dont l'attaque a été décidée.

La brèche ayant été reconnue praticable à 2 h. 1/2, le colonel Mangin, de tranchée ce jour-là, lance à l'attaque le 18ᵉ bataillon de chasseurs à pied.

Les colonnes d'assaut rencontrent des obstacles sérieux et sont arrêtées. Le colonel lance alors le 1ᵉʳ bataillon du régiment.

La 5ᵉ compagnie, commandée par le capitaine Rigault, pénètre dans le cadre 29 par la brèche de droite, enlève avec un irrésistible entrain le parapet qui couvrait la première cour, et permet ainsi aux zouaves et aux chasseurs à pied d'y rentrer.

Les deux cadres 29 et 31, réunis par un passage souterrain, tombent en notre pouvoir malgré une vive résistance des défenseurs, qui sont presque tous tués, blessés ou faits prisonniers.

Ce combat coûte au 1ᵉʳ bataillon 2 tués et 27 blessés. Le 1ᵉʳ bataillon est mis à l'ordre du jour.

« Le cadre 29 était une véritable forteresse que le 18ᵉ bataillon de chasseurs à pied et le 1ᵉʳ bataillon du 3ᵉ zouaves, auxquels le génie et l'artillerie avaient habilement et énergiquement préparé les voies, ont attaqué avec une résolution couronnée du succès le plus complet et acheté au prix de peu de sang.

» Pour être juste, le général en chef voudrait citer tous ceux qui ont pris part à cette attaque; mais cela n'est pas possible et il se borne à mettre à l'ordre ceux qui se sont plus particulièrement distingués. Ce sont, au 3ᵉ zouaves :

» M. Mangin, colonel, qui commandait les colonnes d'attaque; M. de Briche, chef de bataillon; MM. Parquez, Japy, Mariani, Rigault, capitaines; MM. Couturier, Légué, lieutenants; Henri et Faval, sous-lieutenants; Beaudoin, médecin-major; Jacquet, Laguillier, sergents-majors; Bouchy, Castelle, Joly, Royer, Tar-

RINS, sergents ; LOCAL, GRANGER, DELANDRE, caporaux ; STOHL, caporal-clairon ; MORTIER, MALAVAL, CARVAL, PROTAT, JEANNERET, PARAT, MICHEL, COUTURIER, VICTOIRE et PONS, zouaves.

» Signé : FOREY. »

L'insuffisance du matériel d'attaque et l'énergique résistance des défenseurs de Puebla, vaillamment commandés par le général Ortega, prolongent la durée du siège ; d'autre part, le général mexicain Comonfort cherche à rompre notre ligne d'investissement et à faire pénétrer dans la place des renforts et des vivres. Repoussé, le 4 mai, à San-Pablo-del-Monte, il concentre des troupes nombreuses sur les bords de l'Atoyac, entre les villages de San-Francisco et San-Lorenzo, et y fait exécuter des travaux de fortification considérables.

Le général Forey prend ses dispositions pour déloger l'ennemi et l'éloigner définitivement des approches de Puebla.

Combat de San-Lorenzo.

(8 mai 1863.)

Le 7 mai, tandis que le colonel MANGIN se porte avec six compagies du 2ᵉ bataillon sur la Solédad, au-devant d'un convoi, le 1ᵉʳ bataillon reçoit l'ordre de quitter le camp à 5 h. 1/2 du soir et de se rallier, au delà du pont de Mexico, à une colonne commandée par le général Bazaine, composée de quatre bataillons (3ᵉ zouaves, tirailleurs algériens, 51ᵉ et 81ᵉ de ligne), quatre escadrons, la batterie de la garde, la section d'artillerie de montagne, des marins et un détachement du génie.

La 6ᵉ compagnie du 1ᵉʳ bataillon, laissée en grand'garde sous Puébla, est remplacée par la 2ᵉ compagnie du 2ᵉ bataillon. Les huit compagnies sont sous les ordres du lieutenant-colonel ARNEAUDEAU.

La colonne, rassemblée à 8 heures du soir au pont de Mexico, se met en marche à 1 heure du matin dans la direction de San-Lorenzo. Les zouaves forment l'avant-garde et s'avancent à travers champs dans le plus grand ordre et le plus profond silence.

Quelques vedettes ennemies éventent le mouvement de la colonne ; le général Bazaine, qui marche avec le bataillon d'avant-garde, réussit à tromper leur vigilance en faisant répondre à leurs « quivive! » par les cavaliers mexicains de l'escorte.

Vers 5 heures, le bataillon arrive en vue des hauteurs de San-Lorenzo. A la faveur des premières lueurs du jour, les positions de l'ennemi sont promptement reconnues : les Mexicains occupent une croupe allongée dans une direction perpendiculaire à la vallée de l'Atoyac ; au sommet de cette croupe, une ligne continue d'épaulements en terre, garnis d'artillerie, forment une redoute rectangulaire.

L'église de San-Lorenzo, crénelée et mise en état de défense, lui sert de réduit ; la redoute est occupée par un fort bataillon de Cazadores. A droite et à gauche, en dehors de l'ouvrage, une division mexicaine tout entière borde la position dont les pentes faiblement ondulées à l'Ouest sont en partie couvertes par des haies de cactus, des bouquets de bois, des cases indiennes, tandis qu'à l'Est elles tombent brusquement par des escarpements verticaux sur la rive droite de l'Atoyac.

Au Sud, en avant de la batterie, le terrain présente un plan doucement incliné, absolument nu et n'offrant aucun abri aux assaillants.

De nombreux renforts, dirigés par Comonfort en personne, s'ébranlent sur la rive gauche de l'Atoyac, au secours des défenseurs de San-Lorenzo.

A 1,200 mètres, l'artillerie mexicaine ouvre le feu sur nos premières troupes. La situation est grave, difficile, et impose une action des plus rapides et des plus énergiques.

Parvenue à 800 mètres des lignes mexicaines, la colonne française, malgré le feu de l'artillerie ennemie, prend en bon ordre ses dispositions d'attaque et se forme en quatre échelons, par bataillon, l'aile gauche en avant, avec l'intention de déborder l'aile droite de l'ennemi et de le rejeter sur l'Atoyac ; l'artillerie se place en batterie entre les deux échelons de droite ; la cavalerie se masse sur les flancs de la colonne. Au centre et fort en arrière, les bagages s'arrêtent sous la protection du bataillon du 81ᵉ de ligne. Dans cette disposition, les zouaves sont divisés en deux bataillons de combat, chacun de trois compagnies : l'un composé des 2ᵉ, 3ᵉ et 4ᵉ compagnies, sous les ordres du capitaine DU BESSOL ; l'autre composé des 5ᵉ et 7ᵉ compagnies du 1ᵉʳ bataillon et de la 2ᵉ compagnie du 2ᵉ bataillon, sous les ordres du capitaine RIGAULT ; ils forment les deux échelons de droite. Les zouaves des 1ʳᵉ et 8ᵉ compagnies se déploient en tirailleurs sous le commandement du capitaine PARGUEZ ; ils couvrent la tête de la colonne et auront ainsi l'honneur d'aborder les premiers l'ennemi.

Au signal du général de division, les tambours et les clairons battent et sonnent la charge; les cris enthousiastes de nos soldats y répondent, et, malgré la violence du feu, les colonnes d'assaut s'élancent avec un élan admirable, et l'arme sur l'épaule droite, sur les positions ennemies. Les tirailleurs du capitaine Parguez, qui couvrent l'échelon de gauche, pénètrent les premiers dans les maisons et les jardins de San-Lorenzo. Le bataillon du capitaine Rigault, déployé à 400 pas des obstacles à enlever, entraîné par son chef, aborde la batterie mexicaine, s'en empare et chasse les défenseurs de la route et de l'église. Une partie du bataillon se joint même aux tirailleurs du capitaine Parguez et poursuit l'ennemi jusqu'au gué de l'Atoyac.

Le bataillon du capitaine du Bessol protège d'abord l'artillerie, essuie le feu des pièces ennemies, puis se porte en avant jusqu'au village de San-Lorenzo et s'y établit solidement à côté de notre batterie. A ces vigoureuses attaques, l'infanterie mexicaine oppose, surtout dans l'intérieur du village, une énergique résistance; des luttes corps à corps s'engagent sur tous les points; deux drapeaux ennemis sont enlevés, au milieu de la mêlée, l'un par le sous-lieutenant Henry, l'autre par le zouave Stum, qui, quoique blessé, lutte avec un officier mexicain et lui arrache ce trophée.

Le mouvement tournant se dessine et notre cavalerie se montre bientôt sur le flanc droit des Mexicains; l'ennemi, voyant ses communications menacées, se précipite vers les gués de l'Atoyac, dans la direction de San-Francisco; il est poursuivi, la baïonnette dans les reins, par les zouaves qui passent la rivière et le pourchassent jusque sur ses réserves.

Les troupes de secours, qui descendent de San-Francisco pour prendre part au combat, sont entraînées par les fuyards et poursuivies par notre cavalerie. Il est 11 heures du matin, la déroute de l'armée de Comonfort est complète.

Dans cette dernière phase du combat, de nombreux et brillants faits d'armes se produisent sur tous les points du champ de bataille. Deux jeunes officiers du régiment se distinguent entre tous: le lieutenant Couturier, qui succomba plus tard aux fatigues de ses campagnes, en laissant parmi nous les plus vifs regrets, et le sous-lieutenant de Saint-Sauveur, qui, sept ans après, devait trouver une mort glorieuse sur le champ de bataille de Frœschwiller. A côté d'eux, rivaux de leurs chefs par leur vaillance, le sergent fourrier Daget, le caporal Gouay, les zouaves Luc, Bouviniquet et Sautel entraînent leurs camarades par leur courageux exemple.

L'ennemi avait fui de tous côtés, laissant entre nos mains 1,000 prisonniers, le convoi de ravitaillement destiné aux défenseurs de Puebla, 8 pièces de canon, 11 fanions et 3 drapeaux, dont deux pris par le régiment. Ce brillant fait d'armes nous coûte 60 morts ou blessés, dont 5 officiers, mais leur sang généreux ne fut pas versé inutilement : Puebla se rendait à discrétion dix jours après cette victoire, et l'aigle de notre drapeau recevait la croix de la Légion d'honneur.

Le général en chef cite à l'ordre de l'armée, à la suite du combat de San-Lorenzo :

MM. Arnaudeau, lieutenant-colonel : a puissamment contribué au succès par son énergie et son intelligence;

De Briche, chef de bataillon;

Mariani, capitaine : a enlevé avec sa compagnie la batterie et le réduit de l'église;

Parquez et Rigault, capitaines : très brillants au feu, ont eu leur cheval tué sous eux;

Malignon, capitaine;

Legué, lieutenant;

Le Maistre, lieutenant, blessé grièvement, mort depuis.

Henry, sous-lieutenant : a pris un drapeau;

Collin, sous-lieutenant : a dégagé un capitaine qui allait succomber sous le nombre;

Bordet et Royer, sergents, blessés grièvement;

Loué, sergent, amputé;

Gouai, caporal, blessé;

Weckmans, sapeur;

Raimbault et Luc, zouaves;

Stum, zouave, qui, quoique blessé, a lutté avec un officier mexicain et lui a enlevé son drapeau.

Le capitaine Mariani est promu officier de la Légion d'honneur; le capitaine Malignon, le sous-lieutenant Henry, le sergent Bordet, reçoivent la croix de chevalier; les sergents Loué, Royer, le caporal Gouai, les zouaves Raimbault, Luc, Stum sont décorés de la médaille militaire.

Les travaux du siége, ralentis pendant les opérations contre l'armée de Comonfort, sont repris avec vigueur après San-Lorenzo.

La tranchée est ouverte devant le fort Totiméhuacan ; le 16 mai, la 5e compagnie, restée dans la parallèle, est assaillie par deux colonnes ennemies de 1,500 à 1,800 hommes.

Le commandant DE BRICHE accourt au bruit de la fusillade avec les 6ᵉ, 7ᵉ et 8ᵉ compagnies, culbute les Mexicains et les oblige à rentrer dans leurs lignes, laissant plus de deux cents hommes sur le terrain. Le 1ᵉʳ bataillon a dix blessés. A la suite de ce combat d'avant-postes, le général en chef cite le commandant DE BRICHE à l'ordre de l'armée; le sous-lieutenant COLLIN est nommé chevalier de la Légion d'honneur; le sergent-major LAFARE, le sergent Douat, le zouave RENOU, reçoivent la médaille militaire. L'affaire de Totiméhuacan fut le dernier épisode du siège de Puebla, auquel le régiment se trouva mêlé. La ville se rendit le 17 mai.

Le combat de San-Lorenzo avait eu un grand retentissement, non-seulement au Mexique, mais encore en France et en Algérie, où l'on suivait avec intérêt les opérations militaires du corps expéditionnaire. Quelque temps après la chute de Puebla, le colonel MANGIN recevait du général Desvaux, commandant la division de Constantine, et mettait à l'ordre du régiment, une lettre de félicitations pour la part glorieuse que le 3ᵉ zouaves avait prise aux combats sous Puebla. Nous sommes heureux de pouvoir la reproduire ici :

« Mon cher Colonel,

» Depuis que votre régiment a quitté Constantine, nous avons suivi vos opérations avec la plus vive sollicitude. Le bulletin de la prise de Puebla est venu témoigner des mérites du 3ᵉ zouaves et il m'est bien agréable de vous envoyer les compliments de toutes les troupes de la division de Constantine. Nous avons applaudi à tous vos succès et nous sommes très fiers d'être ainsi représentés dans l'armée du Mexique.

» Veuillez être mon interprète auprès des officiers, sous-officiers et soldats sous vos ordres.

» Dites-leur que la division de Constantine les remercie et qu'elle attend avec impatience le jour où, après la paix, ils reviendront en Algérie.

» J'ai été très affligé de la mort du lieutenant LEMAISTRE et de tous ceux qui ont succombé à leurs blessures. Faites savoir à vos blessés la part que nous prenons à leurs souffrances; complimentez tous ceux qui ont mérité des récompenses si bien gagnées, surtout le colonel ARNAUDEAU, les capitaines LALANNE, PARGUEZ, JAPY, RIGAULT, MARJANI. Quant à vous, mon cher Colonel, j'espère que l'Empereur vous a déjà donné ce que vous avez si noblement gagné.

» Dès à présent, vous possédez ce que nous devons désirer plus que tout : c'est d'être compté parmi les meilleurs officiers de votre arme. »

Après la prise de Puebla, le 1er bataillon marche sur la capitale avec le corps expéditionnaire et entre, le 7 juin, à Mexico.

Le 2e bataillon, qui avait quitté les lignes d'investissement le 6 mai, pour aller au-devant d'un convoi de munitions à la Soledad, l'y rejoint le 13 juin. Le lieutenant-colonel Arnaudeau, promu colonel au 34e de ligne, est remplacé par le commandant Tourre, promu lieutenant-colonel au régiment.

Opérations autour de Mexico.

(Juin-Octobre 1863.)

La possession de la capitale du Mexique ne devait pas mettre fin aux hostilités. Des bandes de pillards, couvrant leurs brigandages du drapeau de l'indépendance, descendaient des hautes montagnes qui entourent la vallée de Mexico pour ravager la plaine, attaquer nos postes détachés et enlever nos convois.

Jusqu'à l'automne, le régiment n'est distrait de Mexico que pour donner la chasse à ces bandits. Le 9 juillet, une colonne composée de douze compagnies de zouaves, deux pelotons de chasseurs d'Afrique et quelques troupes alliées, quitte Mexico, sous les ordres du colonel Mangin, pour opérer dans les montagnes de Monte-Alto contre la guérilla de Romero. Le 10, au point du jour, elle enlève de vive force les villages de Santiago et de la Transfiguracion, passe par les armes les guérilleros qu'elle fait prisonniers et poursuit la bande pendant plusieurs jours à travers les sentiers affreux de ce pays.

Dans la nuit du 21 au 22 octobre, le capitaine Rhodes de la 2e compagnie du 1er bataillon, sort, à la nuit tombante, de Cuantitlan, et surprend, au village de Téoloyuca, la bande de Fragoso comprenant plus de 200 hommes. Il la poursuit pendant cinq heures, lui inflige des pertes sérieuses et lui enlève une partie de son convoi. M. Baldy, sous-lieutenant de la compagnie, et le zouave Perraud sont blessés. A la suite de ce fait d'armes, le général en chef cite à l'ordre de l'armée le capitaine Rhodes et le sous-lieutenant Baldy.

« Le général en chef signale le capitaine Rhodes, du 3e zouaves, commandant à Cuantitlan, qui, dans la nuit du 21 octobre, a poursuivi sans relâche les bandes de Fragoso, les a atteintes à Téoloyuca et mises en fuite. L'ennemi a perdu, dans cette rencontre, 12 hommes tués, 20 blessés et a laissé entre nos mains 5 prisonniers, des armes, des munitions et des chevaux.

» M. le sous-lieutenant Baldy, du 3ᵉ zouaves, blessé d'un coup de lance en poursuivant l'ennemi, a fait preuve, dans cette circonstance, de beaucoup d'entrain et de bravoure.

» *Le général commandant en chef,*

» Signé : Bazaine. »

Une assemblée de notables avait offert la couronne impériale du Mexique au prince Ferdinand-Maximilien d'Autriche. Le général Bazaine, qui avait pris, le 1ᵉʳ octobre 1863, la succession du général Forey dans le commandement du corps expéditionnaire, organise des colonnes pour provoquer l'adhésion des Mexicains au vote des notables de Mexico, et imposer un nouveau maitre aux populations de cet immense territoire.

Une colonne composée du 3ᵉ zouaves, des 7ᵉ et 20ᵉ bataillons de chasseurs à pied, des 51ᵉ et 95ᵉ de ligne, de quelques détachements de cavalerie et d'artillerie, est placée sous les ordres du général de Castagny; elle quitte Mexico dans les premiers jours de novembre, pour rejeter vers le Sud les bandes qui infestent le pays entre Queretaro, Aguas-Calientes, Guadalajara. Le régiment parcourt cette région pendant près de trois mois, sans rencontrer l'ennemi.

Les Mexicains ne cherchent pas à s'opposer au mouvement des troupes; mais ils surveillent de très près nos colonnes, ne se hasardant à les attaquer que lorque la supériorité numérique ou des circonstances très favorables paraissent leur assurer le succès.

Les zouaves ne cessent de montrer, pendant ces longues marches, ce que l'on pouvait attendre de ces troupes infatigables; leur énergie, leur bonne tenue, leur discipline leur méritent l'honneur de marcher sous les ordres directs du commandant en chef. Le général Bazaine se fait accompagner, pendant quelque temps, d'une brigade mixte, dite brigade d'avant-garde, composée du 3ᵉ zouaves, de six escadrons de cavalerie et de quelques pièces d'artillerie.

La colonne remonte au Nord jusqu'à Aguas-Calientes par Salamanca et Lagos, entre le 7 janvier à Guadalajara et revient à Mexico, par la route de la Barca et la Piedad.

Le régiment ne marche pas toujours réuni à la colonne principale. Il se disloque souvent pendant la route, détachant une ou plusieurs compagnies pour des opérations secondaires.

Ces pointes nombreuses ont pour objet de rassurer la population et de saisir ou de refouler quelques-unes des innombrables bandes de maraudeurs qui infestent le pays.

La pacification fait des progrès, grâce à l'activité incessante et à l'intelligente énergie de nos soldats, aguerris aux fatigues, vigoureux, dévoués.

1864.

Les deux bataillons du régiment se retrouvent à Mexico dans la première quinzaine de février. Dans sa marche rétrograde, le 1er bataillon a suivi la route de Tula.

La 7e compagnie du 1er bataillon, laissée en arrière à Guadalajara, prend part, dans les environs de cette ville, aux expéditions contre les bandes de Rojas et les troupes d'Uraga; elle rentre à Mexico le 23 avril.

Opérations dans la Huastéca.

(Juillet-août 1864.)

Cinq mois s'étaient écoulés, pendant lesquels le régiment n'avait fait que des mouvements sans importance autour de Mexico, quand, le 7 juillet, six compagnies du 2e bataillon, quittent cette ville pour aller opérer dans la Huastéca. Les généraux mexicains Ugalde et de Campfer tenaient toujours la campagne dans cette région. Huetjutla, à 70 lieues au Nord de Mexico, était leur quartier général. Les conditions topographiques de cette région montagneuse et boisée augmentaient les difficultés des opérations militaires et se prêtaient favorablement à une guerre de partisans.

Attaque du col de la Candelaria.

(1er août.)

Le lieutenant-colonel Tourre part de Mexico avec les six premières compagnies du 2e bataillon, un escadron de hussards et une section d'artillerie de montagne; il suit la route de Tulancingo et Zacualtipan; le 28 juillet, la colonne quitte cette ville et s'engage au cœur de la Huastéca, dans une région déserte, difficile, sans ressources et sans habitants.

Le général Ugalde avait pris position, avec 800 hommes, au défilé de la Candelaria, pour fermer à nos troupes la route d'Huetjutla.

Embusqués dans des fourrés impénétrables, abrités derrière de formidables retranchements, les guérilleros défendent ce dangereux passage et reçoivent le 1er août, à coups de fusil, la colonne française. Le colonel Tourre fait replier sa cavalerie, devenue inutile au milieu des rochers et des broussailles, et lance ses zouaves sur ces pentes abruptes. Les hussards mettent pied à terre et font le coup de feu à côté de leurs camarades de l'infanterie. Zouaves et cavaliers se frayent un passage avec leur sabre, à travers les lianes. La chaleur est suffocante, mais l'énergie de nos soldats ne se dément pas un seul instant.

Les abatis sont franchis ; l'ennemi, délogé de rocher en rocher, abandonne ses derniers retranchements et les zouaves couronnent les crêtes. Les Mexicains se retirent laissant plus de 150 hommes sur le terrain.

Cette brillante affaire coûtait au 2e bataillon 5 tués, parmi lesquels le capitaine Blain des Cormiers, et 38 blessés.

Le lendemain, le colonel Tourre entre à Huetjutla, qu'il trouve évacué, et reçoit l'ordre de s'y arrêter.

La colonne goûte quelques jours d'un repos devenu indispensable, à la suite de ces marches pénibles dans les montagnes, sous un soleil ardent, et rentre à Mexico le 25 août. Le 5 et le 8 août, elle avait eu à franchir des passages difficiles, que l'ennemi avait vainement essayé de défendre.

Le 13 septembre, le général en chef porte à la connaissance du corps expéditionnaire le combat de Candelaria et les récompenses qu'il a accordées aux héros de cette journée.

« Le 1er août, le lieutenant-colonel Tourre se portant sur Huetjutla, rencontrait Ugalde, avec 800 hommes, établi dans une position très forte au col de la Candelaria.

» Trois abatis placés à 1 kilomètre d'intervalle barraient la route, bordée des deux côtés de pentes abruptes, couvertes de fourrés impénétrables. Les deux premiers obstacles sont enlevés par l'avant-garde sous un feu meurtrier ; le troisième est absolument infranchissable.

» Le colonel Tourre forme trois petites colonnes et les lance sur la gauche.

» Les hommes se frayent un passage, avec leur sabre, à travers les lianes, parviennent, après des efforts inouïs, à escalader la pente couverte d'obstacles et couronnent la crête.

» Les hussards, mettant pied à terre, prêtent un puissant secours aux zouaves exténués.

» L'ennemi, culbuté des hauteurs, prend la fuite dans un terrain si difficile qu'il est impossible de le poursuivre. Il a perdu plus de 150 hommes tués ou blessés et laissé sur le terrain beaucoup d'armes et de munitions.

» De notre côté, le succès a été chèrement acheté : nous avons eu 5 hommes tués, dont 1 officier, le capitaine BLAIN, du 3ᵉ zouaves, et 38 blessés, dont 5 officiers.

» La colonne, après avoir campé au delà du champ de bataille, entrait le lendemain à Huetjutla, formidablement préparé pour la défense, mais abandonné par l'ennemi à la nouvelle de notre succès de la veille.

» Deux fois, le 5 et le 8 août, l'ennemi, profitant des difficultés du terrain, essaya de tendre des embuscades au colonel TOURRE, pendant la marche de retour de Huetjutla sur Tulancingo : les barricades furent enlevées avec un entrain irrésistible, sans qu'il nous en coûtât un seul homme, et l'ennemi s'enfuyait en toute hâte, laissant, la première fois, 6, la seconde fois 10 cadavres sur le terrain et abandonnant ses armes et ses munitions.

» Dans cette expédition de douze jours, dans un terrain difficile, par des chaleurs accablantes, tout le monde a montré la même énergie, tant devant les fatigues et les privations que devant l'ennemi, mais le général en chef se plait à citer d'une manière particulière :

» M. le lieutenant-colonel TOURRE, qui commandait la colonne et s'est montré constamment à la hauteur de la situation difficile dans laquelle il se trouvait ;

» M. le capitaine GRATREAUD, qui a eu son cheval tué et qui s'est mis à la tête d'une des colonnes d'attaque pour enlever les positions occupées par l'ennemi ;

» M. JACQUOT, lieutenant, qui a conduit sa compagnie d'avant-garde avec une intelligence et un sang-froid admirables.

» M. RENOUX, lieutenant, blessé à la tête de sa compagnie, à laquelle il imprimait la plus vigoureuse impulsion.

» M. BABIN, lieutenant d'état-major, qui, ayant eu son capitaine hors de combat, a entraîné ses hommes par son exemple.

» TRUBERT, sergent, s'est vaillamment conduit et a été blessé.

» Jahier, zouave, d'une intrépidité exceptionnelle, a été blessé.

» A la suite de cette affaire, le général en chef accorde les récompenses suivantes :

Chevaliers de la Légion d'honneur.

» MM. Laurens, capitaine ; Marrier de Chanteloup, lieutenant, Hourteillon, sergent.

Médailles militaires.

» Morth, sergent-fourrier ; Kauffmann, caporal ; Brutet, caporal ; Cotterau, zouave.

» Mexico, le 13 septembre 1864.

> » *Le général commandant en chef,*
> » Signé : Bazaine. »

Pendant les mois de septembre et d'octobre, le 3e zouaves séjourne à Mexico. Le colonel Mangin commande la 2e brigade de la 1re division. Les commandants Caffarel et Delloye sont nommés au commandement des 1er et 2e bataillons du régiment.

Marche sur Oajaca.

(Novembre 1864.)

L'influence française ne s'était pas encore fait sentir dans les provinces au sud de Puebla. Porfirio-Diaz était maître de la province d'Oajaca et commandait un corps important de troupes libérales.

Après une expédition heureuse dans l'Ajusco, dirigée par le commandant Delloye contre des bandes de voleurs, le régiment reçoit l'ordre de se tenir prêt à marcher contre les troupes de Porfirio-Diaz. Le 1er bataillon part le 19 novembre pour Oajaca en passant par Cuernavaca et Acatlan ; il arrive devant Etla le 18 décembre et ne peut prendre part que de loin à l'engagement de cavalerie qui signale cette journée, mais il fait partie de toutes les reconnaissances qui se succèdent autour de la place.

1865.

Le 10 janvier 1865, les 3e, 5e et 6e compagnies sont engagées chaudement contre des tirailleurs ennemis descendant des Cerros pour inquiéter la colonne ; le zouave Grizonni est tué, 4 zouaves sont blessés.

Le lendemain le régiment se retrouve au complet devant la place par suite de l'arrivée du 2e bataillon ; parti de Mexico le 23 décembre, le 2e bataillon avait suivi la route de Puebla, Tecamachalco, Tehuacan et dégagé à Coxcotlan, dix hommes du bataillon d'Afrique bloqués par Figuerroa.

Siège de Oajaca.

(Janvier et février 1865.)

Les défenseurs d'Oajaca, comme ceux de Puebla, avaient déployé la plus grande activité pour fortifier leur ville en l'entourant d'ouvrages en terre, de retranchements et de barricades.

Les démonstrations des colonnes françaises et les préparatifs d'un siège ne paraissant pas décider Porfirio-Diaz à évacuer Oajaca, le maréchal Bazaine vient prendre la direction des opérations, et donner aux travaux d'investissement une impulsion plus vigoureuse.

Le 1er bataillon s'établit de San-Anita à Santa-Lucia ; le 2e bataillon de San-Jacintho à la Garita de Montagnac. La tranchée est ouverte le 1er février sur les hauteurs qui commandent la ville au nord, pendant que, dans la plaine, la ligne d'investissement se resserre chaque nuit et que les zouaves, avec leur audace traditionnelle et leur intelligente initiative, s'avancent peu à peu dans les faubourgs mêmes d'Oajaca. Le 6, deux zouaves du 1er bataillon sont blessés par des éclats d'obus en se portant sur le cimetière de la ville et le faubourg de Jalatlaco. L'ennemi couvre les tranchées d'obus, de mitraille et de balles.

Le 8, deux escouades de la 3e du 1er, sous les ordres du sergent Loches, vont occuper l'église de la Trinidad ; deux escouades de la 7e, avec le sergent Remy, s'avancent jusqu'à l'église de los Principes, aux abords de la ville.

Le zouave Joly est tué d'un coup de feu.

Tout est prêt pour l'attaque, quand, le soir à 5 heures, un parlementaire se présente au poste avancé de la 4e du 2, au nom du général mexicain.

Ses propositions n'ayant pas été acceptées, Porfirio-Diaz prend le parti de rendre la place à discrétion. Il se présente à 11 heures du soir à nos avant-postes, escorté de deux officiers; aussitôt désarmé, il est conduit à l'état-major général.

Les dispositions étaient prises pour un assaut prochain ; les cheminements dans le roc devenant très lents et très difficiles, le maréchal Bazaine s'était décidé à tenter une attaque de vive force. Nous obtenions, sans effusion de sang, un magnifique résultat; la capitulation de Porfirio-Diaz épargnait aux héros de Saint-Xavier et du Pénitencier les sacrifices qui devaient payer une nouvelle victoire.

Le commandant en chef annonce à son armée la chute d'Oajaca et met à l'ordre du jour les officiers qui se sont plus particulièrement distingués pendant les pénibles opérations du siège.

« La ville de Oajaca vient de tomber en notre pouvoir ; Porfirio-Diaz, étroitement bloqué dans nos lignes d'investissement, voyant ses ouvrages extérieurs battus par notre puissante artillerie, sentant que le moment de l'assaut arrivait, s'est rendu à discrétion, constituant toute la garnison prisonnière et nous abandonnant le nombreux matériel réuni dans la place.

» Le maréchal commandant en chef a déjà félicité les troupes du corps de siège de ce magnifique résultat; il se fait aujourd'hui un plaisir de porter à la connaissance du corps expéditionnaire, par la voie de l'ordre, les principaux épisodes de cette opération qui sera une des plus belles pages de l'expédition française au Mexique.

. . . .

» Dans les opérations préliminaires du siège, pendant celles de l'investissement et pendant les huit jours de tranchées ouvertes qui ont précédé la reddition de la place, bien des officiers et des soldats ont donné des preuves d'habileté et de bravoure ; c'est le devoir du maréchal commandant en chef, c'est un plaisir pour lui de citer, à l'ordre de l'armée, ceux qui se sont fait remarquer d'une manière toute particulière.

3e *zouaves*.

» Le colonel Tourre qui, par son zèle et son activité incessante, menait si bien les travaux d'investissement et ceux d'approche, qu'il était arrivé, sans perte aucune, jusqu'aux positions de Cochimilca, le Cimetière, Los Principes.

» Le commandant Delloye, homme d'initiative et de décision, qui, par une marche rapide bien entendue, a délivré, le 1er janvier, 10 hommes du bataillon d'Afrique, qui étaient à Coxcotlan, cernés par Figuerroa et sur le point d'être enlevés.

» Le capitaine Couturier, adjudant-major, qui, par son activité hors ligne et son intelligence des opérations du siège, a puissamment aidé le colonel Tourre dans les travaux exécutés entre Xojo et San-Felippe.

» Le capitaine Mariani, qui, malgré sa santé affaiblie, a permis, par son sang-froid et son assiduité, de pousser la tranchée sur la Merced, jusqu'au cadre voisin de cette église. Grâce aux travaux de cet officier, la Merced se trouvait, le 8 au matin, sur le point d'être tournée.

» De la Hayrie, capitaine commandant la compagnie montée, qui devait, dans la nuit du 8 au 9 février, s'emparer par surprise du fort de la Soledad, et avait fait toutes les reconnaissances préalables pour faire réussir cette opération périlleuse.

» Le maréchal commandant en chef,
» Signé : Bazaine. »

Après quelques jours de repos, le régiment quitte Oajaca et rentre à Mexico, le 6 mars, en passant par Totiméhuacan. Le lieutenant-colonel Tourre, promu colonel, prend le commandement du régiment, en remplacement du colonel Mangin, promu général. Le commandant de Courcy, du 1er bataillon de chasseurs à pied, remplace au 3e zouaves le lieutenant-colonel Tourre.

Mort du colonel Tourre.

(3 mai 1865.)

Par sa bravoure et sa discipline, le régiment s'était conquis une noble réputation dans la capitale du Mexique et dans tout l'empire ; il devait montrer encore que ses vertus civiques étaient à la hauteur de ses qualités militaires et que, de même que les zouaves savaient combattre pour l'honneur de leur drapeau, ils pouvaient mourir, s'il le fallait, pour sauver leurs semblables.

Dans la nuit du 3 au 4 mai, un incendie éclate à Mexico ; les zouaves accourent, avec les autres troupes de la garnison, sur le théâtre du feu ; le colonel Tourre est au milieu d'eux ; il a vu qu'au premier étage d'une maison en flammes, des zouaves s'exposent à la mort ; n'écoutant que son courage, il monte aussitôt pour partager le danger de ses hommes ; un plancher s'effondre tout à coup sous ses pieds, et le colonel tombe au milieu des flammes qui le consument en un instant; le clairon SCHLEINKER tombe près de lui dans le même brasier.

Toute l'armée, toute la ville pleura cette mort épouvantable. Désireux de rappeler au Mexique le dévouement des zouaves, les habitants de la capitale élevèrent, par souscription, un monument à la mémoire de ces glorieux morts.

A partir de cette époque, les deux bataillons du régiment sont pour longtemps séparés, et commencent dans les provinces du Nord une série de marches et de contre-marches qu'il n'entre pas dans le cadre de ce travail de retracer en détail.

Les opérations de guerre ne sont pas très importantes et nos hommes ont rarement l'occasion de tirer des coups de fusil. Les guérillas mexicaines se retirent presque toujours à notre approche, et c'est surtout avec leurs jambes, si nous pouvons nous exprimer ainsi, que nos soldats pacifient le pays.

Le 2e bataillon, moins la 8e compagnie, quitte Mexico le 3 mai, sous les ordres du lieutenant-colonel DE COURCY, et part pour l'intérieur avec la colonne de La Faille. Il arrive à San-Luis Potosi le 24 mai, et en repart, le 9 juin, à la poursuite des bandes d'Escobedo.

Il rentre à San-Luis le 11 août, et quitte de nouveau cette ville, trois jours après, pour aller au-devant du bataillon d'Afrique, épuisé par les fièvres et incapable de tenir campagne.

Marche sur Tampico.

(Août 1865.)

Le 2e bataillon d'infanterie légère d'Afrique, débarqué récemment à Tampico, s'était avancé jusqu'à Tancasnequi, sur la rive gauche du rio Tamesi; le manque absolu de moyens de transport, les pluies torrentielles qui inondaient le pays, le mettaient dans l'impossibilité de se mouvoir; très éprouvé par les maladies, il lui était impossible d'affronter les guérillas ennemies.

Le commandant DELLOYE, du 2e bataillon, réunit une petite colonne composée de 7 compagnies du 3e zouaves, 1 section d'artillerie, 3 pelotons du 12e chasseurs, et reçoit l'ordre de conduire, au bataillon d'Afrique, les moyens de transport qui lui faisaient défaut, d'évacuer ses nombreux malades et de protéger sa marche jusqu'à Tula.

La colonne part de San-Luis, le 14 août, et arrive le 26 à El-Nopal. Le commandant Delloye apprend que 200 cavaliers de Ausensio-Gomez sont à une lieue et demie de distance, à la Esperanza : il part avec 34 chasseurs à cheval, commandés par le lieutenant Bédier, et 6 escouades de zouaves.

La cavalerie prend le trot, surprend Gomez, disperse sa troupe et la poursuit dans la direction de la Gavia et d'El-Ojo. Les fuyards tombent sous les coups de fusil du capitaine Boistard, embusqué dans la broussaille avec des zouaves. L'ennemi se disperse, laissant sur le terrain 20 hommes tués, 14 chevaux, 25 lances ou fusils. Le 27, la colonne se remet en route et arrive, le 30, à Tantoyuquita, sur le Tamasis, vis-à-vis de Tancasnequi.

Le bataillon d'Afrique est ruiné par la fièvre ; soutenu par l'énergie du commandant Chopin et de tous ses officiers, soigné par le docteur Eychenne avec un dévouement remarquable, il supporte avec une résignation et une fidélité exemplaire au drapeau, les souffrances d'une position qui, sans avoir le côté glorieux du champ de bataille, en a eu toutes les horreurs.

Combat d'El-Chamal.

(8 septembre 1865.)

Les évacuations commencent immédiatement et la colonne se met en route pour Tula le 2 septembre ; elle est réunie, le 8, à El-Chamal, dans une clairière de 150 mètres de long sur 300 mètres de large. Les Mexicains veulent lui barrer le chemin.

Un solide retranchement, bien armé, et appuyé à deux précipices, couvre la route ; en avant, le terrain est rendu impraticable par des obstacles de toutes sortes ; la position ne peut être tournée. Le commandant Delloye part d'El-Chamal à 4 heures du matin, fait une halte de 20 minutes pour attendre le jour et débouche à 5 h. 1/2 dans la clairière.

La tête de colonne est assaillie par un feu terrible, mais les clairons sonnent la charge et les zouaves arrivent d'un seul élan sur les barricades. Après de grands efforts et malgré la fusillade, le capitaine Gratreaud et le sous-lieutenant Lafont, aidés d'une douzaine de zouaves, arrachent un abatis et pénètrent dans le retranchement ; le capitaine Ruel saute sur la barricade, qui est enlevée ; deux coups d'obusier achèvent la déroute de l'ennemi qui s'enfuit dans les ravins.

Les zouaves s'emparent de deux autres barricades, placées en arrière, et formant deux nouvelles lignes de défense.

Le col est définitivement occupé.

Cette belle affaire, qui n'a duré que dix minutes, malgré les nombreux obstacles accumulés par l'ennemi, nous coûte 8 morts et 23 blessés, dont 3 officiers. Du côté de l'ennemi, 42 cadavres sont comptés sur le champ de bataille; beaucoup de fuyards ont péri dans les ravins où ils ont été précipités; 15 chevaux, 200 fusils, 14 caisses de munitions restent en notre pouvoir.

Le 13, la colonne arrive à Tula.

Dans un ordre du jour, le général commandant la 1re division félicite les troupes qui ont ajouté à leur bravoure ordinaire au feu, un dévouement, un zèle et une constance remarquables au milieu de leurs fatigues. Elles ont traversé les forêts inextricables, les bourbiers, les inondations exceptionnelles, à marches forcées et par les chaleurs tropicales des terres chaudes. Il les remercie particulièrement des soins dévoués et constants qu'elles ont donnés à leurs camarades malades et épuisés du bataillon d'Afrique.

« Au milieu des circonstances difficiles, chacun a fait son devoir, et je signale tous ceux qui ont fait partie de cette colonne, à l'admiration de leurs camarades de la division :

» M. le commandant Delloye, du 3e zouaves, a conduit l'opération avec une intelligence et un sang-froid remarquables et dirigé les attaques de la Esperanza et de El-Chamal où il a été contusionné.

» Au combat de la Esperanza, M. Boistard, capitaine, à parfaitement conduit ses zouaves.

» Mayer, sergent, Rouyer, zouave, se sont fait remarquer par leur ardeur et leur entrain au combat d'El-Chamal.

» M. Laurens, capitaine, a enlevé avec entrain sa compagnie, à la tête de laquelle il a été blessé.

» M. Lafont, sous-lieutenant, est entré un des premiers dans le retranchement.

» M. Gratreaud, capitaine adjudant-major, est entré un des premiers dans le retranchement et a eu son cheval tué sous lui.

» M. Ruel, capitaine, blessé en sautant sur la barricade.

» M. Boulé, adjudant, a reçu trois blessures à l'attaque de la barricade.

» MM. Bonnin, sergent-major, blessé; Badel, sergent, amputé du bras gauche ; FABRE DES ESTAVELS, sergent, blessé ; RIVIER, sergent-fourrier ; CASTA, sergent, blessé : ont enlevé la troupe par leur entrain et leur exemple.

SIMON, zouave, trois blessures ; BOURQUE, zouave, blessé ; GEORGES, zouave, blessé ; L'YVER, zouave, blessé ; BLAIN, zouave, blessé ; ROUGET, zouave, blessé ; MANIER, zouave, blessé ; FRANÇOIS, sergent, blessé, arrivé un des premiers devant la barricade : ont montré un brillant courage.

» A San-Luis-Potosi.

» *Le Général commandant la* 1re *division,*

» Signé : DOUAY. »

Le 17 octobre, la colonne rentre à San-Luis, et le 26 du même mois, le 2e bataillon arrive à Quoretaro.

Le 1er bataillon est aussi presque toujours en route, pendant ces cinq mois. Le lieutenant-colonel de Courcy quitte Mexico le 9 juin et opère, avec le 1er bataillon, dans le Michoacan, contre les bandes de Regules. Le 7 juillet, il quitte Queretaro et reprend, dans le nord de Sierra-Gorda, la poursuite des bandes d'Escobedo. Le lieutenant-colonel passe par San-Luis de la Paz, San-Maria del Rio et arrive, le 15, par une marche de nuit, à l'hacienda de San-Catarina, qu'Escobedo venait d'évacuer avec 500 cavaliers. Il le poursuit, l'épée dans les reins, sur la route d'Aguas-Calientes ; la compagnie montée du capitaine RIGAULT et l'escadron de chasseurs d'Afrique l'atteignent, lui tuent 23 hommes, font 15 prisonniers et s'emparent de 25 chevaux sellés, d'armes et de munitions, sans éprouver aucune perte.

Toujours à la poursuite de ces bandes, le colonel de Courcy remonte par Rio-Verde, jusqu'à El-Mair ; les débris d'Escobedo ayant pu gagner les provinces septentrionales de l'empire, la colonne rentre à Queretaro, le 12 août, en passant par San-Luis-Potosi.

Elle en repart, moins d'un mois après, arrive le 9 septembre à Arroyo-Sarco, et s'élance à la poursuite d'Ugalde, signalé dans les environs de Zimapan. Les bandes réunies de ce chef et de Martinez pouvaient s'élever à environ 1,500 hommes. Le 11, après une marche de nuit, l'ennemi, débusqué près de Bénédios par les 4e et 7e compagnies, est poursuivi par une charge brillante de la cavalerie jusqu'au village de San-Pedro.

L'escadron du 2e chasseurs d'Afrique, sous les ordres du capitaine CARRICK, tue ou blesse beaucoup de fuyards. L'obscurité empêche les zouaves, qui arrivent au pas de course, de compléter ce succès. Le soir, la colonne campe à Zimapan.

Le maréchal Bazaine cite à l'ordre du jour, à la suite de cette affaire :

« M. Couturier, capitaine adjudant-major : a eu son cheval tué sous lui.

» M. de Saint-Sauveur : a mené sa compagnie avec la plus grande vigueur.

» Rémy, sergent; Juillard, zouave de 1re classe : soldats intrépides. »

Le 16 septembre, les débris de la bande d'Ugalde réunis à celle de Fragoso sont poursuivis du côté de Minquiahula, par la même colonne et la compagnie montée du 3e zouaves. Traqués sans relâche, les Mexicains se débandent, perdent 20 hommes au Cerro d'Ulapa, et laissent 30 chevaux entre nos mains.

Le 24 septembre, la colonne rentre à Queretaro.

La compagnie montée du 3e zouaves, placée à Arroyo-Sarco, ne cesse de parcourir le pays, toujours en marche à la poursuite d'un ennemi insaisissable. Le capitaine Rigault n'a avec lui que 56 hommes de sa compagnie et 18 hussards; il surprend Ugalde, le 19 octobre, à l'hacienda de l'Artillero, enlève la position au pas de course, sans tirer un seul coup de carabine, et, après une poursuite de trois quarts d'heure, tue 34 bandits, parmi lesquels le frère d'Ugalde et cinq ou six officiers, fait 6 prisonniers et s'empare des chevaux, des armes et des munitions abandonnés dans l'hacienda. Le lendemain, le capitaine Rigault, se rabattant sur la bande de Toscano, lui prend son domestique et quatre chevaux.

Le 3e zouaves est réuni à Queretaro au mois de novembre, et ne prend part, jusqu'à la fin de l'année et dans les premiers mois de l'année suivante, à aucune opération importante.

Le colonel Bocher commande le régiment, en remplacement du colonel Tourre, décédé.

Combat de San-Vicente.

(14 avril 1866.)

Le 28 mars 1866, le 1er bataillon, sous les ordres du commandant Gaday, part pour une tournée de cinq jours dans la Sierra-Gordo;

de nouveaux ordres l'envoient prendre garnison à San-Luis-Potosi, où il arrive le 8 avril.

Le 7 avril, une compagnie provisoire de partisans (7ᵉ du 2ᵉ, compagnie JARRIÉ) est organisée à Queretaro par ordre du maréchal. Elle part le 8, atteint Salamanca le 11, et rencontre, le 14 avril, près d'Iraquato, une bande mexicaine d'environ 100 hommes. Le capitaine JARRIÉ marche aussitôt contre elle, avec quelques cavaliers alliés et les hommes montés de sa compagnie.

Abandonnés par la cavalerie qui lâche pied, les lieutenants BALDY et LEBOURG rallient une section de 23 zouaves et se fortifient au rancho de San-Vicente.

Ce faible détachement est cerné par l'ennemi, qui le somme en vain de se rendre; après avoir inutilement essayé d'enlever le rancho, les Mexicains mettent le feu aux environs, et se retirent à la fin de la journée, en abandonnant leurs morts.

Toute la compagnie, ralliée le lendemain à Silao, rentre à Queretaro ayant 6 tués, 5 disparus et 3 blessés.

Le 1ᵉʳ bataillon quitte San-Luis-Potosi le 15 mai, et se concentre à San-Luis de la Paz. Le 14 juin, il se rend à Vittoria-Xicho, menacée par les bandes d'Armenta.

L'ennemi couronne les hauteurs qui dominent la ville au nord et prononce une attaque à 5 h. 1/2 du soir; il est repoussé et se débande après trois charges vigoureuses que les zouaves arrêtent par un feu nourri à 50 pas, laissant sur le terrain un grand nombre de morts, des armes et 80 chevaux.

Les guérillas d'Aureliano Rivera et d'Armenta parcouraient la région du Nord, mettant à contribution les riches districts. Les troupes libérales obtenaient quelques succès et mettaient en danger l'influence française dans ces provinces éloignées. Cette situation engage le maréchal Bazaine à diriger une colonne vers le nord de l'Empire, pour relever notre prestige et porter secours aux postes français.

Les deux bataillons du régiment se trouvent réunis, le 9 juillet, à Santa-Maria del Rio, dans la colonne du maréchal, et montent avec lui, jusqu'à San-Juan de Vanegas, par San-Luis-Vinadio et Matehuala. Les bandes mexicaines se retirent devant la colonne qui revient, à petites journées, sur San-Luis.

Le 6 août, le régiment occupe l'hacienda de Peotillos. La marche d'un corps ennemi ayant été signalée, le maréchal Bazaine lance contre lui deux petites colonnes : l'une sous les ordres du colonel du Preuil, composée de cavalerie et des compagnies montées des 1er et 3e zouaves ; l'autre, composée de 5 compagnies du 2e bataillon, sous les ordres du capitaine Mariani. Le 8 août, à 9 heures du matin, les chasseurs d'Afrique débouchent à l'improviste dans la plaine de Custodios, à 4 kilomètres de l'hacienda, arrivent au galop sans laisser à l'ennemi le temps de se reconnaître et sabrent tout ce que se trouve devant eux.

La compagnie montée du régiment arrive sur le terrain à la suite des chasseurs d'Afrique et prend part au combat sans subir aucune perte. Un ordre du jour du commandant en chef porte ce brillant fait d'armes à la connaissance du corps expéditionnaire.

« Le colonel du Preuil, à la tête de deux escadrons du 2e chasseurs d'Afrique, d'un peloton du 12e chasseurs, des compagnies montées des 1er et 3e zouaves, lancé le 7 août sur la route de Tula où l'on signalait la présence d'Aureliano, Rivera et Escaudon avec des forces assez nombreuses, a réussi à surprendre un de leurs cantonnements, après avoir fait environ 30 lieues en 27 heures. Le 8, au matin, la cavalerie, suivie de près par les zouaves montés, pénètre au galop dans les enclos de l'hacienda del Custadios, où se trouvaient déjà à cheval, 4 à 500 hommes de la division Zaragosa ; en un instant, tout est culbuté, sabré ou dispersé, et nous pouvons compter chez l'ennemi 183 cadavres, 19 blessés dont un officier ; deux chefs sont parmi les morts : Escobar et Ortis. Aureliano, Riveira et Escaudon avaient quitté l'hacienda la veille au soir, avec une petite escorte.

» Nous n'avons de notre côté ni tués ni blessés ; 225 chevaux tout sellés restent entre nos mains ; nous ramassons 150 lances et 100 armes à feu.

» Chacun a vaillamment fait son devoir ; mais le maréchal se plaît à citer particulièrement au 3e régiment de zouaves : M. Boistard, capitaine : a conduit sa compagnie avec décision sur le terrain où la cavalerie était engagée et a pu atteindre une partie des fuyards. »

De retour à Queretaro, le 23 août, le régiment y tient garnison trois semaines environ, et reçoit ensuite l'ordre de rentrer à Mexico ; le 1er bataillon arrive le 23 septembre, et le 2e bataillon le 3 octobre, après s'être porté à Tuta au secours des Belges menacés.

Le 30 octobre, le 2e bataillon, moins la 8e compagnie, quitte Mexico sous les ordres du capitaine Mariani, pour opérer avec deux escadrons du 5e hussards, dans les environs de Puebla.

Assaut du Cerro-Blanco.

(2 novembre 1866.)

Le 2 novembre, la petite colonne sort de San-Martino pour dégager Tlaxcala, attaqué depuis quelque temps par les bandes de Cuellar. Une charge de hussards repousse l'ennemi sur la montagne; quatre compagnies de zouaves s'avancent malgré la fusillade, pour compléter le succès de la cavalerie et déloger l'ennemi des hauteurs. Elles escaladent le Cerro-Blanco que son élévation et la raideur de ses pentes semblaient rendre inexpugnable. Les Mexicains font rouler des rochers sur les colonnes d'attaque et se dispersent fuyant dans cette sierra infranchissable; 11 zouaves sont blessés.

Après un séjour à Amozoc, après des marches forcées qui l'amènent devant Perote, où il entre le 23 novembre, le 2e bataillon prend part à quelques opérations militaires, entre cette ville et Puebla, et rentre à Mexico le 9 décembre.

A la fin de 1866 et au commencement de l'année 1867, le régiment occupe la garnison de Mexico ou les postes environnant, et détache, à maintes reprises, une ou plusieurs compagnies dans les colonnes mobiles qui battent les environs de la capitale.

Le maréchal commandant en chef met à l'ordre du jour, le 31 décembre, l'affaire du Cerro-Blanco et un audacieux coup de main accompli à San-Pedro, le 7 décembre, par la compagnie montée du 3e zouaves. Capitaine Boistard; lieutenant Vuillemenot; sous-lieutenant Strohl.

1° *Combat du Cerro-Blanco.*

« Le commandant d'Espeuilles, parti de Mexico le 31 octobre avec le 2e bataillon du 3e zouaves et 2 escadrons du 5e hussards, apprend en arrivant à San-Martino, le 2 novembre, qu'une attaque était dirigée contre Tlaxcala; il forme aussitôt une colonne comprenant 5 compagnies de zouaves, les deux escadrons de hussards et l'escadron mexicain Riveira.

» Précipitant sa marche pour atteindre l'ennemi dont l'attaque durait depuis le matin, il arrive au bord de la rivière au moment où les dissidents commençaient à se retirer et gravissaient les pentes du Cerro-Blanco.

» Le commandant Riveira est lancé le premier à la poursuite, mais bientôt ramené sur la tête de colonne française. Les hussards prennent alors le galop de charge et repoussent l'ennemi jusqu'au pied du Cerro-Blanco.

» Les dissidents occupaient une position dominante, d'où ils dirigeaient sur nos colonnes un feu nourri. Le commandant D'Espeuilles les fait attaquer de front par trois compagnies aux ordres du capitaine Mariani, tandis qu'une autre compagnie tournait la position.

» Le capitaine Mariani arrive au pied du Cerro-Blanco, réputé inexpugnable, et n'hésite pas à l'escalader, sous une vive fusillade.

» Abordé de toutes parts avec la plus grande vigueur, l'ennemi ne tente aucun mouvement offensif; délogé de toutes les crêtes, il prononce sa retraite vers Tasco, dans un pays tellement difficile qu'il n'est pas possible de songer à le poursuivre plus longtemps. Ce coup de main, heureusement conduit, a pour résultat de dégager la place de Tlaxcala des attaques journalières dont elle est l'objet.

» Le succès est dû à l'initiative du commandant D'Espeuilles, qui, pendant l'engagement, a dirigé les mouvements de ses troupes avec autant de sang-froid que d'intelligence.

» A ses côtés, chacun a fait son devoir, mais une mention spéciale est due à MM. Mariani, capitaine, commandant le bataillon de zouaves, qui a conduit sa colonne à l'attaque du Cerro-Blanco, avec un entrain remarquable.

» MM. Couturier, capitaine adjudant-major; Ducroquet, lieutenant; Henry, lieutenant; Ducos, adjudant : arrivés les premiers sur la position; d'une bravoure irrésistible.

» Wenger, caporal; Kimmel, Chamagne, zouaves de 1re classe : toujours au premier rang; blessés.

2° *Affaire de San-Pedro.*

« Le commandant Lardeur, sorti de Mexico dans la nuit du 5 au 6 décembre avec un escadron du 2e chasseurs d'Afrique et la compagnie montée du 3e zouaves (capitaine Boistard), se porte rapidement, le 7 au matin, sur San-Pedro-Arcapulztango, où on lui avait signalé la présence des cavaliers d'Eulilio Ninez. Il reconnaît bientôt l'ennemi qui avait pris position derrière une baranca; les zouaves mettent pied à terre et le délogent en un instant.

» L'escadron prend alors la charge, mais à cause du mauvais temps et de l'avance que les bandits avaient prise sur eux, nos chasseurs ne peuvent les atteindre à l'arme blanche; le feu des zouaves, qui les avait mis en fuite, leur fait éprouver quelques pertes. »

» Mexico, le 31 décembre 1886.

» Le Maréchal commandant en chef,
» Signé : Bazaine. »

Retraite sur la Vera-Cruz.

(Février 1867.)

Le combat de Cerro-Blanco et l'affaire de San-Pedro sont les derniers engagements auxquels prennent part les zouaves du régiment. L'ordre de rapatrier les troupes françaises est arrivé et le mouvement rétrograde commence dans les premiers jours de l'année 1867; les colonnes d'évacuation, les convois, le matériel s'échelonnent sur la route de la Vera-Cruz.

Embarquement pour l'Algérie.

(27 Février 1867.)

Le 5 février, nos soldats évacuent Mexico; le 3ᵉ zouaves remet la citadelle à l'armée de Maximilien et forme l'arrière-garde. Le régiment arrive à Orizaba le 16, à la Vera-Cruz le 27 février, et s'embarque en entier à bord du vaisseau le Masséna pour rentrer en Algérie.

Il débarque le 14 avril au fort Génois, près de Bône et dix jours après, fait sa rentrée à Constantine, qu'il avait quitté depuis près de cinq ans.

Avant de se séparer du régiment, le commandant en chef lui avait exprimé, une dernière fois, par la voie de l'ordre, son entière satisfaction pour la glorieuse part qu'il avait prise aux opérations de cette longue campagne. Après avoir rappelé l'existence laborieuse du 3ᵉ zouaves, depuis son débarquement sur la côte mexicaine, jusqu'au jour du rapatriement, le maréchal Bazaine terminait son ordre d'adieux par les lignes suivantes :

« Officiers et zouaves du 3ᵉ régiment,

» L'expédition du Mexique est terminée; vous allez partir. Pendant ces quatre ans et plus, de guerre, ces marches incessantes, ces cent combats, vous ne vous êtes pas démentis un seul instant.

» Vous allez rentrer en Afrique où, peut-être, de nouvelles victoires vous attendent et où la France ira toujours vous appeler, quand elle aura à faire sortir sa glorieuse épée du fourreau.

» Rentrez-y le front haut et le cœur fier, car vous êtes toujours les soldats de la Crimée, de l'Afrique et de l'Italie, où plutôt vous avez ajouté de nouveaux titres à vos faits d'armes anciens.

» La France s'enorgueillit de ses zouaves, l'étranger les lui envie, et si quelquefois quelqu'un ne savait pas ce que c'est que Palestro et San-Lorenzo, vous lui montreriez l'étoile qui brille à votre drapeau ; elle lui dira que vous avez bien mérité de l'Empereur et de la Patrie.

» Mexico, le 31 janvier 1867.

> » *Le maréchal commandant en chef,*
> » Signé : BAZAINE. »

Le 3e zouaves rentrait en Algérie, après une longue campagne de 55 mois, rapportant, comme nouveau trophée, la croix de la Légion d'honneur qui brille sur son jeune drapeau à côté de la médaille d'or d'Italie.

Palestro et San-Lorenzo consacrent, par un double baptème, la valeur militaire et l'intrépidité des vaillants soldats de ce régiment, dont l'histoire, commencée hier, contient déjà tant de glorieuses pages. Durs à la fatigue, solides au feu, ils avaient donné les preuves des plus brillantes vertus militaires pendant ces étapes longues, pénibles, dans un pays souvent sans eau et sans ressources, dans ces combats dont la plupart resteront inconnus. Leur patience ne se démentit pas un seul instant dans les circonstances difficiles, et leur énergie fut égale devant la chaleur brûlante du jour, sous un soleil ardent, comme devant le froid très vif des nuits de bivouac sur les hauts plateaux.

Le monument commémoratif de Mexico rappelle glorieusement que le dévouement civique des héros de Puebla, de San-Lorenzo, de la Candelaria, ne le cédait pas à leur intrépidité sur le champ de bataille, et le maréchal commandant en chef résumait parfaitement les services rendus par ce beau régiment, en mettant à l'ordre de l'armée, à la veille de son départ, que le 3e zouaves avait bien mérité de la patrie.

CHAPITRE II

Nous avons laissé le 3e bataillon à Constantine au moment où les 1er et 2e bataillons du régiment quittaient cette ville pour prendre part à l'expédition du Mexique.

Le 3e bataillon à El-Méridj.

(Avril-novembre 1863.)

La province est tranquille pendant les années 1862 et 1863, et les zouaves sont principalement occupés à des travaux de route.

Le 3e bataillon, moins les 1re et 8e compagnies en garnison à El-Miliah et Constantine, est détaché à El-Méridj, sur la frontière tunisienne; du mois d'avril 1863 au mois de novembre de la même année, il travaille à la construction d'un bordj de surveillance; les six compagnies du bataillon comptaient 531 hommes au moment de leur départ de Constantine : décimé par la fièvre, le bataillon rentre à Constantine, le 4 novembre, avec 345 hommes seulement.

Le séjour à El-Méridj avait été plus meurtrier qu'une bataille; et tandis qu'au Mexique, dans les tranchées de Puebla, ou sur les bords de l'Atoyac, les camarades plus heureux avaient au moins l'honneur de payer de leur sang la gloire de notre drapeau, le 3e bataillon, isolé sur un point malsain de la frontière tunisienne, voyait chaque jour, dans cette lutte obscure contre un ennemi insaisissable, des tombes nouvelles se creuser et de nouveaux travailleurs manquer à l'appel.

Pendant ces sept mois de souffrance, l'énergie des zouaves fut constamment à la hauteur des circonstances difficiles où ils se trouvaient, et, comme dans les marais de la Dobroutcha, les infirmiers volontaires ne manquèrent pas pour soigner les malheureux atteints par la maladie.

La construction du bordj d'El-Méridj est le plus cruel tribut que le 3ᵉ zouaves ait payé à l'œuvre de la conquête et de la colonisation de l'Algérie.

Colonne du Zouahra.

(Mars-juillet 1864.)

L'année 1864 s'ouvre sans incident; mais, dès le mois de mars, une grande agitation se manifeste dans le Sud de la colonie et vient troubler le calme dont l'Algérie jouissait depuis plusieurs années.

L'assassinat du lieutenant-colonel Beauprêtre, est le signal d'une insurrection qui met en feu d'abord le Sud des provinces d'Alger et d'Oran, gagne ensuite la division de Constantine et le Hodna et se propage en Tunisie. Le contre-coup de ce soulèvement se fait sentir dans le Tell de la division de Constantine, et fournit, aux fauteurs de désordres, l'occasion de nous susciter de nouveaux embarras. Le 18 mars, le bordj de Zraïa est attaqué et pillé par de nombreuses bandes de Kabyles.

Le commandant HOCHSTETTER reçoit l'ordre de quitter Constantine avec quatre compagnies du 3ᵉ bataillon, et de se rendre à El-Miliah, qui paraît le centre du mouvement insurrectionnel. Les quatre compagnies partent à marches forcées et arrivent le 22 mars à El-Miliah sans laisser un seul homme en arrière.

Les Kabyles s'étaient dispersés après le coup de main de Zraïa; le pays paraissant revenu au calme, le commandant HOCHSTETTER laisse, à El-Miliah, la 2ᵉ compagnie (capitaine SABATIÉ) détache au bordj de Zraïa une section de la 3ᵉ compagnie, sous les ordres du sous-lieutenant PERRET, et se rend à Milah où viennent bientôt le rejoindre les autres compagnies de son bataillon.

Mais le calme n'était qu'apparent et l'agitation recommença dans les derniers jours du mois de juin. Au commencement de juillet, des rassemblements hostiles se forment dans les montagnes du Zouahra. Les indigènes reprennent les armes, et viennent menacer pour la seconde fois le bordj de Zraïa.

Le lieutenant HAMAND avait remplacé le sous-lieutenant PERRET dans le commandement du poste.

A l'annonce de cette nouvelle levée de boucliers, le commandant HOCHSTETTER quitte Milah, le 7 juillet, à 2 heures du soir, et va camper à Zraïa. Le 11, au milieu de la nuit, nos grand'gardes sont attaquées par de nombreuses bandes de Kabyles ; les 7e et 8e compagnies prennent les armes à 11 heures du soir, et se déploient en tirailleurs en avant du village. Cette vigoureuse démonstration suffit pour déterminer la retraite de l'ennemi. Nos caïds, avec leurs contingents restés fidèles, poursuivent dans le Zouahra les tribus rebelles et les forcent à demander l'aman. Le 3e bataillon campe à Zraïa.

Colonne de la Kabylie orientale.

(Septembre 1864.)

Il restait encore quelques traces d'agitation dans le Ferdjiouah, qui n'avait pas été visité par nos armes. Le général Périgot, commandant la division de Constantine, organise une colonne au mois de septembre pour opérer dans la Kabylie orientale.

Le 3e bataillon du régiment fait partie de la 2e brigade (colonel Kentz).

Les troupes sont concentrées à Zraïa, le 11 septembre, et leur présence suffit pour ramener le calme dans le Zouahra et l'Oued-el-Kébir. Néanmoins, le général Périgot parcourt le pays et va successivement camper sur les bords de l'Ouen-Endja, à Fedj-Baïnem, Fedj-el-Arba, El-Aroussa.

La colonne se rend ensuite dans le Ferdjiouah, où l'on annonçait la présence de rassemblements hostiles ; le 22 septembre, elle atteint Fedj-Fidoulès et, le 24, l'Oued-el-Habibi.

Les Kabyles, qui n'avaient pas attaqué les jours précédents à la suite de dissentiments survenus entre eux, cherchent à arrêter la colonne, le 25, dans la plaine de Marianioum.

Les 3e et 4e compagnies du 3e bataillon prennent part au combat et parviennent, sans beaucoup de peine, à mettre l'ennemi en fuite.

Après avoir dispersé les premiers rassemblements, le général

Périgot se décide à ne pas pousser plus loin avant d'avoir châtié les tribus qui viennent d'attaquer sa colonne.

Le soir même, il dirige 4 bataillons sans sacs, une section d'artillerie et 30 cavaliers sur des villages que les rebelles occupent dans le voisinage du camp. Les 1re, 5e, 6e et 7e compagnies du 3e bataillon prennent part à la sortie, mettent le feu aux villages et rentrent au camp à 6 heures du soir, sans avoir subi aucune perte.

Colonne de Bou-Saada.

(Octobre-novembre 1864.)

La colonne séjourna à Marianioum jusqu'au 29 septembre ; elle aurait encore pesé plus longtemps sur le pays sans les événements qui se passaient au Sud de la province et dans la région du Hodna.

Le cercle de Bou-Saada était en feu et les colonnes Yusuf et de Lacroix parcouraient le pays, essayant d'arrêter le mouvement insurrectionnel. A la nouvelle des événements du Hodna, le général Périgot abandonne précipitamment le Ferdjiouah et se dirige sur Sétif d'abord, puis sur Bordj-bou-Arréridj. Le 5 octobre, le 3e bataillon du régiment quitte Bordj et rejoint à Bou-Saada la colonne d'observation du colonel de Lacroix.

Le renfort d'un bataillon de zouaves permet au colonel de Lacroix de reprendre la campagne, et sa colonne quitte Bou-Saada le 15 octobre, escortant un convoi de vivres dirigé sur Laghouat. Le 3e bataillon arrive à Laghouat le 26 octobre et rentre le 22 novembre à Bou-Saada ; la pacification du pays paraît complète, la colonne est dissoute et le 3e bataillon reçoit l'ordre de se rendre à Constantine.

Colonne d'Aïn-Beida.

(Février 1865.)

La frontière tunisienne était toujours, pour nous, un sujet de préoccupations. Les insurgés algériens trouvaient un refuge assuré en Tunisie, et, d'autre part, les tribus tunisiennes venaient faire, en pleine paix, des incursions sur notre territoire.

Depuis plusieurs années déjà, on était obligé, pour assurer la tranquillité de cette région, de faire parcourir le pays par des colonnes légères ; nous avons déjà vu que le 3ᵉ bataillon du régiment avait travaillé, pendant l'année 1863, à la construction d'un poste de surveillance à El-Méridj.

Les événements devinrent plus graves en 1864 : une insurrection ayant éclaté dans l'Ouest de la Régence, des troupes furent concentrées sur la frontière pour maintenir nos tribus dans le devoir.

L'agitation n'avait pas complètement disparu au commencement de 1865, et, pour parer à toute éventualité, une colonne d'observation fut organisée à Aïn-Beida.

Arrivé depuis un mois à peine à Constantine, le 3ᵉ bataillon reçoit l'ordre de rejoindre la colonne d'Aïn-Beida. Mais de nouvelles complications l'appellent, dès le mois de février, dans la Kabylie orientale.

Expédition des Babors.

(Mars et juillet 1865.)

La colonne du Ferdjiouah avait été obligée d'interrompre son œuvre au mois de septembre 1864 et de se rendre à Bordj-bou-Arréridj, pour faire face à l'insurrection du Hodna.

Les intrigues recommencèrent après le départ du général Périgot, et, à la fin de l'année, la région comprise entre Bougie, Sétif, Djimilah et Milah était en pleine révolte. La saison n'était pas encore favorable aux expéditions : une partie des troupes de la division était engagée dans le Sud ; mais, en attendant qu'on pût agir activement, des mesures énergiques furent prises pour empêcher les rebelles de gagner du terrain.

Les postes de Takitount et de Milah furent renforcés et des camps d'observation organisés sur différents points du territoire insoumis.

Le 8 mars, le 3ᵉ bataillon quitte Constantine et fournit 4 compagnies à chacune des colonnes qui se concentrent à Sétif et à Milah.

La colonne de Sétif, placée sous le commandement du colonel Nayral, séjourne à Aïn-Rouah du 21 au 27 mars. Les 4 compagnies du 3ᵉ bataillon, qui font partie de la colonne, sont sous les ordres du capitaine DE LAVERNY.

Les opérations militaires, retardées à cause du mauvais temps, commencent le 27 ; et, dès le 29, la colonne se heurte à une masse de 4 à 5,000 Kabyles qui viennent de razzier les contingents restés fidèles des Beni-Tizi et des Beni-Sliman.

Après une vive fusillade, l'ennemi prend la fuite dans toutes les directions. Les Djermouna et les Beni-Ismaïl, qui ont fait cause commune avec les insurgés, sont razziés et viennent faire leur soumission.

Le 9 avril, la colonne se rend à Takitount et razzie les fractions des Amouchas, qui menaçaient le bordj. Le poste de Takitount est dégagé et, le 30 avril, la colonne passe sous les ordres du colonel Augereau qui amène de nouvelles troupes de la province d'Alger.

La saison devenant favorable aux expéditions, il avait été décidé que deux colonnes envahiraient le pays insurgé : l'une par l'Est, sous les ordres du général Périgot, commandant la division de Constantine; l'autre par le Sud-Ouest, sous les ordres du colonel Augereau. Le commandant Hochstetter et 4 compagnies du 3ᵉ bataillon se joignent à Milah à la colonne du général Périgot.

Pendant la première partie des opérations, les deux colonnes agissent séparément.

Le général Périgot se met en marche le 25 avril et traverse successivement et sans rencontrer de résistance les tribus du Zouahra; le 15 mai, il reçoit des renforts que lui amène de Djidjelli le général de Lacroix ; le 16, la colonne se dirige sur le massif du Babor et du Tababor, dans le territoire des Richia, culbute et razzie les tribus rebelles.

La répression est énergique et les populations épouvantées s'empressent de demander l'aman.

Le 24 mai, les Kabyles, déployés sur les pentes du Babor et du Tabador, semblent disposés à nous en disputer l'approche ; les 4 compagnies du commandant Hochstetter sont à l'avant-garde et délogent, avec leur entrain ordinaire, les insurgés embusqués dans les rochers.

Pendant ce temps, la colonne Augereau, dont fait partie le détachement du capitaine de Laverny, aborde, par le Sud-Ouest, le principal massif insurgé, réduit quelques fractions des Beni-Ismaïl et complète la soumission de tout le pays à l'Ouest de l'Oued-Agrioun.

Dans la soirée du 10 mai, nos grand'gardes sont assaillies par plusieurs milliers de Kabyles; l'attaque dure de 8 h. 1/2 du soir à 1 heure du matin; l'ennemi est repoussé à la baïonnette et se retire dans les bois en nous abandonnant quelques-uns de ses morts.

L'œuvre de répression et de destruction continue les jours suivants; les Kabyles renouvellent des attaques de nuit les 20, 21, 22 et 23 mai; le 24, à la tombée de la nuit, une vingtaine de zouaves du 3e bataillon passent sur la rive droite de l'Oued-Berd et vont tendre une embuscade aux insurgés qui s'étaient montrés en grand nombre de ce côté pendant le jour; mais aucune attaque n'a lieu pendant la nuit.

Le 25 mai, les deux colonnes expéditionnaires sont établies à peu de distance l'une de l'autre sur la principale crête du massif insurgé; les Kabyles apprenaient une fois de plus que toute résistance était inutile et que ni leurs montagnes inaccessibles, ni leurs forêts ne pouvaient leur assurer une protection efficace contre nos armes.

Le 26 mai, les différentes tribus compromises dans le dernier soulèvement viennent successivement faire leur soumission.

Le général Périgot, commandant la division de Constantine, prend, à dater du 1er juin, le commandement des deux colonnes réunies et se rend à Bougie où l'Empereur passe, le 7 juin, la revue des troupes. Le 10 juin, les colonnes quittent le camp sous Bougie pour retourner dans les Babors achever la soumission du pays et faire rentrer les contributions de guerre.

Le 3e bataillon est réuni à Constantine vers le milieu du mois de juillet.

Colonne d'Ouargla.

(Décembre 1865, avril 1866.)

Le sud de la province de Constantine est seul agité pendant les derniers mois de l'année 1865.

L'agha d'Ouargla, Si Lala, avait prêché la guerre sainte aux nomades de cette région, et l'insurrection s'était rapidement propagée dans tout le Sud de l'Algérie.

Battu par la colonne de Géryville et cerné à l'Est par la colonne de Laghouat, Si Lala avait pris la direction d'Ouargla. Une colonne légère, dont fait partie la 1re compagnie du 3e bataillon (capitaine Voisin), est organisée à Biskra sous le commandement du colonel Arnaudeau pour fermer à l'agitateur la route d'Ouargla.

Cette colonne arrive à El-Hadjira le 31 décembre et à Ouargla le 8 janvier.

Après avoir séjourné à Ouargla jusqu'au 21 janvier pour faire rentrer les amendes et les impôts, le colonel ARNAUDEAU remonte à El-Hadjira où il reste en observation pendant le mois de février et de mars ; il se dispose à quitter le Sud, pour éviter les chaleurs, lorsqu'il apprend qu'une nouvelle bande d'insurgés menace Ouargla ; il lance aussitôt ses goums dans cette direction et quitte, le 6 avril, le camp d'El-Hadjira.

La colonne ne reste que deux jours à Ouargla et reprend le chemin de Biskra où elle arrive le 23 avril. Partis de Constantine, le 27 octobre 1865, pour se joindre à la colonne d'Ouargla, les zouaves de la 1re compagnie du 3e bataillon étaient restés plus de six mois en expédition dans le Sud, ayant à supporter les plus grandes privations et des fatigues extraordinaires, mais se montrant toujours aussi patients, aussi énergiques, aussi dévoués.

Aucun événement remarquable ne signale la fin de l'année 1866 ; les populations du Tell restent calmes et ce n'est que dans le Sud de la province que se manifestent encore quelques traces d'agitation,

Le 3e bataillon compte de nombreux détachements ; ses compagnies reprennent les travaux de route, commencent le reboisement du Mansourah et fournissent des hommes aux ateliers de sondage du Sud. La 6e compagnie du 3e bataillon (lieutenant TARTARIN) quitte Constantine, le 8 octobre, pour se rendre à Biskra où elle doit faire partie d'une colonne d'observation.

1867.

Les deux bataillons du Mexique arrivent à Constantine le 24 avril 1867.

Le tiercement est effectué, par ordre du Ministre de la guerre, et le régiment se trouve ainsi composé à la date du 27 avril 1867 :

ÉTAT-MAJOR.

MM. BOCHER, colonel.
    FÉVRIER, lieutenant-colonel.
    DEMAY, major.
    BAUDOIN, médecin-major de 1re classe.
    DOUSSELIN, capitaine-trésorier.
    MOUNYROT, capitaine d'habillement.
    NÉMÉRÉ, sous-lieutenant, officier payeur.
    LAGUILLER, porte-drapeau.
    GUYON, médecin aide-major de 1re classe.

Depuis la rentrée du Mexique, jusqu'à la guerre de 1870, l'historique du régiment n'offre rien de saillant. Les tribus remuantes de la Kabylie n'ont pas oublié les dures leçons que nos colonnes leur ont infligées et, sous les coups repétés de nos armes, les populations restent tranquilles, d'autant plus que, pendant les années 1867 et 1868, elles sont cruellement éprouvées par le choléra, le typhus et la famine.

1868.

Au commencement de l'année 1868, le régiment occupe les garnisons de Constantine, de Philippeville et de Sétif, et fournit les détachements qui en dépendent.

Colonne d'Aïn-Beïda.

(Octobre 1868.)

Le 27 octobre 1868, le commandant Charmes part avec 4 compagnies du 3ᵉ bataillon pour opérer sur la frontière de Tunis, sous

---

1ᵉʳ bataillon.

MM.
Gaday, chef de bataillon.
Gratreaud, capitaine adjudant-major.

1ʳᵉ compagnie.

Mariani, capitaine.
de Saint-Sauveur, lieutenant.
Utéza, sous-lieutenant.

2ᵉ compagnie.

Légué, capitaine.
Henry, lieutenant.

3ᵉ compagnie.

Braude, capitaine.
de Mascureau, lieutenant.
Turc, sous-lieutenant.

4ᵉ compagnie.

Corps, capitaine.
Faval, lieutenant.
Paris, sous-lieutenant.

MM.

5ᵉ compagnie.

Jarrié, capitaine.
Vivensang, lieutenant.
Regnery, sous-lieutenant.

6ᵉ compagnie.

Billot, capitaine.
de Boyat, lieutenant.

7ᵉ compagnie.

Saint-Marc, capitaine.
Hamant, lieutenant.
Loche, sous-lieutenant.

8ᵉ compagnie.

Marier de Chanteloup, capitaine.
Maussion de Candé, lieutenant.
Friquet, sous-lieutenant.

9ᵉ compagnie.

Cellier, capitaine.
Bouché, lieutenant.
Chiroleu, sous-lieutenant.

les ordres du général Dargent, commandant la subdivision de Constantine. Les incursions continuelles des Tunisiens et des tribus algériennes réfugiées en Tunisie, rendaient la situation intolérable et nécessitaient sur la frontière une démonstration vigoureuse.

Les 4 compagnies du 3e bataillon se rendent à Aïn-Beida, où se concentre la colonne du général Dargent; mais, par suite de la tournure des événements, l'expédition n'a pas lieu, la colonne est dissoute et le commandant CHARMES rentre le 22 novembre à Constantine, après avoir eu beaucoup à souffrir de la neige et du froid.

Colonne de Bou-Saada.

(Février-Mars 1869.)

Le 3 février, le 1er bataillon fournit quatre compagnies à la colonne expéditionnaire qui se forme à Bou-Saada, sous les ordres du

---

2e bataillon,

MM.
DELLOYE, chef de bataillon.
HERVÉ, capitaine adjudant-major.

1re compagnie.

BOISTARD, capitaine.
VUILLEMENOT, lieutenant.
STROHL, sous-lieutenant.

2e compagnie.

DE PUYMORIN, capitaine.
FORCIOLI, lieutenant.
DE LAMOTHEROUGE, sous-lieutenant.

3e compagnie.

LAURENS, capitaine.
PARSOII, lieutenant.
BARDOL, sous-lieutenant.

4e compagnie.

CHAME, capitaine.
GROS, lieutenant.
COLONNA, sous-lieutenant.

MM.

5e compagnie.

CAILLARD, capitaine.
BOILEAU, lieutenant.
BRIBES, sous-lieutenant.

6e compagnie.

DE LAFORTERIE, capitaine.
DUCROQUET, lieutenant.
BOULÉ, sous-lieutenant.

7e compagnie.

HERVÉ, capitaine.
CHEVALIER, lieutenant.
LAFON, sous-lieutenant.

8e compagnie.

OUDRIOT, capitaine.
DE GIVRY, lieutenant.
TACQUOIN, sous-lieutenant.

9e compagnie.

JACQUOT, capitaine.
BAZAINE, lieutenant.
DOUSSELIN, sous-lieutenant.

colonel Augereau, commandant la subdivision de Sétif; ce détachement se réunit le 8, à Sétif, aux autres troupes de la colonne, arrive le 11 à Bordj-bou-Arréridj, et le 16 à Bou-Saada. Après avoir été retenue dix jours sous les murs de cette place, la colonne est licenciée, et l'infanterie, sous les ordres du commandant GADAY, reçoit l'ordre de rétrograder. Assaillie par une violente bourrasque de neige, avant d'arriver à Bordj-bou-Arréridj, la colonne ne peut continuer sa route et s'arrête plusieurs jours chez les habitants du village. Elle en repart le 8 mars, et arrive à Sétif le 10 du même mois.

Au mois de mai 1869, le maréchal de Mac-Mahon, gouverneur général de l'Algérie, établit une nouvelle répartition des garnisons du régiment, dans le but de faciliter l'embarquement des bataillons en cas de guerre européenne.

L'état-major du 1er bataillon (commandant GADAY) occupe Bougie avec les deux premières compagnies; les 3e et 4e compagnies du même bataillon vont à Djidjelli; les quatre autres compagnies sont détachées à Milah et à El-Miliah.

Le 2e bataillon (commandant CHARMES) tient garnison à Cons-

3e bataillon.

MM.
CHAZOTTE, chef de bataillon.
COUTURIER, capitaine adjudant-major.

1re compagnie.

LANDRUT, capitaine.
MERLIN, lieutenant.
SCHWŒBEL, sous-lieutenant.

2e compagnie.

FONTAINE, capitaine.
TARTARIN, lieutenant.
VERMEL, sous-lieutenant.

3e compagnie.

LAVERNY, capitaine.
TESSÉDRE, lieutenant.
GASC, sous-lieutenant.

4e compagnie.

VOISIN, capitaine.
BALDY, lieutenant.
MARIE, sous-lieutenant.

5e compagnie.

MM.
MALIGNON, capitaine.
DE LA ROCHE, lieutenant.
LANES, sous-lieutenant.

6e compagnie.

MANIORT, capitaine.
DAVIN, lieutenant.
SAINT-UPÉRY, sous-lieutenant.

7e compagnie.

HERMAN, capitaine.
PERRET, sous-lieutenant.

8e compagnie.

RENOUX, capitaine.
LEBOURG, lieutenant.
BLANCQ, sous-lieutenant.

9e compagnie.

LEMAIRE, capitaine.
COLLIN, lieutenant.
DUFOUR, sous-lieutenant.

tantine et fournit les détachements d'Aïn-el-Bey et du Djebel-Ouach. Le 3e bataillon (commandant Pariset) occupe Sétif et fournit le détachement de Takitount.

Au mois de juin 1870, le 3e bataillon vient occuper, sur la côte, les postes où se trouvaient établies les différentes fractions du 1er bataillon ; le 2e bataillon se rend à Sétif et le 1er va tenir garnison à Constantine.

COMPOSITION DU DÉTACHEMENT D'AIN-BEIDA.

MM.
Charmes, chef de bataillon.
Couturier, capitaine adjudant-major.

5e *compagnie.*

Malignon, capitaine.
Gaillard de la Roche, lieutenant.
Lanes, sous-lieutenant.

6e *compagnie.*

Maniort, capitaine.
Saint-Upéry, sous-lieutenant.

7e *compagnie.*

MM.
Herman, capitaine.
Perret, sous-lieutenant.

8e *compagnie.*

Lebourg, lieutenant commandant la compagnie.
Blancq, sous-lieutenant.

COMPOSITION DU DÉTACHEMEMT DE BOU-SAADA.

MM.
Gaday, chef de bataillon.
Hervé (Félix), capitaine adjudant-major.
Lourtier, médecin-major.

1re *compagnie.*

De Rafélis de Saint-Sauveur, lieutenant.
Utéza, sous-lieutenant.

2e *compagnie.*

MM.
Henry, lieutenant commandant la compagnie.

3e *compagnie.*

De Mascureau, lieutenant commandant la compagnie.
Turc, sous-lieutenant.

4e *compagnie.*

Corps, capitaine.
Paris, sous-lieutenant.

LIVRE V

GUERRE CONTRE L'ALLEMAGNE

CHAPITRE Ier

Départ pour la France. — Bataille de Wœrth (6 août). — Retraite sur Châlons. — Marche sur Metz. — Bataille de Sedan (1er septembre). — Captivité du 3e zouaves.

Départ pour la France.

Au moment de la déclaration de guerre, le 3e régiment de zouaves avait son 1er bataillon à Constantine, le 2e à Sétif et le 3e, sur le littoral, avec son état-major à Bougie. De nombreux détachements se trouvaient, en outre, dispersés chez les colons pour le travail ou la protection des moissons. Au premier signal, tous ces détachements rallient la portion centrale, à Constantine, et le régiment est aussitôt constitué à 3 bataillons de 6 compagnies, présentant un effectif total de 2,200 hommes.

Les 1er et 2e bataillons quittent Constantine, les 17 et 18 juillet, en inaugurant le nouveau chemin de fer. Le 3e bataillon, à l'exception des compagnies de Bougie, se rend directement à Philippeville, où le régiment tout entier s'embarque le 21.

A peine arrivé à Marseille, le régiment est dirigé sur Strasbourg par les voies rapides.

Le 3e zouaves s'est déjà montré sur les champs de bataille des deux mondes et pas un nuage n'est encore venu obscurcir son auréole rayonnante. Sa glorieuse renommée n'a fait que grandir pendant dix-huit ans de campagnes, et, lorsqu'il quitte pour la quatrième fois ses garnisons d'Afrique, non plus pour faire flotter son drapeau sur des terres lointaines, mais pour défendre contre l'envahisseur les frontières de la mère-patrie, de chaleureuses acclamations l'accompagnent. Les souvenirs de Crimée et d'Italie excitent sur notre passage un enthousiasme universel. Le passé semble répondre de l'avenir, et les populations, dans l'aveuglement de leur confiance, se livrent à des manifestations imprudentes qui provoquent quelques désordres.

Le régiment tout entier se trouve réuni, le 27 juillet, à Strasbourg, où se forme le 1er corps d'armée, sous les ordres du maréchal de Mac-Mahon; il fait partie de la 1re brigade (général Fraboulet de Kerléadec) de la 4e division (général de Lartigue). Pendant son séjour dans la place, le colonel s'occupe activement

---

COMPOSITION DU 3e RÉGIMENT DE ZOUAVES AU DÉPART

Etat-Major.

MM. BOCHER, colonel.
DESHORTIES DE BEAULIEU, lieutenant-colonel.
BUGES, médecin-major.
MAROY, médecin aide-major.
BUCHE, sous-lieutenant adjoint au trésorier.
MARIE, sous-lieutenant porte-drapeau.
PELOUX, ISAMBERT, capitaines d'état-major détachés au régiment.

1er bataillon.

MM.
CHARMES, chef de bataillon.
HERVÉ (Félix), adjudant-major.

1re compagnie.

GAILLARD DE LA ROCHE, capitaine.
COLONNA D'ISTRIA, lieutenant.
UTÉZA, sous-lieutenant.

2e compagnie.

LAFONT, lieutenant commandant la compagnie.
BERTHEMET, sous-lieutenant.

3e compagnie.

BRUGNEROLLES, capitaine.
PERRET, lieutenant.

MM.
BOUSSON, sous-lieutenant.

4e compagnie.

CORPS, capitaine.
VERMEL, lieutenant.
DUCOS, sous-lieutenant.

5e compagnie.

HENRY, capitaine.
GASC, lieutenant.
DUFOUR, sous-lieutenant.

6e compagnie.

PARSON, capitaine.
HÉMERÉ, lieutenant.
PEROTEL, sous-lieutenant.

dc le préparer à la guerre qu'on va entreprendre; il organise un petit dépôt et fait entrer à l'hôpital un certain nombre d'hommes atteints de la fièvre. Les mulets de cacolet, amenés d'Algérie, sont réunis aux ambulances et on achète des voitures de transport.

La 4ᵉ division quitte Strasbourg, le 4 août, après avoir détaché dans la place un de ses régiments, le 87ᵉ d'infanterie; elle va s'établir à Haguenau, en passant par Brumath. On apprend, dans la soirée, la nouvelle du combat de Wissembourg, qui inaugurait si douloureusement la longue série de nos malheurs. Le camp est aussitôt levé et la 4ᵉ division marche toute la nuit dans la direction de Freschwiller. Au point du jour, elle s'établit sur la hauteur de Günstett. Dans la matinée, le maréchal de Mac-Mahon lui prescrit de quitter sa position avancée et de venir prolonger la ligne de bataille du 1ᵉʳ corps d'armée. La 4ᵉ division s'établit alors au Sud de la route de Wœrth, sur les pentes qui dominent le Sauerbach; la droite à Morsbronn, la gauche vers Elsasshaussen. Le 3ᵉ zouaves occupe le bois de Nieder-Wald et fournit une compagnie de grand'garde par bataillon; le colonel Bocher et son état-major se placent au carrefour qui marque, à peu près, le milieu du bois.

Dans la soirée, une partie de la division Conseil-Dumesnil, du 7ᵉ corps, vient prendre place à la gauche du régiment, afin de relier la 4ᵉ division au reste du 1ᵉʳ corps d'armée, dont le centre est établi à la hauteur du village de Freschwiller.

2ᵉ *bataillon.*

MM.
Pariset, chef de bataillon.
Saint-Marc, adjudant-major.

1ʳᵉ *compagnie.*
Vuillemenot, lieutenant commandant la compagnie.
Berthelet, sous-lieutenant.

2ᵉ *compagnie.*
Revin, capitaine.
Forcioli, lieutenant.
Saltzmann, sous-lieutenant.

3ᵉ *compagnie.*
de Mascureau, capitaine.
Friquet, lieutenant.

MM.
Bardol, sous-lieutenant.

4ᵉ *compagnie.*
Jacquot, capitaine.
Gros, lieutenant.
Loche, sous-lieutenant.

5ᵉ *compagnie.*
Gaillard, capitaine.
Boileau, lieutenant.
Greffier, sous-lieutenant.

6ᵉ *compagnie.*
Faval, capitaine.
Saint-Upéry, lieutenant.
Dousselin, sous-lieutenant.

Le Nieder-Wald forme un grand saillant vers Günstett, poussant sa lisière à moins de 400 mètres du Sauerbach.

Deux chemins coupent le bois du Nord au Sud, et de l'Est à l'Ouest. Le Nieder-Wald constitue la clef de cette partie du champ de bataille ; si les Prussiens parviennent à l'enlever, ils coupent notre ligne de bataille, prennent à revers la division de Lartigue, et font aussi tomber plus au Nord les défenses d'Elsasshaussen et de Freschwiller. Bien pénétré de l'importance de sa mission, le colonel Bocher est résolu de défendre le Nieder-Wald jusqu'à la dernière cartouche ; il place le régiment de la manière suivante : à droite, le 1er bataillon, sur la lisière du bois, en retour et face à Albrechtshauserdorf ; au centre, bordant le bois et la route, face à Günstett, le 2e bataillon, avec 3 compagnies en réserve dans une grande clairière ; à gauche, le 3e bataillon s'étendant jusqu'à l'extrémité Nord du bois, et se reliant aux troupes de la division Conseil-Dumesnil. Le front ainsi occupé a malheureusement plus de deux kilomètres d'étendue et aucun abatis n'avait été fait la veille pour défendre les abords de la position. Le 3e zouaves est donc placé dans des conditions défavorables ; mais, fidèle à son passé, il n'évacuera le bois qu'après en avoir jonché les abords de cadavres prussiens ; malgré l'infériorité du nombre, il soutiendra

---

3e *bataillon.*

MM.
Morlan, chef de bataillon.
de Puymorin, adjudant-major.

1re *compagnie.*

Ducroquet, capitaine.
Merlin, lieutenant.
Schwœbel, sous-lieutenant.

2e *compagnie.*

de Givry, capitaine.
Lagardère, lieutenant.
Petit-Jean, sous-lieutenant.

3e *compagnie.*

Sorrel, capitaine.
Teissèdre, lieutenant.

MM.
Muletier, sous-lieutenant.

4e *compagnie.*

Voisin, capitaine.
Strohl, lieutenant.
Berthomier, sous-lieutenant.

5e *compagnie.*

de Saint-Sauveur, capitaine.
Collin, lieutenant.
Darony, sous-lieutenant.

6e *compagnie.*

Jean d'Aiguillon, capitaine.
de Maussion de Candé, lieutenant.
Eichmann, sous-lieutenant.

Deux jeunes gens sortant de Saint-Cyr, MM. Canton et Saint-Germier, rejoignent le régiment à Strasbourg et ont à cœur de le suivre, sans y avoir trouvé de place.

la lutte pendant plus de huit heures et ne se retirera qu'après avoir brûlé toutes ses munitions.

Les reconnaissances signalent, dans la journée du 5, le voisinage des Prussiens, et les avant-postes échangent quelques coups de fusil.

Bataille de Wœrth.

(6 août.)

Le 6 au matin, après une nuit pluvieuse, et tandis que les zouaves font sécher leurs vêtements aux feux de bivouac en prenant le café, la compagnie de grand'garde du capitaine REVIN (2ᵉ bataillon) annonce l'approche de l'ennemi et la mise en batterie de nombreuses pièces sur la hauteur. Peu après, la fusillade et la canonnade éclatent sur notre gauche.

Aux premiers coups de canon, le colonel BOCHER prescrit de renforcer les grand'gardes et d'occuper solidement la lisière du Nieder-Wald.

Les quatre premières compagnies du 1ᵉʳ bataillon déposent leurs sacs, pénètrent dans le bois et déploient une demi-section sur la lisière ; la 6ᵉ compagnie est en réserve dans une clairière. La 5ᵉ compagnie forme le soutien des batteries de 4 et de la batterie de mitrailleuses, disposées sur la crête, à hauteur d'Albrechtshauserdorf. Le commandant PARISET déploie la 1ʳᵉ compagnie de son bataillon sur la droite de la 2ᵉ, place la 3ᵉ compagnie en réserve, et laisse en troisième ligne les 4ᵉ, 5ᵉ et 6ᵉ compagnies.

Le 3ᵉ bataillon était couvert par la 5ᵉ compagnie, dont les sections occupaient deux saillants boisés ; en arrière de cette compagnie, et sur la lisière formant courtine, le commandant MORLAN porte la 4ᵉ compagnie en soutien ; le reste du bataillon est massé à 200 mètres en arrière.

La grand'garde du 2ᵉ bataillon supporte le premier choc des Prussiens. Menacé d'être tourné par sa gauche et d'être coupé de sa ligne de retraite, le capitaine REVIN laisse approcher l'ennemi et ouvre le feu à 200 mètres. Les assaillants se dispersent, et la compagnie, qui a d'abord reculé de quelques pas, reprend sa position primitive ; mais, quelques instants après, une nouvelle colonne prussienne débouche par la route du Moulin et s'engage dans les bois qui bordent cette route. La 3ᵉ compagnie (capitaine DE MASCUREAU) se porte au secours de la grand'garde, et le colonel, prévenu qu'une nouvelle attaque était imminente, dirige sur ce point toutes les autres compagnies du 2ᵉ bataillon. Le commandant Pariset se met à la tête de ces compagnies et prend vigoureusement l'offensive. La lutte est acharnée, le bois est pris et repris ; les attaques à la baïonnette se renouvellent avec fureur ; mais les Prussiens reçoivent à chaque instant des renforts, et leur artillerie produit dans nos rangs des ravages épouvantables.

Le capitaine DE MASCUREAU tombe le premier et sa compagnie perd un peu de terrain ; mais le lieutenant BARDOL et l'adjudant FABRE DES ESTAVELS l'arrêtent, la ramènent au combat et reprennent à l'ennemi le terrain où gisait le cadavre du capitaine. Un moment après, le commandant PARISET est tué d'une balle au front ; le lieutenant-colonel DESHORTIES DE BEAULIEU reçoit un coup de feu dans le bas-ventre ; le sous-lieutenant SALTZMANN succombe à plusieurs blessures ; MM. FORCIOLI, BARDOL, GROS, DE GIVRY et CAILLARD sont blessés. Le capitaine JACQUOT a son cheval tué sous lui, est blessé lui-même, et revient au combat après avoir été pansé.

Le danger est imminent : que l'on cède sur ce point, l'aile droite est enlevée, et c'en est fait de la division de Lartigue.

Le colonel BOCHER engage successivement toutes les fractions qu'il trouve à portée : les sapeurs accourent pour dégager le drapeau que le sous-lieutenant MARIE, quoique blessé, les habits troués de balles, continue à porter fièrement devant les Prussiens. Le capitaine SAINT-MARC rallie autour du drapeau les débris du 2ᵉ bataillon.

Le capitaine adjudant-major HERVÉ est envoyé au général de division pour l'informer de la gravité de la situation et lui demander du secours. Le général de Lartigue nous donne un bataillon du 56ᵉ, déjà engagé sur notre extrême droite contre l'ennemi, dont les masses, semblables au flot qui monte, nous débordent constamment.

Le 1ᵉʳ et le 2ᵉ bataillon du 3ᵉ zouaves occupaient la partie orientale du Nieder-Wald ; le bataillon du 56ᵉ est envoyé sur la lisière Nord, au secours du 3ᵉ bataillon. Au moment où il entre en ligne, la position est encore à nous, grâce à la ténacité des officiers et des zouaves qui se font tuer sur place plutôt que de se rendre. Le capitaine DE SAINT-SAUVEUR se promène derrière les tirailleurs au pas de son cheval ; la fumée l'enveloppe ; les projectiles pleuvent autour de lui ; il semble défier la mort.

Cependant, les forces de l'ennemi se renouvellent à chaque

instant et de tous côtés, l'horizon est noir des masses allemandes, tandis que nous n'avons ni soutien, ni réserve, ni artillerie ; les munitions même commencent à manquer : un caisson venu avec le bataillon du 56ᵉ avait été vidé en quelques minutes.

La lutte se maintient dans ces alternatives jusque vers 2 heures de l'après-midi.

Dans la matinée, le 1ᵉʳ bataillon, combinant un effort avec le 1ᵉʳ bataillon de chasseurs à pied, avait tenté une attaque contre le moulin situé sur le Sauerbach et les hauteurs de Günstett, où une artillerie formidable s'était mise en batterie. Mais, à midi, les masses prussiennes se déploient aussi de ce côté. Le XIᵉ corps prussien, renforcé d'une division wurtembergeoise, se prépare, en effet, à envelopper l'aile droite du corps de Mac-Mahon, par Morsbronn, tandis que le Vᵉ corps prussien, le Iᵉʳ et le IIᵉ bavarois, écrasent le reste du 1ᵉʳ corps français. Les efforts de cette armée convergent sur Frœschviller et Elsasshaussen. La lutte devient inégale pour nos troupes. A la supériorité de l'artillerie s'ajoute celle du nombre. La division de Lartigue a engagé jusqu'à son dernier homme ; elle est impuissante à arrêter le mouvement enveloppant entrepris par l'ennemi.

C'est alors que le maréchal de Mac-Mahon lance à la charge les braves cuirassiers du général Michel. Les zouaves du 1ᵉʳ bataillon balaient le terrain de leur feu et appuient cette charge légendaire. Les cuirassiers ne reparaissent plus et les Prussiens reviennent à l'attaque.

Le commandant Charmes oppose, aux progrès de l'ennemi, les débris de son bataillon, auxquels viennent se joindre quelques tirailleurs algériens. Il se met à la tête de cette poignée d'hommes et s'élance, baïonnette au canon, sur les colonnes allemandes. Le sergent Larcher, de la 3ᵉ compagnie, tue un capitaine prussien d'un coup de baïonnette. Le commandant Charmes tombe mortellement frappé d'une balle au bas-ventre. Les lieutenants Lafont, Perret et Gasc, l'adjudant Rivière, sont blessés. Le retour offensif de ces quelques braves retarde les progrès de l'ennemi sur le plateau de Morsbronn ; ils rétrogradent bientôt sur la lisière de la forêt, pendant que les dernières fractions des autres corps de la division gagnent l'Eberbach.

Les masses prussiennes qui couvrent le plateau de Morsbronn s'élancent, tambour battant, contre la bordure Sud du Nieder-Wald. Le capitaine Henry cherche à contenir leur poursuite et tombe noblement au milieu d'une charge, qu'il conduit avec une énergie indomptable. Le bois est envahi par tous les points de la lisière Sud.

Le régiment était écrasé dans cette lutte héroïque. Pour en sauver les débris, le colonel Bocher ordonne au capitaine Saint-Marc de chercher un clairon, de faire sonner la retraite et de rallier tout le monde au-dessus de l'Eberbach. Mais la lutte se poursuivait avec acharnement dans le bois; le clairon n'était pas entendu et les zouaves faisaient des efforts désespérés pour briser le cercle de fer qui les étreignait.

Que de traits de courage, que d'exemples de vaillance resteront à jamais ensevelis sous l'ombre de ces bois! L'ardeur de la lutte, l'épaisseur du fourré, la nature accidentée du sol ont amené depuis longtemps le mélange des compagnies; toute direction, toute action d'ensemble sont impossibles; chaque officier, réunissant autour de lui le plus d'hommes qu'il peut, agit d'après sa propre inspiration et selon les nécessités du moment. Tantôt il se cramponne au sol avec son groupe, tantôt il se précipite avec fureur contre l'ennemi et le charge à la baïonnette.

Les clairons sonnent la retraite dans toutes les directions. A cet appel, quelques groupes sortent du bois avec le capitaine adjudant-major de Puymorin, les lieutenants Colonna d'Istria, Dufour, Utéza, Perret et Gasc; ces deux derniers sont blessés. Le capitaine de Saint-Sauveur, ramassé mourant, se fait déposer à terre et ordonne à ses hommes de rallier le drapeau. D'autres fractions voient la retraite coupée par l'ennemi et continuent à combattre. Tournant sur eux-mêmes, les malheureux abandonnés passent plus d'une fois du découragement à l'espérance et de l'espérance au désespoir. Repoussé de toutes parts, le capitaine Voisin rejoint la partie du bois où étaient réfugiés le capitaine Corps et le lieutenant Vermel. « Vous nous sauvez la vie, dit ce dernier au capitaine Voisin. » — « Pas pour lontemps, répond le capitaine, car nous sommes enveloppés de toutes parts. »

Il est trop tard, en effet, et tous ces groupes tombent successivement aux mains de l'ennemi vainqueur, mais non sans résistance et sans de nouvelles pertes.

C'est ainsi que le commandant Morlan, bien qu'entouré de tous côtés, brûle jusqu'à sa dernière cartouche avant d'être pris avec les 150 hommes restés debout autour de lui. C'est dans cette période de combats partiels que sont tués les capitaines Faval et Sorel; les lieutenants Boileau, Teyssèdre et Vermel; les sous-lieutenants Dousselin, Buche; l'adjudant Saint-Hillerin. Au nombre des blessés, nous comptons les capitaines Corps, Voisin, de Givry, Ducroquet, les lieutenants de Maussion et Blancq, les sous-lieutenants Muletier, Berthelet, Bousson, Canton, Schwœbel. Un grand nombre de sous-officiers et de zouaves qui, par leur valeur et leurs services passés, faisaient la gloire du 3e régiment, succombent dans les bois de Nieder-Wald.

Des hauteurs d'Eberbach, on aperçoit la marche progressive de l'ennemi ; les débris du régiment se retirent sur le village de Reichshoffen, que traversaient déjà les autres divisions du 1er corps.

De Reichshoffen, ils marchent sur Niederbronn et s'écoulent ensuite sur la route de Saverne.

Bien que vaincu à Wœrth, écrasé par le nombre, le 3e zouaves peut compter cette journée comme une des plus glorieuses de son passé : mieux que tous les éloges, ses pertes prouvent son héroïsme. Il a laissé dans le Nieder-Wald les deux tiers de son effectif et 43 officiers sur 57 ; il ne lui restait le lendemain que 415 hommes et 21 officiers ; 1,568 hommes avaient été tués ou blessés dans cette lutte de huit heures contre un ennemi quatre fois plus nombreux. Quelle réponse éloquente aux critiques malveillants qui ont mis la défaite du 1er corps sur le compte de l'indiscipline des troupes d'Afrique !

Lorsque sonnera de nouveau l'heure de la bataille, puissions-nous retrouver dans tous les régiments la ténacité et la bravoure de nos camarades, si nous voulons faire flotter notre drapeau sur les tombes des glorieux vaincus du Nieder-Wald !

Ainsi que nous l'avons déjà dit, les débris du régiment prennent à Niederbronn la route de Saverne. A Rothbach, le maréchal de Mac-Mahon félicite le 3e zouaves sur la vigueur de sa défense. Les hommes marchent toute la nuit et arrivent à Saverne dans la journée du 7 août. Le soir, 425 hommes et 21 officiers (1) étaient réunis autour du drapeau.

Cependant tout le monde ne suit pas cette direction ; quelques hommes du 1er bataillon réussissent à gagner Hagueneau et de là Strasbourg. Placés d'abord sous les ordres d'un officier de la ligne, ils forment ensuite une compagnie avec des zouaves du 2e régi-

---

(1) Ces officiers étaient : M. Bocher, colonel ; MM. les docteurs Burges et Maroy ; MM. les capitaines Saint-Marc, Hervé, de Puymorin, Jacquot, d'Aiguillon, Revin ; MM. les lieutenants, Vuillemenot, Collin, Strohl, Héméré, Colonna d'Istria ; MM. les sous-lieutenants Dufour, Utéza, Marie, Ducos, Greffier, Berthomier et Saint-Germier.

ment. Le lieutenant PERRET, blessé à Wœrth et sorti de l'ambulance avant sa guérison, demande et obtient le commandement de ce détachement.

On constitue un bataillon avec cette compagnie de zouaves et d'autres compagnies d'isolés (ligne, tirailleurs, chasseurs à pied). Chargée de la garde de la citadelle, la compagnie du lieutenant PERRET eut un homme sur quatre atteint par les bombes ; elle n'eût pas même la consolation de tirer un coup de fusil et passa son temps à essuyer le bombardement. Quelques hommes se réfugient à Bitche avec le lieutenant MERLIN, qui, plus tard, devait trouver la mort dans les rangs de l'armée du Nord ; d'autres enfin, égarés dans la retraite, rallient à Châlons le gros du régiment.

Retraite sur Châlons.

Après la bataille de Wœrth, le 1er corps d'armée se trouve hors d'état de reprendre la campagne avant d'être reconstitué ; il n'y a plus ni cadres dans les régiments, ni combattants dans le rang ; le maréchal de Mac-Mahon renonce à l'idée de défendre les Vosges et ordonne la retraite ; elle commence le 7 au soir par Sarrebourg. Les hommes n'ont pas de tente pour s'abriter contre la pluie torrentielle qui ne cesse de tomber ; les sacs sont restés sur le champ de bataille, les bagages ont été enlevés par l'ennemi, nous n'avons ni effets de rechange, ni même d'ustensiles pour faire la soupe. Les zouaves supportent toutes ces misères sans se plaindre. Le régiment prend le chemin de fer, le 15, à Neufchâteau et arrive le 16 au soir au camp de Châlons.

On distribue aussitôt aux hommes des cartouches, des effets d'habillement, du linge et chaussures, des havresacs.

L'arrivée d'un renfort de 550 hommes, conduits par le lieutenant LEBOURG et le sous-lieutenant REGNERY, permet de constituer 3 bataillons à l'effectif total de 1,000 à 1,100 hommes. Le général Ducrot prend le commandement du 1er corps d'armée et le maréchal de Mac-Mahon réunit sous son commandement les 1er, 5e, 7e et 12e corps formant l'armée de Châlons.

Le régiment reçoit au camp de Châlons un certain nombre de récompenses. M. BUGES, médecin-major de 1re classe, est nommé officier de la Légion d'honneur, et la croix de chevalier est accordée à MM. D'AIGUILLON, REVIN ; aux sous-lieutenants UTÉZA, DUFOUR ; à

M. Maroy, médecin aide-major ; au sergent-major Parès ; aux sergents Humbert et Richard.

Les sapeurs Baqué, Bernhard ; les caporaux-clairons Klein, Davin ; les sergents Pierson, Rouchon, Villard, Perraud ; les zouaves Vergnettes, Masson, sont décorés de la médaille militaire.

M. Méric, chef de bataillon au 48e de ligne, est nommé lieutenant colonel du régiment.

M. Saint-Marc, capitaine adjudant-major, est nommé chef de bataillon au 1er zouaves.

MM. Hervé, de Puymorin, sont nommés chefs de bataillon au régiment.

Les lieutenants Vuillemenot, Collin, Strohl, Héméré et Colonna d'Istria sont nommés capitaines.

Les sous-lieutenants Dufour, Utéza, Marie, Ducos, Greffier, Berthomier et Saint-Germier sont nommés lieutenants.

Enfin on donne l'épaulette de sous-lieutenant aux sous-officiers dont les noms suivent : Mehl, Langel, Foucard, Montroy, Bouchy, Bondis et Grémaud.

Marche sur Metz.

Le 21 août, l'armée quitte le camp de Châlons ; la place de Metz est l'objectif de la marche que l'on va entreprendre. Le maréchal de Mac-Mahon a reçu l'ordre de dégager l'armée du maréchal Bazaine, bloquée sous cette place, et d'opérer ainsi la jonction de toutes les forces militaires disponibles.

Le 26, le 1er corps arrive à Voncq-sur-l'Aisne.

Le 28, dans la matinée, le colonel Bocher, nommé général de brigade, quitte le régiment pour rejoindre son nouveau poste à l'armée de Paris. Depuis la bataille de Freschviller, le colonel Bocher avait tenu à cœur de partager la mauvaise fortune de ses soldats, et n'avait cessé de camper au milieu d'eux sous une simple tente-abri, se contentant pour nourriture de l'ordinaire du régiment. La perte causée par le départ du colonel fut donc vivement ressentie par les soldats comme par les officiers. Au moment même où le général Bocher quitte le 3e zouaves, les Prussiens font une démonstration du côté de Voncq. Des éclaireurs ennemis dirigent une reconnaissance sur le village et se retirent rapidement à notre approche. Le 1er corps va bivouaquer au Chêne-Populeux.

Le 29 août, le camp est établi à Raucourt ; le régiment forme l'arrière-garde; retardé dans sa marche par les bagages du 12e corps d'armée qui encombrent la route, il s'arrête à Villers, devant Raucourt. Le 30, l'ordre est donné de passer la Meuse : le régiment doit rejoindre la division de Lartigue à Remilly; mais, en arrivant à Autrécourt, le lieutenant-colonel Méric reçoit l'ordre de diriger le régiment sur Mouzon, pour y passer la Meuse. Il est 1 heure de l'après-midi quand le 3e zouaves arrive à Mouzon. Le canon commençait à tonner sur les hauteurs de la rive gauche, et des fuyards, sans armes ni bagages, jetaient partout l'alarme en racontant que le 5e corps avait été surpris et détruit à Beaumont. Le 12e corps était, depuis la veille, sur la rive droite; le maréchal de Mac-Mahon se trouvait au milieu du camp.

Après s'être mis à la disposition du commandant en chef, le colonel Méric reçoit l'ordre de prendre position sur une crête et de rester en réserve. Le maréchal fait disposer des batteries sur les hauteurs, pour protéger la retraite des débris du 5e corps. Le 3e zouaves ne doit quitter les hauteurs que lorsque les voitures d'artillerie et de bagages s'écoulant par les deux routes de Sedan auront dégagé le terrain.

Après avoir assuré l'exécution de ces dispositions, le régiment sert d'escorte au maréchal, et se retire en traversant les villages d'Amplimont, de Douzy et de Bazeilles; il arrive à 3 heures du matin dans Sedan; les tentes sont immédiatement dressées et les hommes peuvent goûter quelques instants de repos.

Le 31, vers 9 heures du matin, des batteries prussiennes établies sur les escarpements de la rive gauche de la Meuse canonnent la longue file de voitures échelonnées sur la route de Bazeilles à Sedan; quelques batteries françaises répondent au feu des Prussiens et l'action se borne, jusqu'à 3 heures, à un duel d'artillerie; pendant ce temps, le régiment reste en réserve sur les hauteurs.

Dans l'après-midi, le 12e corps vient prendre position au-dessus de Bazeilles, et l'infanterie de marine attaque vigoureusement les Bavarois qui avaient passé le pont et pénétré dans le village.

Dans cette même soirée, des forces prussiennes considérables sont signalées sur la rive droite de la Meuse. Le 3e zouaves abandonne alors les environs de Bazeilles, où il est devenu inutile, et se dirige sur les hauteurs qui séparent Givonne de la place de Sedan. Le soir, à 8 heures, le 1er corps d'armée est réuni tout entier sur ce point. Le feu a cessé sur toute la ligne. La nuit vient, et les lueurs de l'incendie de Bazeilles éclairent seules l'horizon.

Bataille de Sedan.

(1er Septembre.)

Le 1er septembre, à 4 heures du matin, l'action s'engage, du côté de Bazeilles, par une vive fusillade. Un brouillard des plus épais court le long de la Meuse, et empêche de distinguer le théâtre du combat. Tout le monde prend les armes.

Le 3e zouaves reçoit l'ordre de traverser un ravin escarpé, au fond duquel se trouve le village de Daïgny, et d'aller prendre position sur le plateau de la rive gauche. Mais déjà les bois qui couvrent ce plateau sont occupés par l'ennemi; les tirailleurs saxons en garnissent la lisière, et de nombreuses batteries en défendent les approches. Le régiment gravit, en toute hâte, le chemin creux qui conduit du village de Daigny au plateau. Le bataillon de tirailleurs du commandant Mathieu, protège par ses feux le déploiement du 3e zouaves; les batteries de la division s'appuient à sa droite et répondent au feu des batteries allemandes. La compagnie du capitaine Bustin s'établit en réserve et fournit la garde du

---

Nota. — Parmi les jeunes soldats accourus dans les rangs du 3e zouaves réorganisé au camp de Châlons, nous relevons les noms des deux frères Déroulède. Après nos désastres de Frœschwiller et de Forbach, M. Paul Déroulède, officier dans la garde mobile de Belleville, renonce à son grade et s'engage comme simple soldat au 3e zouaves. Il était l'aîné d'un jeune frère, André, encore au collège, mais ardent comme lui, et, comme lui, jaloux de concourir à l'œuvre de la défense nationale, dans les rangs les plus modestes de l'armée.

« Un jour, dit M. Jules Claretie, dans une notice biographique consacrée à l'auteur des *Chants du soldat*, « on vit arriver au camp de Châlons, où se reformait l'armée, une femme tenant un jeune homme imberbe par la main. C'était la mère qui dit à son fils aîné :

» — Ton frère veut combattre avec toi; je te l'amène!

» On marcha sur Sedan. Le régiment de zouaves — le 3e zouaves, celui de Palestro — essaya de percer les lignes allemandes; Paul Déroulède vit tomber son frère : il le prit dans ses bras, le porta près de là au pied d'un arbre, à l'abri, et, le laissant étendu, il retourna au combat. On le fit prisonnier. A Breslau, où on l'interna, il croyait son frère mort. Il réussit à s'évader, gagna la Bohème, rentra en France, demanda une arme encore à la patrie, et fit les campagnes de la Loire et de l'Est. Le lendemain du jour de l'attaque du château de Montbéliard, son nom fut mis à l'ordre de l'armée. Et, tandis qu'il combattait ainsi sur la frontière de Suisse, son frère, guéri, sauvé, était de ceux qui allaient arracher aux Arabes révoltés notre colonie africaine. »

(*Célébrités contemporaines.*)

drapeau. Lorsque le régiment a terminé ses mouvements prépara-
toires, le bataillon de tirailleurs se replie et les zouaves ouvrent
le feu sur toute la ligne.

Malheureusement, nos rangs s'éclaircissent bientôt, tandis que
les forces ennemies prennent un développement considérable.

De nouvelles batteries s'établissent en avant des bois, dessinant
une ligne enveloppante autour de l'armée française. Un vide se
forme entre notre droite et le village de Daigny : l'ennemi lance
aussitôt des compagnies, par groupes successifs, pour nous couper
notre ligne de retraite. Le commandant Hervé en rend compte
au général de Lartigue, qui lui donne l'ordre d'aller occuper
Daigny avec deux compagnies de son bataillon.

Au moment où ces deux compagnies, suivies bientôt des autres
compagnies du régiment, arrivent devant le village, elles y trouvent
le 1er bataillon de chasseurs à pied. Le général de Lartigue, qui
marchait avec les zouaves, leur donne l'ordre de remonter sur le
plateau. Mais l'ennemi a reçu de nombreux renforts et lorsque nos
tirailleurs débouchent pour la deuxième fois sur la crête, ils essuient
des feux très nourris de mousqueterie et d'artillerie. Les hommes
se jettent dans les jardins et cherchent un abri dans le parc qui se
trouve au fond du ravin. Le sous-lieutenant Bouchy tombe mortellement frappé. La fusillade éclate de tous côtés et fait de nombreux
ravages dons nos rangs.

Le régiment abandonne la rive gauche du ravin de Givonne et
gagne les hauteurs de la rive droite.

ÉTAT NOMINATIF DES OFFICIERS DU 3e ZOUAVES FAISANT PARTIE DE LA
FRACTION DU RÉGIMENT ÉCHAPPÉE DE SEDAN.

MM. Méric, lieutenant-colonel.
Colonna d'Istria, capitaine adjudant-major.
Buges, médecin-major de 1re classe.
Naroy, médecin aide-major de 1re classe.

MM.		MM.	
Jacquot,	capitaine.	Greffier,	lieutenant.
Bursin,	id.	Régnery,	id.
Collin,	id.	Lantelme, sous-lieutenant porte-dra-	
Strohl,	id.	peau.	
Dufour,	lieutenant.	Fourgard, sous-lieutenant.	
Utéza,	id.	Montroy,	id.
Berthomier,	id.		

Le 6 septembre, le capitaine Revin rejoint cette fraction du régiment.

Dans ce mouvement de retraite, les hommes s'égarent; à partir de ce moment, le 3ᵉ zouaves se trouve divisé en deux parties : le premier groupe rallie la compagnie du drapeau, avec le lieutenant-colonel Méric, dont le cheval avait été blessé.

Cette fraction, comprenant 17 officiers et 423 zouaves, franchit les lignes prussiennes à Fleigneux, longe la frontière belge et marche toute la nuit du 1ᵉʳ au 2 septembre, sous une pluie battante. Elle suit les chemins détrempés de la forêt de Rocroy, et atteint cette place le 2 septembre à minuit. De Rocroy, les zouaves gagnent Signy-le-Petit et Hirson, où l'on parvient enfin à organiser un train qui les débarque à Paris, le 5 septembre, à 6 heures du matin.

Le deuxième groupe, composé des deux premières compagnies dirigées sur Daigny et d'une partie du 3ᵉ bataillon commandée par M. de Puymorin, reste sous les ordres du commandant Hervé. Cette fraction se rallie au 3ᵉ tirailleurs.

A ce moment, le 1ᵉʳ corps exécute un mouvement général de retraite sur Illy. Le détachement du commandant Hervé suit la division L'Hériller dans la direction du bois de la Garenne.

Le général de Wimpffen prend le commandement en chef de l'armée et arrête la retraite; les différents corps ont l'ordre de reprendre les positions occupées le matin; mais il était trop tard pour rompre le cercle de feu qui se rétrécissait de plus en plus. Les troupes, enveloppées de toutes parts, ne peuvent tenir longtemps sous le feu redoutable des batteries ennemies. Le désordre arrive au comble sous cet ouragan de fer qui frappe sans relâche les batteries françaises, nos premières lignes d'infanterie et jusqu'à nos réserves. C'est en vain que la cavalerie se dévoue pour conjurer la catastrophe à laquelle l'armée française est déjà irrémissiblement vouée; elle succombe glorieusement dans les champs de Floing et de Cazal. Cependant le général de Wimpffen donne connaissance de ces dispositions à l'empereur Napoléon et le sollicite de venir se mettre au milieu de ses troupes, qui tiendraient à honneur de lui ouvrir un passage au travers de l'armée allemande. Il rallie autour de lui quelques fractions des 1ᵉʳ et 12ᵉ corps, et prononce un vigoureux retour offensif dans la direction de Carignan. Les débris du régiment, conduits par le commandant Hervé, prennent part à cette tentative de désespérés. Balan est enlevé aux Bavarois; mais l'élan des troupes se trouve bientôt complètement brisé par le feu écrasant de l'artillerie allemande. Sans espoir d'être désormais soutenu, et apprenant que le drapeau

blanc est hissé sur le sommet de la citadelle, le général en chef
se décide à ordonner la retraite. Le feu cesse sur toute la ligne et
les troupes vont s'établir sous les murs de Sedan. A 6 heures du
soir, tout était fini.

Le ralliement effectué, il reste à Sedan 10 officiers et 165 hommes du 3e zouaves ; le lendemain, ce faible détachement reçoit un
renfort de 350 hommes, amené d'Algérie par le lieutenant Dumont.
Cette fraction avait été retenue pendant la bataille de Sedan, pour
organiser la défense d'une des portes de la place.

Le 3e zouaves se reconstitue à l'aide de ce renfort, quand on
communique les conditions de la capitulation. D'après l'article 2,
les officiers sont libres de rentrer dans leurs foyers, sous la condi-
tion de s'engager sur l'honneur à ne pas servir contre l'Allemagne
et à ne nuire en rien aux intérêts de ce pays pendant toute la
durée de la guerre. Disons tout de suite qu'aucun des officiers du
régiment ne voulut se séparer de ses soldats et que tous déclarè-
rent qu'ils partageraient le sort de leurs hommes.

Captivité du 3e zouaves.

Le lendemain 3 septembre, par une pluie battante, tous s'acheminent tristement vers le lieu désigné par l'autorité prussienne.
Enfermés dans la presqu'île d'Iges, entre la Meuse et le canal,
sans abri et presque sans nourriture, sous un ciel sombre et glacé,
les débris du 3e zouaves préludent, par des misères et des priva-
vations de tous genres, à l'humiliation et aux souffrances d'une
longue captivité. Malgré les mauvais conseils de la faim et de la
fatigue, en dépit de l'affaiblissement moral qui avait gagné tout
le monde, les zouaves supportent ces épreuves avec résignation,
donnant ainsi à leurs officiers (1) un nouveau témoignage de leur
dévouement. Dans ces jours difficiles, il n'y eut pas un seul cas
d'indiscipline au régiment, malgré le pernicieux exemple que plusieurs corps affichaient.

---

(1) Les officiers restés à Sedan étaient : MM. Hervé, chef de bataillon
commandant le régiment ; de Puymorin, chef de bataillon ;

Jean d'Aiguillon, Revin, Vuillemenot (ambulance), Hemeré, des Ancherins (ex-capitaine du régiment, démissionnaire et engagé pour la durée de
la guerre), capitaines ;

Lebourg (ambulance), Dumont, Marie (ambulance), Saint-Germier, lieutenants ; Régnerie, sous-lieutenant.

Le 8, les officiers supérieurs sont séparés de leur troupe et reçoivent l'ordre de se rendre en Allemagne ; le surlendemain, les officiers subalternes et, successivement, les débris du régiment prennent le même chemin. Cette fraction du 3e zouaves est définitivement perdue pour la défense de la patrie.

Cependant, de nombreuses évasions s'effectuent dans le trajet de Sedan à Pont-à-Mousson. MM. Revin, capitaine, et Régnery, sous-lieutenant, peuvent rejoindre, à Paris, la partie du régiment qui a échappé au désastre avec le drapeau et le lieutenant-colonel Méruc. Cette fraction sert à former, avec des détachements divers, échappés de Sedan ou engagés volontaires, le noyau du 4e régiment de zouaves.

Le drapeau du 3e zouaves est déposé, par ordre du gouvernement, au musée d'artillerie.

Désormais, le gouvernement de la Défense nationale ne pourra opposer à l'invasion allemande que des soldats improvisés : les régiments de marche vont remplacer les vieux régiments de l'armée française, presque tous prisonniers de guerre ou bloqués à Metz. Mais qu'il nous soit permis, avant de fermer notre livre sur cette désastreuse journée de Sedan, de donner un dernier adieu aux glorieux débris de l'ancien 3e zouaves. Quelque tristes que soient les souvenirs qui s'attachent aux noms de Wœrth et de Sedan, nous ne saurions proclamer trop hautement les magnifiques dévouements, le courage sublime, les vertus admirables que montrèrent nos hommes dans ces jours de deuil. S'ils eussent été victorieux, on les aurait vus rentrer en triomphe dans nos villes. Méritent-ils moins d'hommages, maintenant qu'ils ont subi avec tant d'abnégation et d'énergie l'épreuve du malheur ? L'honneur du 3e zouaves est sauf, et le drapeau de Palestro reste sans tache. Au moment où l'armée française essayait, dans une tentative désespérée, de rompre le cercle de fer et de feu qui l'étreignait, l'héroïsme de nos soldats arrachait au roi de Prusse ces paroles d'admiration : « Oh ! les braves gens ! » Pour nous, fier d'appartenir à un régiment qui compte parmi ses enfants de pareils héros et de telles journées dans son histoire, nous ne pouvons nous empêcher de nous écrier : « Honneur aux vaincus ! »

CHAPITRE II

———

Depuis le commencement de la campagne, la fortune a trahi les généreux efforts de nos soldats à Wœrth et à Sedan.

Le 3ᵉ zouaves, l'ancien régiment de l'Alma, de Palestro et de San-Lorenzo, a vu, pour la première fois, son étoile pâlir. Après avoir connu les fatigues, les misères et les souffrances qui payent la victoire, il connaîtra maintenant les douloureuses épreuves de la défaite et de la captivité. Que reste-t-il de ses glorieux débris? Une poignée d'hommes à peine, groupés autour de son drapeau, et qui ont eu le rare bonheur de sauver cet emblème sacré et d'échapper au désastre de Sedan ; nous allons les retrouver au siège de Paris.

Tandis que l'ancien régiment s'achemine tristement vers les prisons d'Allemagne, un décret du gouvernement de la Défense nationale crée le 3ᵉ régiment de zouaves de marche, et décide qu'il sera formé à Montpellier. Les engagements volontaires, les compagnies de dépôt, les compagnies actives laissées en Algérie fournissent bientôt les hommes nécessaires au nouveau régiment. A peine organisés, les bataillons sont appelés successivement à prendre part aux opérations de l'armée des Vosges, et plus tard de l'armée de l'Est. L'étude de cette campagne suivra le récit du siège de Paris.

Création du régiment de zouaves de marche.

Nous avons vu, en suivant les péripéties de la désastreuse journée de Sedan, qu'une faible partie du régiment avait pu gagner la frontière belge, puis parvenir à Rocroy et Signy-le-Petit, d'où elle avait été dirigée par voie ferrée sur Paris. La capitale comptait beaucoup d'hommes, mais peu de soldats. Les débris des trois régiments de zouaves échappés de Sedan furent placés sous les ordres du colonel Fournes, du 1er zouaves, et organisés en un régiment de marche (1). Pour compléter à 2,000 hommes l'effectif du nouveau corps, on fit appel aux engagements volontaires. Les quelques échappés de Sedan furent bientôt noyés au milieu d'une foule de jeunes gens, sans instruction militaire, pour la plupart rebut de la grande ville, et qui, malheureusement, au lendemain d'une organisation hâtive, allaient être appelés à se mesurer avec les meilleures soldats de l'Allemagne : régiment sans homogénéité,

---

(1) Nota : Le groupement provisoire des fractions appartenant aux trois régiments de zouaves, échappées de Sedan, fut organisé définitivement en régiment de marche, par le décret suivant du 26 septembre 1870, sept jours après le combat de Châtillon :

« Le gouvernement de la Défense nationale, vu la loi du 14 avril 1832, l'ordonnance du 16 mars 1838 et le décret du 19 juillet 1870 ;
» Sur le rapport du Ministre de la guerre,

Décrète :

» Art. 1er. Un régiment d'infanterie de marche, qui prendra le titre de régiment de zouaves de marche, sera formé à Paris d'un bataillon de chacun des trois régiments de zouaves.
» Art. 2. Ce régiment sera à 3 bataillons de 6 compagnies ; il sera commandé par le colonel du 1er régiment de zouaves.
» Art. 3. Les bataillons du régiment de zouaves de marche porteront les numéros des régiments d'où ils proviennent. Ces bataillons relèveront, pour l'administration, des régiments de zouaves d'où ils auront été détachés.
» Art. 4. L'avancement aura lieu sur l'ensemble du régiment de zouaves de marche.
» Art. 5. Le régiment aura un sous-lieutenant adjoint au trésorier et une section hors rang.
» Art. 6. Le Ministre de la guerre est chargé de l'exécution du présent décret.

Fait à Paris, le 26 septembre 1870.

Le Président du gouvernement,
Gal Trochu.

partant, sans beaucoup de discipline et de solidité ; il allait donner un triste spectacle dans la journée du 19 septembre.

A peine organisé, le régiment de zouaves de marche est envoyé à Montretout, pour fournir des avant-postes de ce côté et aider à la construction de la redoute. Le 18 septembre au matin, le gouverneur de Paris donne l'ordre au lieutenant-colonel MÉRIC de se rendre de Montretout à Meudon, dans le but de défendre le château et les positions voisines.

A 10 heures, les zouaves arrivent au château de Meudon, occupé seulement par une compagnie d'infanterie, deux compagnies de mobiles et un détachement de gendarmes. Le lieutenant-colonel MÉRIC place immédiatement ses grand-gardes. Vers le milieu de la journée, la compagnie établie à la ferme de Dame-Rose échange quelques coups de fusils avec des tirailleurs prussiens qui débouchent du bois de Verrières.

ÉTAT NOMINATIF DES OFFICIERS DU NOUVEAU RÉGIMENT

État-major du Régiment.

MM. FOURNES, colonel.
MÉRIC, lieutenant-colonel.
COUDOUX, sous-lieutenant officier payeur.
PACOT D'YENNE, sous-lieutenant porte-drapeau.

1er bataillon.

ÉTAT-MAJOR.

MM. NOELLAT, chef de bataillon.
GILAN, capitaine adjudant-major.
BERGER, médecin-major de 1re classe.

MM.

1re compagnie.

CHÉTIEN, capitaine.
BÉZI, lieutenant.
TAVERNIER, sous-lieutenant.

2e compagnie.

ODIADI, capitaine.
LEROUX, lieutenant.
MARTENER, sous-lieutenant.

3e compagnie.

JALLANGAU, capitaine.
THIÉBAUD, lieutenant.
RÉCAUD, sous-lieutenant.

MM.

4e compagnie.

BARIER, capitaine.
PRIMAT, lieutenant.
HOUEL, sous-lieutenant.

5e compagnie.

DE PODÉNAS, capitaine.
LEVÊQUE, lieutenant.
SANTEAU, sous-lieutenant.

6e compagnie.

GONZALÈS, capitaine.
BROCINI, lieutenant.
GUERNE, sous-lieutenant.

Combat de Châtillon

(19 septembre.)

Des reconnaissances signalent la marche des corps prussiens sur Versailles : le général Ducrot conçoit aussitôt le projet de tomber sur le flanc des colonnes ennemies pendant qu'elles traversent les défilés de Bièvre et d'Igny.

Le lieutenant-colonel Méric reçoit l'ordre de réunir son régiment, le 19, à 5 h. 1/2 du matin, près de la ferme de Trivaux, et d'appuyer à l'extrême droite le mouvement de la 1re division du 12e corps.

La nuit se passe sans incident : le 19 au matin, les opérations prescrites la veille s'exécutent, mais le brouillard est si épais qu'on ne distingue rien devant soi. Les zouaves s'égarent en route et n'arrivent au rendez-vous qu'à 6 heures. Le lieutenant-colonel Méric reçoit un complément de munitions et fait distribuer 90 cartouches par homme.

Tout à coup, la fusillade éclate sur la droite, et trois ou quatre obus viennent tomber non loin de la ferme de Trivaux.

Les zouaves, pris d'une terreur panique, se dispersent. C'est en

---

2e bataillon.

ÉTAT-MAJOR.

MM. Prévault, chef de bataillon.

Mercier, capitaine adjudant-major.

Narvy, médecin aide-major de 1re classe.

MM.	MM.
1re compagnie.	**4e compagnie.**
Balle, capitaine.	de Méritens, capitaine.
Gaillac, lieutenant.	Lange de Peret, lieutenant.
Paguin, sous-lieutenant.	Rambaud, sous-lieutenant.
2e compagnie.	**5e compagnie.**
Mége, capitaine.	Soudei, capitaine.
de Boisson, lieutenant.	Roucheron, lieutenant.
Bresseroles, sous-lieutenant.	de Sehoën, sous-lieutenant.
3e compagnie.	**6e compagnie.**
Barilière, capitaine.	Pitfrois, capitaine.
Touriol, lieutenant.	Hébert, lieutenant.
Monteil, sous-lieutenant.	Chateau, sous-lieutenant.

vain que les officiers cherchent à les rallier, à les reformer. Ces malheureux, affolés, perdus, rentrent à Paris en criant à la trahison. Malgré ce funeste exemple, deux groupes de trois cents hommes environ, anciens soldats pour la plupart, se rallient autour du commandant Levy, du génie, et du capitaine Jacquot, du 3e zouaves. Grâce à l'énergie de leurs officiers, ces quelques centaines de zouaves tiennent jusqu'au dernier moment, vers Meudon et Fleury. Dans le rapport sur le combat de Châtillon, le général Ducrot signale la courageuse résistance de cette poignée de braves. « La supériorité de notre artillerie sur l'artillerie ennemie s'accentuait, lorsque tout à coup, vers la droite, quelques fractions de zouaves pris d'une folle panique se débandèrent et se jetèrent à travers bois ; depuis lors, je ne les ai plus revus. Mais j'ai appris que de grand matin (9 heures) les premiers fuyards rentraient dans Paris. Il y a lieu de faire exception pour la fraction appartenant au 3e régiment, qui, ralliée par des officiers, est rentrée au château de Meudon où elle s'est maintenue jusqu'au moment où elle a reçu l'ordre de rentrer dans Paris. »

La journée de Châtillon coûte au régiment 2 officiers blessés : MM. Utéza, lieutenant; Clément, sous-lieutenant, tous deux de l'ancien 3e zouaves ; 5 hommes tués et 21 blessés.

Le 10 octobre, une brigade de nouvelle formation, sous le com-

---

3e *bataillon*.

ÉTAT-MAJOR.

MM. Jacquot, chef de bataillon.

Colonna d'Istria, capitaine adjudant-major.

Lepage, médecin aide-major de 1re classe.

MM.	MM.
1re *compagnie*.	**4e *compagnie*.**
Revin, capitaine.	Dufour, capitaine.
Régnéry, lieutenant.	Montroy, lieutenant.
Foucard, sous-lieutenant.	Larcher, sous-lieutenant.
2e *compagnie*.	**5e *compagnie*.**
Strohl, capitaine.	Collin, capitaine.
Greffier, lieutenant.	Nehl, lieutenant.
Fournet, sous-lieutenant.	Clément, sous-lieutenant.
3e *compagnie*.	**6e *compagnie*.**
Burtin, capitaine.	Ducos, capitaine.
Berthomier, lieutenant.	Lantelme, lieutenant.
Rolin, sous-lieutenant.	Grimaud, sous-lieutenant.

mandement du général Berthaud, est mise à la disposition du général Ducrot, commandant en chef les 13ᵉ et 14ᵉ corps d'armée.

Le régiment de zouaves de marche en fait partie. Les zouaves sont placés dans la caserne de Courbevoie, et occupent la ligne de retranchements, depuis la Seine jusqu'à la voie ferrée de Versailles ; ils prennent part, les jours suivants, à des reconnaissances vers Bougival et Argenteuil.

Le 12 octobre, s'organise dans le régiment une compagnie d'éclaireurs volontaires, choisis dans les trois bataillons. Le capitaine STROHL, du 3ᵉ zouaves, en prend le commandement ; les lieutenants LEROUX, du 1ᵉʳ zouaves ; HÉBERT, du 2ᵉ ; MONTROY, du 3ᵉ, sont désignés pour commander les sections.

Le 17 octobre, le caporal LECOMTE est cité à l'ordre et nommé sergent ; un messager de l'armée, surpris par un poste prussien, avait eu sa barque coulée par la fusillade ennemie, en passant de la rive droite de la Seine sur l'île Marante ; ce malheureux, ne sachant pas nager, était dans l'île depuis quarante-huit heures.

Le caporal LECOMTE se jette à l'eau, met l'homme sur un tonneau trouvé près de l'île et, toujours nageant, le ramène à la rive ; à l'aller et au retour, les sentinelles ennemies lui tirent plusieurs coups de fusil qui ne l'atteignent pas.

Combat de la Malmaison.

(21 octobre.)

Le 21 octobre, le général Ducrot dirige une forte reconnaissance offensive sur la route de Bougival, dans le but de se rendre compte des positions de l'ennemi et de lui enlever quelques-uns de ses avant-postes. Les 2ᵉ et 3ᵉ bataillons du régiment de zouaves de marche reçoivent l'ordre d'attaquer la Malmaison par le Nord, tandis que d'autres troupes l'attaquent par le Sud.

A midi et demi, les différentes colonnes se mettent en marche. Les éclaireurs volontaires du régiment de zouaves sont à la station de Rueil, observant le pont de Chatou. Le 3ᵉ bataillon de ce régiment est en colonne derrière un groupe de maisons, à peu de distance du chemin de fer de Saint-Germain ; ces troupes doivent soutenir l'artillerie établie en avant du chemin de Rueil à la station. Les deux premières compagnies du 3ᵉ bataillon de zouaves, sous les ordres du capitaine REVIN, sont déployées en tirailleurs, le long d'un fossé courant de Rueil à la Seine, à 1 kilomètre en avant de l'artillerie.

Les 3ᵉ, 4ᵉ, 5ᵉ et 6ᵉ compagnies du 3ᵉ bataillon, sous les ordres du commandant JACQUOT, s'avancent par la route de Cherbourg et occupent successivement toutes les maisons de Rueil, qui bordent le côté droit de cette route.

Pendant que les troupes d'infanterie se préparent à l'attaque, nos batteries criblent de projectiles Bougival, la Malmaison, le château de Buzenval; à 2 h. 1/4, l'artillerie cesse son feu et nos têtes de colonne s'élancent en avant.

Le commandant JACQUOT, avec ses quatre compagnies de zouaves, débouche de Rueil; devant lui, à l'entrée de Bougival, la route est coupée par une solide barricade armée de canons et appuyée, d'un côté au mur du parc de la Malmaison, de l'autre à des constructions crénelées et à des tranchées couvertes par des abatis; il est impossible d'attaquer de front cette position.

Le général Berthaud ordonne aux zouaves de la tourner par le parc de la Malmaison. Le commandant JACQUOT traverse rapidement la route, sous le feu de la barricade, et s'élance dans le parc, à la tête de la 6ᵉ compagnie (capitaine Ducos).

Devant cette attaque subite, le poste prussien de la Malmaison prend la fuite et s'embusque derrière les fourrés du fond du parc. Le commandant JACQUOT, entraîné par ce premier succès, n'attend pas l'arrivée des autres compagnies de son bataillon et continue sa marche, le long d'un grand mur qui borde la route; mais il se trouve arrêté par une mare et des abatis s'étendant sur une grande largeur.

Déjà, le lieutenant LANTELME et quelques soldats sont blessés; le commandant JACQUOT n'a auprès de lui qu'une soixantaine d'hommes, avec le capitaine Ducos et le capitaine adjudant-major COLONNA D'ISTRIA.

A ce moment, débouchent dans le parc, par la grande rue et par des brèches que nos sapeurs viennent de pratiquer, des groupes de francs-tireurs et un bataillon du 36ᵉ de ligne. Attaqués de face et sur les deux flancs, les tirailleurs ennemis reculent vers la partie Ouest du parc.

Le commandant JACQUOT, toujours avec sa seule compagnie de zouaves, contourne la grande mare et se précipite vers une brèche du parc faite par l'ennemi, au pied d'un mamelon couronné de nombreux Prussiens.

Les zouaves, leurs trois officiers en tête (commandant JACQUOT, capitaines Ducos et Colonna d'Istria) s'élancent par cette brèche sous une pluie de balles ; ils gravissent au pas de course la pente couverte de vignes et s'arrêtent derrière un ressaut de terrain, à très petite distance des tranchées prussiennes. Des deux côtés, les combattants tirent sur les têtes qui paraissent au-dessus du sol. Le commandant Jacquot, les capitaines Ducos et Colonna d'Istria maintiennent leurs soldats par leur énergique exemple ; jetée, pour ainsi dire, au milieu des lignes ennemies, cette poignée d'hommes attend l'arrivée du 36e et des autres compagnies de zouaves (4e et 5e).

Les instants s'écoulent, le danger devient de plus en plus pressant et rien n'apparaît à la brèche par où doivent déboucher les secours... Un peu ébranlé par la vigoureuse attaque du commandant Jacquot, l'ennemi reprend confiance, prononce un retour offensif et cherche à couper les zouaves de leur ligne de retraite. Le commandant Jacquot envoie son adjudant-major demander du monde au général Berthaud.

Les francs-tireurs du 36e de ligne, les 4e et 5e compagnies de zouaves débouchent du parc et s'élancent, au pas de course, au secours du commandant Jacquot. Longtemps ce brave officier s'était maintenu sur sa position ; longtemps il avait résisté sur place à tous les efforts d'un ennemi dix fois plus nombreux ; mais pressé de toutes parts, se voyant sur le point d'être enveloppé, il s'était rabattu vers l'angle Sud-Ouest du parc, sans franchir cependant le ravin de Saint-Cucufa.

Dès qu'il aperçoit les tirailleurs du 36e en dehors du parc, il leur fait signe de venir à lui ; une vingtaine de francs-tireurs et de zouaves se portent de son côté ; les autres restent sur les pentes en avant de la brèche et font le coup de feu avec les nombreux tirailleurs prussiens postés à peu de distance.

A l'arrivée de ce léger renfort, l'héroïque commandant Jacquot, mettant son képi au bout de son sabre, fait sonner la charge, s'élance en avant : une soixantaine d'hommes le suivent et gravissent les pentes de la Jonchère au pas de course.

Mais de la crête part une pluie de projectiles. Nombre de nos soldats sont atteints. Le commandant Jacquot, blessé à l'épaule, maintient sa petite troupe par son indomptable courage ; plusieurs hommes ayant commencé à plier, le capitaine Ducos les ramène en criant : « A moi les zouaves ! » et, pendant quelque temps encore, nos soldats répondent à la fusillade des Allemands, sans parvenir toutefois à prendre le dessus. Déjà la moitié de son monde est tué ou blessé; l'ennemi, soutenu par de nouveaux renforts, gagne par sa gauche; au moment où il va être débordé, cerné, le commandant Jacquot reçoit une seconde blessure et roule à terre. Le capitaine Ducos se précipite pour l'emporter; deux coups de feu le mettent hors de combat. Le sergent-major Petit de Grand-Ville se dévoue; il court à son commandant et le met sur ses épaules; à peine a-t-il fait quelques pas qu'il tombe à son tour.

Soldats de la ligne, zouaves, se battent en désespérés sur les pentes de la Jonchère; mais le flot des Allemands ne cesse de grossir et bientôt tout ce qui reste des 6e, 5e et 4e compagnies de zouaves, des francs-tireurs, de la ligne, accablé par une fusillade des plus vives, redescend vers le parc, autour de la brèche; nos morts, nos blessés jonchent le sol; le capitaine Collin, du 3e zouaves (5e compagnie), est frappé mortellement; son sous-lieutenant Grémaud reçoit un coup de feu. Les braves qui luttaient encore allaient être faits prisonniers, lorsque l'arrivée d'un bataillon français produit un mouvement de retraite chez les Allemands. Nos tirailleurs entrent dans le parc de la Malmaison.

Ce fut le dernier épisode de ce rude combat de la Jonchère, où nos soldats, au nombre de deux ou trois cents, avaient vaillamment résisté, depuis 3 heures jusqu'à 5 heures, à des forces bien supérieures. La 6e compagnie du 3e bataillon de zouaves, celle qui marcha la première avec le commandant Jacquot, eut ses deux officiers blessés (Ducos, capitaine, et Lantelme, lieutenant) et 38 hommes hors de combat sur un effectif de 70.

Le commandant Jacquot, qui s'était conduit en véritable héros, succomba à ses blessures; sa mort fut un deuil général pour l'armée.

Le colonel du régiment, commandant provisoirement la brigade, annonça aux troupes la mort de cet ancien officier du 3e zouaves, par l'ordre suivant :

Ordre général.

« Le colonel, commandant la brigade, a la douleur de porter à la connaissance des troupes sous ses ordres la triste nouvelle que vient de lui transmettre le général en chef.

» Le regretté commandant Jacquot, frappé au combat de la Malmaison, a succombé à la suite de ses blessures, dans la nuit du 21 au 22 octobre. Chacun connaissait l'excellent camarade sur le compte duquel il ne nous est plus permis d'avoir les espérances qu'une affection si justement méritée s'était plu à entretenir dès le premier jour.

» Chacun le recherchait avec inquiétude, le soir du combat qui nous l'enlevait d'une façon si glorieuse; chacun pleurera aujourd'hui cette mort doublement douloureuse; car, si la patrie perd un de ses plus braves défenseurs, nous, ses camarades, nous perdons un ami qui sut toujours nous donner les bons exemples que nous n'oublierons pas et les preuves d'amitié dévouée dont le souvenir nous suivra partout.

» Le général en chef s'est empressé de saisir cette occasion pour donner au régiment de zouaves un témoignage de l'estime qu'il a su mériter depuis son organisation.

» Je vous prie, dit-il, d'exprimer à ce brave régiment le vif regret que j'éprouve de la mort de cet officier supérieur, dont le courage a été si remarquable et d'un si bon exemple.

» Joignons nos regrets à ceux que le commandant JACQUOT excite chez nos chefs et soyons toujours prêts à imiter le courage et l'abnégation de cet officier supérieur, dont le souvenir sera une des gloires de notre drapeau.

» Le colonel,
» Signé : FOURNES. »

Pendant que les 4e, 5e et 6e compagnies luttent vigoureusement dans le parc de la Malmaison, ou sur les pentes de la Jonchère, la 3e compagnie, établie dans la villa Dollinger, tient en respect le poste prussien de la barricade de Bougival.

Le 2e bataillon de zouaves, continuant à servir de soutien à l'artillerie de l'extrême droite, se rapproche de Bougival à mesure que l'artillerie s'avance par échelons dans la plaine.

Les éclaireurs des zouaves et les deux compagnies du capitaine REVIN (1re et 2e du 3e bataillon) se tiennent à quelque distance du pont de Chatou pour observer ce débouché, couvrir les derrières et le flanc droit de nos batteries.

L'ennemi a été repoussé bien au delà de Rueil; nos troupes, sérieusement engagées, ont fait généralement très bonne contenance; les zouaves en particulier se sont très bien conduits : leur énergie, leur ténacité nous consolent des tristes épisodes du plateau de Châtillon. A 7 heures du soir, toutes les troupes ont rejoint leurs cantonnements.

Création du 4ᵉ zouaves.

(28 Octobre 1870.)

Pour donner plus d'homogénéité aux régiments de marche, un décret du 28 octobre les constitue en régiments de ligne véritables. Chacun des nouveaux corps, placé sous les ordres d'un colonel ou d'un lieutenant-colonel, a dès lors une administration propre : les bataillons, les compagnies qui ont concouru à leur formation, en font définitivement partie et cessent de relever de leurs anciens régiments.

Les zouaves de marche deviennent le 4ᵉ zouaves sous le commandement du lieutenant-colonel MÉRIC. Ils font partie de la division BELLEMARE, du 3ᵉ corps, et prennent une part très brillante à la bataille de Champigny.

Leur histoire ne nous appartient plus ; mais, avant de terminer ce récit, nous emprunterons les lignes qui suivent au général DUCROT pour rendre un dernier hommage à des hommes dont quelques-uns avaient combattu sous les plis du drapeau du 3ᵉ zouaves. Il s'agit de l'attaque du plateau de Villiers, dans la première journée de Champigny :

« Les zouaves, qui s'étaient déjà si vaillamment comportés à la Malmaison, veulent, par un coup d'éclat, effacer tout souvenir, toute trace de ce qui s'est passé à Châtillon. Tête baissée, ils se précipitent sur le plateau : des murs, des fossés, des abris, jaillit un feu terrible ; la plupart tombent, les autres marchent, courent à travers une grêle de balles..... mais arrivés à 100 mètres du parc, ils sont foudroyés à bout portant. Devant eux se dresse une muraille qui ne cesse de vomir le fer et le feu ; force est de s'arrêter, de reculer. 16 officiers sur 18 et 311 hommes sur 600 sont hors de combat. Cependant ces braves n'ont pas inutilement versé leur sang ; ils ramènent les deux pièces de canon laissées le matin sur le plateau, faute d'attelages. » (Général DUCROT, *Défense de Paris.*)

La Malmaison ! Champigny ! saluons les vigoureux combattants de ces sanglantes journées. Le 3ᵉ zouaves peut se féliciter d'avoir contribué, pour une large part, à la gloire naissante du 4ᵉ régiment de zouaves.

CHAPITRE III

Le 3ᵉ zouaves à l'armée des Vosges (8 septembre 1870). — Le 3ᵉ zouaves au
20ᵉ corps. — Combat de Beaune-la-Rolande (28 novembre). — Combat de
Villersexel (9 janvier). — Bataille d'Héricourt (15, 16 et 17 janvier). —
Retraite dans le Jura.

Le 3ᵉ zouaves à l'armée des Vosges.

(Octobre 1870.)

Le 3ᵉ régiment de zouaves de marche est organisé à Montpellier par les soins du lieutenant-colonel Boisson, désigné pour commander le régiment.

Le 1ᵉʳ bataillon, placé sous les ordres du commandant DE Brême, achève sa formation le 8 octobre et part immédiatement en chemin de fer pour rejoindre à l'armée des Vosges. Arrivé le 11 à Remiremont, il est entraîné dans le mouvement de retraite du général Cambriels, sur Besançon. Le 17, le lieutenant-colonel Boisson amène le 2ᵉ bataillon du régiment nouvellement formé. Le 22, les deux bataillons vont s'établir sur les hauteurs de Châtillon-le-Duc ; ils prennent part au combat de Cussey et luttent jusqu'à la nuit pour repousser au delà de l'Ognon les reconnaissances prussiennes. Le régiment a, dans cette journée, 1 sapeur tué et 5 zouaves blessés.

Le 3ᵉ bataillon, parti de Besançon dans l'après-midi, était venu offrir son concours au lieutenant-colonel Boisson ; mais, lorsqu'il arriva sur le théâtre de l'action, l'obscurité naissante ne permettait pas de continuer le combat, le feu s'éteignait graduellement et les troupes prussiennes repassaient l'Ognon.

Le régiment séjourne à Besançon jusqu'au 7 novembre. Le commandant Hogenbill prend le commandement du 2ᵉ bataillon, et le commandant Vincent celui du 3ᵉ.

Le 3ᵉ zouaves au 20ᵉ corps.

Le gouvernement de la Défense nationale se préoccupe sérieusement de débloquer la capitale. Paris est l'objectif de toutes les
armées improvisées en province. L'armée des Vosges, devenue
l'armée de l'Est, dénomination à laquelle succède le titre de
20ᵉ corps, quitte Besançon le 7 novembre et va prendre à Chagny
le chemin de fer d'Orléans.

Le 3ᵉ régiment de zouaves de marche arrive à Gien le 18 novembre, à 2 heures du matin, et doit prendre part, avec le 20ᵉ
corps, aux opérations sur Pithiviers et Fontainebleau. Il fait
partie de la 2ᵉ brigade (colonel Vivenot) de la 2ᵉ division (général
Thornton).

Le 20 novembre, le lieutenant-colonel Boisson est nommé
colonel au titre auxiliaire et prend le commandement d'une brigade de la 1ʳᵉ division. Il est remplacé dans le commandement du
régiment par le commandant DE BRÊME, nommé lieutenant-colonel
à titre provisoire. A la suite de cette promotion, le commandant
HOGENBILL passe au 1ᵉʳ bataillon, le commandant VINCENT prend le
commandement du 2ᵉ, et le capitaine VANDENPUTTEN celui du 3ᵉ.

Le 20ᵉ corps reçoit l'ordre de marcher sur Beaune-la-Rolande
et de concourir, avec les 15ᵉ et 18ᵉ corps, au grand mouvement
sur Pithiviers, Fontainebleau et Paris.

Le 24, une reconnaissance prussienne pousse jusqu'à Bel-
legarde ; elle est vigoureusement reçue par le régiment de mobiles
du Haut-Rhin, soutenu par le 3ᵉ bataillon du 3ᵉ zouaves de
marche. Le 26, le 1ᵉʳ bataillon prend part au combat de Ladon et
refoule l'ennemi sur Beaune-la-Rolande.

Les Prussiens ont choisi comme position défensive les hauteurs
et les ondulations à pentes douces voisines de la ville ; le mur
d'enceinte est percé de créneaux et toutes les issues sont barricadées.

Une puissante batterie, établie à l'Ouest de Beaune, doit s'opposer à la marche de notre aile gauche. Des fermes, répandues
en grand nombre, des vergers, des broussailles, protègent les
approches de la ville qui forme en quelque sorte la clé de la
position.

Combat de Beaune-la-Rolande.

(28 novembre.)

Le 28 novembre, à 6 heures du matin, le régiment se porte de Saint-Loup à Bois-Commun. Le général Thornton, se mettant à la tête des 2e et 3e bataillons, marche sur Beaune-la-Rolande en suivant la route, tandis que le 1er bataillon se maintient à sa hauteur, mais à travers champs.

Arrivée à 1,500 mètres de Beaune, la colonne de gauche se trouve sous le feu de la batterie prussienne établie à l'Ouest de la ville. Les deux bataillons s'arrêtent et prennent position dans un petit bois situé à droite de la route. Les 1re et 2e compagnies du 3e bataillon se déploient en tirailleurs, ouvrent le feu sur la batterie, et la marche est aussitôt reprise dans un terrain difficile, couvert de vignes et sous une pluie de balles.

Pour précipiter le mouvement, qui se fait en colonne serrée, au lieu de s'exécuter en ordre dispersé, le colonel Vivenot, commandant la brigade, prescrit aux quatre dernières compagnies du 3e bataillon de mettre sac à terre et de courir sur Beaune ; cette marche rapide fait gagner quelques centaines de mètres, mais triple les pertes. L'attaque n'est nullement préparée par l'artillerie et nos soldats reçoivent les coups d'un ennemi invisible sans pouvoir lui riposter. Ils atteignent péniblement deux maisons placées à 300 mètres de la ville et les mettent rapidement en état de défense ; on pratique des meurtrières à coups de crosse de fusil.

Cependant, les 1er et 2e bataillons continuent la marche en avant sans parvenir à dépasser les maisons qui sont occupées par les quatre compagnies du 3e bataillon. L'ennemi tire à couvert et remplace ses feux individuels par des feux d'ensemble des mieux ajustés.

Vers 5 heures du soir, les Prussiens reçoivent des renforts. De nouvelles batteries, envoyées par le prince Frédéric-Charles, qui se trouvait aux environs de Beaune, forcent à la retraite la 1re division du 20e corps, placée à la gauche du régiment, et prennent d'écharpe les troupes qui attaquent la ville. Ces troupes reculent sous un feu d'artillerie des plus violents et subissent des pertes très sérieuses.

A 7 heures du soir, le général Crouzat, commandant le 20e corps, ordonne un nouvel effort, mais sans faire suffisamment préparer l'attaque. On forme une colonne, composée de tous les débris de la division : zouaves, mobiles du Haut-Rhin et des Deux-Sèvres. Ces braves gens se précipitent sur les murailles de Beaune-la-Rolande, en chantant des refrains patriotiques. Les Prussiens les laissent approcher jusqu'à 500 mètres, imitant nos commandements, et criant eux-mêmes : « En avant, les zouaves ! »

Ils exécutent ensuite, sur les têtes de colonne, des feux rapides qui déterminent la retraite.

La journée de Beaune-la-Rolande est honorable pour le nouveau régiment, qui avait à cœur de suivre les traditions de l'ancien ; elle nous coûte : 6 officiers tués, MM. Désanglois et Chevalier, capitaines ; Cornu, Khouraad, Hésé et Buchillot, sous-lieutenants ; 10 officiers blessés : MM. Vincent, chef de bataillon ; Chapsal, Darmagnac, Mélix et Marie, capitaines ; Martinais, Brunelli, Lavergne, Ruelle, lieutenants ; Mourier, sous-lieutenant ; 43 soldats tués, 264 blessés. Le colonel Boisson, qui venait de quitter le régiment, est tué à la tête de la brigade dont il avait pris le commandement.

Parmi les noms des officiers, figure celui du capitaine Marie ; porte-drapeau à Wœrth, le sous-lieutenant Marie avait eu les habits criblés de balles. Nommé lieutenant, il suit le 3ᵉ zouaves dans sa retraite sur Châlons, et dans sa marche sur Metz ; blessé grièvement à Sedan, les Prussiens le renvoient comme incapable de servir dans la guerre. Deux mois après, le lieutenant Marie est remis de ses blessures, et vient offrir sa vaillante épée au colonel Boisson, commandant le 3ᵉ régiment de zouaves de marche. Dans un an, nous retrouverons le capitaine Marie à l'attaque du plateau de Mestaoua, et comme à Wœrth, comme à Sedan, comme à Beaune-la-Rolande, le nom de ce courageux soldat va figurer dans la glorieuse liste des blessés.

Les débris du régiment se reforment, vers minuit, en arrière de Bois-Commun, autour du lieutenant-colonel de Brême.

Le 3ᵉ régiment de zouaves de marche séjourne à Mibelles, dans la forêt d'Orléans, jusqu'au 3 décembre. Le lieutenant-colonel Bernard prend le commandement du régiment en remplacement du colonel de Brême, nommé au 65ᵉ de marche.

Après la prise d'Orléans, le 20ᵉ corps gagne la rive gauche de la Loire, à Jargeau, et se retire vers le Sud. Le 10 décembre, il vient prendre position sur les hauteurs qui dominent Bourges ; le régiment est désigné pour y servir de soutien aux batteries de marine. Le froid est très rigoureux et les hommes font preuve de la plus grande énergie, au bivouac, dans la neige et sans abri, sous un ciel glacé.

Le 13, le commandant DUBUCHE prend le commandement du 3ᵉ bataillon, en remplacement du commandant VANDENPUTTEN, dont la nomination n'a pas été ratifiée.

Le 15, le général Crouzat remet le commandement du 20ᵉ corps au général Clinchant.

Le gouvernement de la Défense nationale, ayant échoué dans sa tentative de débloquer Paris, prépare un nouveau mouvement sur Belfort et les derrières des armées allemandes. Le 29 décembre, le 20ᵉ corps est dirigé, par voies ferrées, sur Dôle, pour prendre part aux opérations que le général Bourbaki doit diriger dans la région de l'Est.

Combat de Villersexel.

(9 janvier.)

Le 9 janvier, le 3ᵉ régiment de zouaves de marche est sérieusement engagé au combat de Villersexel. A peine le 20ᵉ corps arrive-t-il sur le théâtre du combat, que le lieutenant-colonel BERNARD franchit le ruisseau la Peute-Vue, et fait occuper, par le 1ᵉʳ bataillon, le village du Petit-Magny. Les deux autres bataillons garnissent la lisière des grands bois, sur la rive gauche du ruisseau. La canonnade s'engage presque immédiatement. Les compagnies du 1ᵉʳ bataillon, déployées en tirailleurs à l'Ouest du Petit-Magny, reçoivent les atteintes d'un feu violent; en quelques minutes, le sous-lieutenant COLOMER est blessé et 6 hommes sont mis hors de combat.

Vers 3 heures, le général Clinchant donne l'ordre au colonel BERNARD d'envoyer un bataillon sous les bois du Petit-Fougeret, faiblement gardés jusqu'alors et menacés en ce moment par les Prussiens. Le lieutenant-colonel dirige immédiatement, sur le bois, le 2ᵉ bataillon, commandé par le capitaine HEURTEUX. Les compagnies franchissent la Peute-Vue, sur des ponts improvisés, et se déploient en tirailleurs à la droite du 1ᵉʳ bataillon. La ligne entière se porte, avec entrain, sur Villersexel et culbute les tirailleurs ennemis qui garnissaient les vergers et défendaient les approches de la ville. Vers 4 h. 1/2, les zouaves atteignent les premières maisons, mais l'obscurité commence à nous envelopper, et le lieutenant-colonel BERNARD reçoit l'ordre de rentrer à

Petit-Magny, que le 3ᵉ bataillon était venu occuper. Les compagnies arrivent au bivouac, après une marche de nuit, que la neige et les fatigues de la journée rendent très pénible. Le combat de Villersexel coûte, au 3ᵉ zouaves de marche, 3 tués et 22 blessés, dont un officier. Le lieutenant-colonel Bernard cite, comme s'étant particulièrement fait remarquer : MM. Espinadel, capitaine ; Rolin et Bordier, lieutenants ; Colomer et Dumont, sous-lieutenants.

Le régiment ne prend pas part au combat de nuit qui nous livre Villersexel ; il reste cantonné au Petit-Magny.

La mauvaise saison, la configuration du théâtre des opérations, la difficulté de nourrir et d'abriter des troupes aussi nombreuses, retardent la marche de l'armée de l'Est. Le 13 janvier seulement, le général Bourbaki remet ses troupes en mouvement. Tandis que le 24ᵉ corps se dirige sur Arcy, le 20ᵉ corps gagne les environs de Saulnot et se heurte aux Prussiens. Le régiment occupe l'extrême gauche du champ de bataille et n'est pas engagé. Le soir, les deux premiers bataillons reviennent à Grange-le-Bourg, village que l'on avait traversé dans la matinée ; le 3ᵉ bataillon est laissé à Malval, un peu en arrière de la position occupée pendant le combat.

Après le combat de Villersexel, l'ennemi s'était replié derrière la Lisaine, et avait fortement occupé les hauteurs de la rive gauche. Le temps laissé disponible par l'inaction de l'armée de l'Est avait été mis à profit pour accroître la puissance défensive de la position. Les quelques combats d'avant-postes livrés dans la journée du 13 n'avaient pas interrompu les travaux.

Bataille d'Héricourt.

(15, 16 et 17 janvier.)

L'armée de l'Est se présente, le 15 au matin, devant les lignes allemandes. Les bois qui couvrent cette région permettent à nos troupes de s'avancer à couvert ; mais ils gênent leur déploiement et limitent à certains points les emplacements permettant de mettre en action des masses d'artillerie.

Aux termes des dispositions arrêtées par le commandant en chef, le général Clinchant, qui marche sur Héricourt avec le 20ᵉ corps, doit attendre, avant d'agir, les résultats du grand mouvement tournant que le général Billot est chargé d'exécuter avec le 18ᵉ corps et la division Crémer.

Il se borne donc tout d'abord à conserver le terrain gagné sur les hauteurs boisées, situées directement en face de la position ennemie, et à entretenir, de là, une canonnade très vive avec les batteries prussiennes.

En arrivant sur le champ de bataille, le lieutenant-colonel BERNARD reçoit l'ordre de porter en avant, au pas gymnastique, deux bataillons du 3ᵉ zouaves, et d'occuper solidement les bois et le village de Bians, que l'ennemi vient d'évacuer.

Les 1ᵉʳ et 2ᵉ bataillons sont chargés de cette mission, tandis que le 3ᵉ, massé en colonne serrée, forme réserve en arrière de la ligne des tirailleurs. Une batterie française arrive au grand trot et se déploie sous la protection de notre feu.

Au bout d'une heure et demie, les Prussiens reculent sur une seconde position; l'artillerie et nos tirailleurs prononcent un mouvement en avant; après une nouvelle canonnade, l'ennemi abandonne le village de Tavey et se replie sur la position même d'Héricourt.

Le 1ᵉʳ bataillon est rallié dans le bois de Bians, où il passe la nuit; les 2ᵉ et 3ᵉ bataillons vont occuper Tavey et les bois qui s'étendent au Sud du village. Cette journée coûte au régiment 2 tués et 5 blessés.

La nuit du 15 au 16, passée dans les bois par les trois bataillons, est très rigoureuse; la terre est glacée, et les troupes ne peuvent allumer des feux de bivouac; nos soldats veillent cette froide nuit d'hiver, les pieds dans la neige.

Le 16, dès le point du jour, les 2ᵉ et 3ᵉ bataillons se massent sur la lisière occidentale du bois de Tavey; le 1ᵉʳ bataillon quitte le bois de Bians et marche sur Tavey, pour rejoindre le reste du régiment. Le fond de la vallée est couvert d'un impénétrable brouillard, qui commence seulement à disparaître entre 11 heures et midi; l'artillerie française n'en avait pas moins ouvert son feu dès le matin à 9 heures; les divisions du 20ᵉ corps dessinent une attaque contre les positions allemandes d'Héricourt. Le 3ᵉ bataillon, seul, prend part au combat et subit des pertes sérieuses. L'attaque manque d'ensemble et demeure infructueuse. Les compagnies sont lancées successivement contre les retranchements de l'ennemi, protégés par des abatis et défendus par de puissantes batteries.

Cette journée coûte au bataillon 4 hommes tués et 36 blessés.

Dans la soirée, le lieutenant-colonel BERNARD tombe malade et remet le commandement du régiment au commandant HOGENBILL ; le commandant DUBUCHE, du 3ᵉ bataillon, entre à l'ambulance.

L'armée de l'Est a passé deux nuits au bivouac ou sous les armes ; les hommes sont restés en partie sans nourriture, et certains corps ont éprouvé des pertes sérieuses. Le 17, le général Bourbaki fait une dernière tentative ; le 20ᵉ corps reste en observation toute la journée ; le régiment n'est pas engagé. Les 18ᵉ et 24ᵉ corps, repoussés la veille dans leurs attaques sur les deux ailes de la position d'Héricourt, entretiennent seuls la canonnade ; mais tous les efforts demeurent sans résultat.

Le général Bourbaki se décide à battre en retraite.

Retraite dans le Jura.

Le mouvement rétrograde commence le lendemain matin, dans la direction de Besançon ; le froid, la neige, l'encombrement des routes, rendent la marche très pénible ; les bivouacs sont troublés par de fréquentes alertes. Le régiment arrive le 28 janvier, à 9 heures du soir, à Sept-Fontaines, après de cruelles souffrances. Le 29, il est cantonné à Bulle depuis deux heures, lorsque le bruit de la fusillade se fait entendre sur la droite, au village de Chaffois. Le régiment prend les armes pour soutenir les mobiles des Deux-Sèvres, qui viennent d'être attaqués ; la nouvelle d'un armistice de vingt-et-un jours fait cesser le combat.

On apprend dans la soirée que l'armistice conclu à Paris n'est pas applicable à l'armée de l'Est. Le 3ᵉ zouaves quitte ses cantonnements de Bulle à 11 heures du soir, et se dirige sur Pontarlier ; il atteint à minuit le village de Bannans et l'occupe militairement pendant que les équipages filent sur Pontarlier. La marche est reprise aussitôt après le passage du convoi. Le régiment traverse Pontarlier à 7 heures du matin, et arrive au fort de Joux, à 10 heures, après une des marches les plus pénibles de cette campagne. Les zouaves se reposent à peine depuis une heure, que l'ordre est donné de repartir dans la direction de Malbuisson. Le lieutenant-colonel BERNARD occupe ce village dans la soirée avec les 1ᵉʳ et 2ᵉ bataillons ; le 3ᵉ bataillon prend ses cantonnements au village de Chaudron.

Le 1ᵉʳ février, le régiment revient sur le fort de Joux, qu'il a quitté la veille. Arrivé à Montperreux, le lieutenant-colonel BER-

NARD reçoit l'ordre de mettre le village en état de défense et de couvrir la retraite de la brigade. Le canon retentit sur notre flanc droit, du côté de Cluses, où le 18e corps est aux prises avec l'ennemi ; des coureurs de cavalerie sont signalés sur la route de Malbuisson, au Sud ; la situation est critique, et nos malheureux corps d'armée sont placés dans la cruelle alternative de se réfugier sur le territoire suisse ou de tomber aux mains des Prussiens.

A midi, le colonel Vivenot, commandant la brigade, prescrit au lieutenant-colonel BERNARD d'abandonner le village de Montperreux et de suivre le mouvement général de retraite en passant par les Fourgs. Le 3e bataillon franchit la frontière vers 3 heures ; les débris des deux autres bataillons passent, au village des Fourgs, la nuit du 1er au 2 février, et pénètrent en Suisse le lendemain matin.

Les bagages du corps, laissés à Pontarlier, avaient pris la route des Verrières ; ils sont vivement pressés par l'ennemi et tombent en son pouvoir.

Le sous-lieutenant FABERT, officier payeur du régiment, avait eu la prévoyante idée de prendre dans la caisse les 18,000 francs qu'elle contenait et de passer la frontière. Cet officier avise le lieutenant-colonel de la perte de tous les bagages et de la comptabilité, mais de la conservation des fonds appartenant à l'Etat. Ces fonds furent versés, à Berne, par ordre de M. le général Clinchant, entre les mains de l'ambassadeur de France.

Le 3e régiment de zouaves de marche n'a tenu la campagne que pendant trois mois ; mais il peut être fier de compter, dans son histoire trop courte, les journées de Beaune-la-Rolande et d'Héricourt. Au milieu de circonstances particulièrement difficiles et pendant une saison exceptionnellement rigoureuse, il n'a cessé de montrer une abnégation, une énergie dignes des vieilles troupes de l'Alma et de Palestro. Au lendemain de la captivité, nous retrouverons le 3e zouaves de marche aux prises avec la terrible insurrection qui allait mettre l'Algérie en feu. Comme à Beaune-la-Rolande, comme à Villersexel, comme à Héricourt, il tiendra à honneur de soutenir les glorieuses traditions de l'ancien régiment.

CHAPITRE IV

Création du 4ᵉ zouaves de marche. — Combat de Mont-Lavernois (6 janvier).
— Bataille d'Héricourt (15, 16 et 17 janvier 71). — Retraite sur Besançon et
Pontarlier. — Retraite sur Gex.

───────

Création du 4ᵉ régiment de zouaves de marche.

Pendant que le 4ᵉ régiment de zouaves, nouvellement organisé,
prend une part brillante à la défense de Paris, le gouvernement
de la Défense nationale crée en province, par décret du 18 novembre 1870, un 4ᵉ régiment de zouaves de marche. Il devait être
formé de 3 bataillons à 6 compagnies, sans dépôt, avec les éléments pris dans chacun des trois anciens régiments de zouaves.
Le 1ᵉʳ zouaves fournit 6 compagnies, le 2ᵉ zouaves 7 compagnies
et le 3ᵉ zouaves 3 compagnies.

La 8ᵉ compagnie du 2ᵉ bataillon (capitaine PENOT), la 8ᵉ compagnie du 3ᵉ bataillon (capitaine BOERNER) et une compagnie de
formation nouvelle (capitaine HANOTEAU), sont désignées pour
faire partie du nouveau régiment de marche, par décision du
gouverneur général de l'Algérie, en date du 21 novembre 1870.
Le détachement du 3ᵉ zouaves s'embarque à Bône, le 7 décembre, sous le commandement du capitaine PENOT, à l'effectif de
9 officiers et 432 hommes. Il rallie à Bourges, le 14 décembre, la
portion déjà organisée du 4ᵉ régiment de zouaves et se place sous
les ordres du colonel Ritter. Les trois compagnies fournies par le
3ᵉ zouaves forment le demi-bataillon de droite du 2ᵉ bataillon;
le demi-bataillon de gauche fut constitué plus tard avec des
compagnies du 47ᵉ de ligne.

Lorsque le détachement du 3ᵉ zouaves vint offrir son précieux
concours au colonel Ritter, le 4ᵉ régiment de zouaves de marche
avait écrit déjà une belle page de son histoire.

Il appartenait au 18ᵉ corps d'armée (1ʳᵉ brigade de la 3ᵉ division), et quelques jours après l'évacuation d'Orléans, s'était signalé au combat de Neuvoy, où une colonne de plusieurs milliers d'hommes serrait de trop près l'arrière-garde du 18e corps. Le général Billot, qui dirigeait la retraite, avait repoussé l'ennemi. Les zouaves du 4e régiment soutinrent l'effort de la lutte pendant quatre heures. A peine organisé, le nouveau corps montrait ce qu'on pouvait attendre de son énergie et de sa valeur.

Le programme du gouvernement de la Défense nationale venait d'échouer malheureusement à Orléans. Nous avons vu, dans le chapitre précédent, que le général Bourbaki avait été chargé de diriger dans l'Est la première armée de la Loire pour produire une diversion et faire lever le siège de Belfort. Les 15e, 18e et 20e corps étaient appelés à prendre part à ces nouvelles opérations. Le 23 décembre, le 18e corps commençait son mouvement par voie ferrée.

Le 1er janvier 1871, le 4e zouaves de marche passe la Saône à Auxonne; le 2, il traverse l'Ognon sur la glace, à Pesmes; le colonel Ritter, qui avait donné au nouveau corps une si heureuse impulsion, fait une chute et se casse la jambe. La marche sur Vesoul continue les jours suivants.

Combat de Mont-Levernois.

(6 janvier.)

Le 6 janvier, le 2e bataillon du régiment reçoit l'ordre de reconnaître le village de Mont-Levernois, supposé occupé par l'ennemi. Il part à 8 heures du soir, par un temps affreux, et s'avance jusqu'à 300 mètres du village. La 2e compagnie (capitaine BOERNER) se déploie en tirailleurs et lance des patrouilles en reconnaissance; l'une d'elles, arrivée à 20 pas des premières maisons, reçoit une décharge de mousqueterie. Le feu s'engage aussitôt; la compagnie déployée tient ferme; tandis que la 1re compagnie la prolonge sur la droite, la 3e compagnie reste en soutien à 300 mètres en arrière. On se fusille ainsi une partie de la nuit, l'ordre étant de ne pas entrer dans le village. Le lendemain, à la pointe du jour, une reconnaissance de la 2e compagnie pénètre dans Mont-Levernois, que l'ennemi avait évacué, emportant une quinzaine de blessés et y laissant 3 morts.

Le 9 janvier, le 18e corps prend part au combat de Villersexel; le 4e régiment de zouaves n'est pas engagé.

Bataille d'Héricourt.

(15, 16 et 17 janvier.)

Le 15 janvier, l'armée de l'Est est arrêtée dans sa marche sur Belfort par le corps d'armée allemand de Werder, qui a pris position sur les hauteurs en arrière de la Lisaine. La lutte devait durer trois jours, se réduisant sur certains points à de simples duels d'artillerie, et prenant, sur d'autres, le caractère de mêlées d'infanterie où nos soldats se battirent, disent les officiers prussiens, avec un acharnement sans exemple dans les annales militaires. Le plan d'ensemble adopté par le général en chef était une marche directe à la fois sur Héricourt et Montbéliard, combinée avec un mouvement tournant de l'aile gauche formée par le 18ᵉ corps et la division Crémer.

Des erreurs de direction et le mauvais état des chemins, rendus glissants par la neige et la glace, retardent, dans la journée du 15, l'entrée en ligne du 18ᵉ corps.

Le 16, au matin, le 4ᵉ zouaves de marche est dirigé sur le village de Chagey, avec une section de montagne et un bataillon du 81ᵉ régiment de mobiles en soutien. Cette colonne est sous les ordres du lieutenant-colonel DE BOISFLEURY, commandant le régiment. La 1ʳᵉ compagnie du 2ᵉ bataillon fournit les flanqueurs de droite; les 2ᵉ et 3ᵉ compagnies, renforcées d'une compagnie du 47ᵉ de ligne commandée par M. LANES, lieutenant au 4ᵉ zouaves, sont déployées en tirailleurs. Elles commencent le feu à 300 mètres du village, qui est fortement occupé et qui a été mis en état de défense. Les avant-postes ennemis se replient, les deux pièces de montagne sont mises en batterie dans le chemin qui conduit à Chagey à travers les bois; mais elles ne produisent aucun effet; une pièce est alors portée sur la ligne des tirailleurs, les servants tombent bientôt mortellement frappés et la pièce est reportée en arrière.

Pendant ce temps, les trois compagnies du 2ᵉ bataillon, déjà engagées, et le 3ᵉ bataillon tout entier redoublent d'efforts pour pénétrer dans le village; mais leur élan vient se briser devant les murs qui abritent un ennemi supérieur en nombre, presque invisible et tirant à coup sûr.

En une demi-heure, les compagnies laissent sur le terrain la moitié de leur effectif; les capitaines HANOTEAU et FRANCHEL, le lieutenant BOULAY, le sous-lieutenant BRAGEUX sont tués; les capitaines Boerner, Pierre, Bourgougnon et le sous-lieutenant Germond sont blessés ; plus de 200 zouaves sont mis hors de combat.

L'ennemi prend l'offensive à son tour et tente des sorties qui sont repoussées. Les zouaves soutiennent la lutte jusqu'à la nuit, conservant les positions prises dès le début, à 300 mètres devant le village. Le lieutenant-colonel de Boisfleury attend, pour renouveler l'assaut, la réussite des attaques faites sur les flancs de l'ennemi.

Mais les chances de la bataille nous sont contraires et les deux bataillons du 4e zouaves de marche passent la nuit sous les armes, sur le terrain de combat, à quelques centaines de mètres des grand'-gardes prussiennes.

Le 1er bataillon, pendant toute cette journée, était resté en soutien de l'artillerie de la division.

Le 17, le régiment tout entier est massé devant Lüze, sur la route de Chagey et à deux kilomètres de ce village, prêt à une nouvelle attaque. Le général en chef avait ordonné une offensive générale sur tout le front ennemi.

Malheureusement, le renouvellement de nos tentatives ne produit aucun résultat, malgré la vigueur avec laquelle elles sont conduites. A Changey, le 18e corps ne peut enlever la position, par suite de la difficulté d'amener l'artillerie en ligne. Il en résulte que le mouvement tournant de gauche, sur lequel le général en chef comptait toujours, ne peut s'effectuer, et cette circonstance achève de lui faire envisager le succès comme impossible. En dehors des pertes causées par le feu de l'ennemi, le froid, la neige, les marches et le bivouac éprouvent cruellement les troupes depuis trois jours. Le général Bourbaki se décide à ramener son armée sur Besançon.

Retraite sur Besançon et Pontarlier.

Le mouvement de retraite commence le lendemain 18, de grand matin. Le 21 au soir, le 18e corps arrive sous les murs de Besançon.

On apprend qu'une armée prussienne est en marche pour nous couper de Lyon ; le 18e corps quitte Besançon le 26 janvier et prend la direction de Pontarlier. Le pays est couvert de neige ; les routes sont encombrées ; les troupes, démoralisées par le froid et la fatigue, souffrent cruellement.

Le 29, le 4e zouaves de marche occupe Vuillesin, près de Pontarlier. On apprend qu'un armistice vient d'être conclu et le mouvement rétrograde s'arrête aussitôt. Quelques escarmouches avaient eu lieu dans la matinée à Chaffois, à Sombancourt. Le 4ᵉ zouaves de marche s'était porté au secours des troupes surprises dans leurs cantonnements ; mais, à la nouvelle de l'armistice, le général Clinchant, qui avait succédé au général Bourbaki dans le commandement en chef de l'armée de l'Est, s'était empressé de faire rompre le combat. Le lendemain, le bruit se répand que l'armistice ne s'applique pas aux opérations commencées dans les départements du Jura et du Doubs.

Le général Clinchant, qui comptait conserver l'armée de l'Est à la défense nationale en assurant sa marche jusqu'à Lyon, à travers les montagnes du Jura, annonce à ses troupes, dans un ordre du jour, les funestes effets de cette erreur : « Tandis que notre croyance à l'armistice, qui nous avait été notifié et confirmé à plusieurs reprises par notre Gouvernement, nous recommandait l'immobilité, les colonnes ennemies continuaient leur marche, s'emparaient des défilés déjà en nos mains et coupaient ainsi notre ligne de retraite.

» Il est trop tard, aujourd'hui, pour accomplir l'œuvre interrompue ; nous sommes entourés par des forces supérieures, mais je ne veux livrer à la Prusse ni un homme ni un canon. Nous irons demander à la neutralité suisse l'abri de son pavillon ; mais je compte, dans cette retraite vers la frontière, sur un effort suprême de votre part ; défendons pied à pied les derniers échelons de nos montagnes, protégeons les défilés de notre artillerie et ne nous retirons sur un sol hospitalier qu'après avoir sauvé notre matériel, nos munitions et nos convois.

« Soldats, je compte sur votre énergie et sur votre ténacité. Il faut que la patrie sache bien que nous avons tous fait notre devoir jusqu'au bout, et que nous ne déposons les armes que devant la fatalité. »

Le général Billot est chargé de couvrir la retraite de l'armée de l'Est avec le 18ᵉ corps. Les troupes sont dirigées les unes sur Jougne, les autres sur les Fourgs, et les moins avancées, ainsi que tout ce qui restait à Pontarlier, sur les Verrières.

Le 31 janvier, le 4ᵉ zouaves de marche prend position aux grands Fourgs, village à trois kilomètres de la frontière suisse.

L'armée de l'Est franchit la frontière le lendemain, sous la protection des troupes d'arrière-garde.

La journée du 1ᵉʳ février, la dernière de la campagne, est, en même temps, l'une des plus pénibles. Aux souffrances physiques vient se joindre, chez tous, la douleur d'abandonner le sol de la patrie.

Retraite sur Gex.

Le 4ᵉ zouaves de marche devait suivre l'armée de l'Est dans sa retraite; mais, au moment de partir, le lieutenant-colonel de Bois-FLEURY réunit le régiment et propose à tous les hommes de bonne volonté de rester en France, en se frayant un passage à travers les lignes ennemies. Tous, officiers et soldats, répondent sans hésitation à cet appel. A 4 heures du soir, le régiment se met en marche, les zouaves n'emportent que du biscuit et des cartouches.

A 3 heures du matin, le régiment arrive à Mouthe, après avoir traversé plusieurs villages occupés par l'ennemi; les avant-postes surpris n'avaient opposé aucune résistance. Les hommes se remettent en route, après un repos de quatre heures, et vont bivouaquer dans la soirée à la Chapelle-sous-Bois.

Le lendemain, le régiment marche sur Bois-d'Amont, dans le Jura. Le 4 février, il s'engage entre le fort des Rousses et la frontière suisse, suit la vallée des Dappes jusqu'au col de la Faucille et arrive à Gex.

Le 4ᵉ régiment de zouaves de marche était libre désormais et prêt à concourir de nouveau à la défense du territoire.

De Gex, le 4ᵉ zouaves est dirigé sur Grenoble et cantonné dans les environs de cette place. Le 28 février, il est envoyé à Bourgoin, où il séjourne jusqu'au 22 mars après avoir reçu quelques renforts.

Le lieutenant-colonel DE BOISFLEURY communique au régiment les lettres élogieuses que lui ont adressées le général Billot, commandant le 18ᵉ corps, et le général Bonnet, commandant la 3ᵉ division du 18ᵉ corps.

TÉLÉGRAMME DU GÉNÉRAL BILLOT

« Félicitations en mon nom à tous vos officiers, sous-officiers et zouaves, pour leur admirable conduite. Je demande à les avoir encore sous mes ordres. J'espère être assez heureux pour pouvoir obtenir, en faveur du 4ᵉ zouaves de marche, les récompenses qu'il a si dignement gagnées depuis le commencement de la campagne.

» Signé : BILLOT. »

LETTRE DU GÉNÉRAL BONNET, COMMANDANT LA 3ᶜ DIVISION DU 18ᶜ CORPS

« Recevez toutes mes félicitations, pour vous, pour vos braves et dignes officiers, ainsi que pour tous vos sous-officiers et soldats qui ont si dignement couronné leur conduite pendant cette rude campagne, qui, certainement, se serait terminée autrement pour la France, si tous les corps qui composaient notre malheureuse armée s'étaient conduits comme le 4ᵉ régiment de zouaves de marche. Dites à vos sous-officiers et soldats que je suis fier d'avoir eu l'honneur de les commander, et que je n'ai qu'un regret : c'est que mes forces ne m'aient pas permis de partir avec eux, quand ils ont voulu tenter de passer au pays de Gex, en affrontant tous les périls. Je me mets à votre disposition, tant pour vous que pour votre régiment; je ferai tout ce qui dépendra de moi pour lui être utile. Je serai toujours très heureux de m'associer à vos succès. J'espère que, de ce côté, vous conserverez un bon souvenir de votre général, qui n'oubliera jamais le 4ᵉ zouaves de marche.

» Signé : BONNET. »

Le 23 mars, le régiment est dirigé sur Lyon, puis sur Marseille. Arrêté au Pas-des-Lanciers, par suite des événements de la commune de Marseille, il en repart le 25 et arrive le même jour à Toulon. Le 1ᵉʳ avril, il s'embarque pour l'Algérie, où vient d'éclater une terrible insurrection.

Avant de rendre aux trois anciens régiments les compagnies qu'il leur a empruntées, le 4ᵉ zouaves de marche est appelé à de nouvelles privations, à de nouvelles fatigues, à de nouveaux combats.

Après la rude campagne d'hiver, sur les hauts plateaux du Jura, il va reprendre les armes en Algérie, pendant la saison des plus fortes chaleurs; mais ces dernières épreuves, nous le verrons bientôt, ne serviront qu'à confirmer la brillante réputation que le 4ᵉ zouaves de marche a su acquérir dans l'armée de l'Est.

LIVRE VI

INSURRECTION DE 1871

CHAPITRE Ier

Débuts de l'insurrection (janvier 1871). — Colonne de Souk-Arrhas (janvier).
— Colonne de Tébessa (mars). — Opérations dans la Medjana et le cercle
de Sétif (mars-juin). — Opérations dans le cercle de Batna (avril-mai 1871).
— Attaque du plateau de Mestaoua (21 mai). — Opérations autour de Takitount et Seddouck (juin-juillet 1871), dans le Hodna (août 1871). — Opérations dans le cercle de Batna (septembre 1871). — Opérations dans le
Bou-Thaleb et les Maadhid (7 octobre 1871). — Opérations dans la Kabylie
orientale (juillet-août 1871). — Colonne de l'Aurès (novembre-décembre). —
Opérations dans la province d'Alger, par le 4e zouaves de marche (avril-
septembre 1871).

Débuts de l'insurrection.

(Janvier 1871.)

A la nouvelle de nos désastres, les populations indigènes de
l'Algérie, ne croyant plus à la puissance de la France, se préparent
à secouer le joug. Des mesures intempestives prises dans la colonie avivent leurs rancunes en même temps que nos troubles inté-
rieurs augmentent leur confiance. Au milieu du mois de janvier 1871, les spahis d'Aïn-Guettar refusent formellement d'aller
combattre en France; ils enlèvent leurs tentes et se réfugient,
avec leurs familles, en dehors du territoire de la smala. Les tribus

voisines se précipitent dans le mouvement, et la révolte, d'abord purement militaire, prend tout à coup le caractère d'une insurrection générale.

Pour faire face à cette levée de boucliers, l'autorité militaire était à peu près désarmée; presque toutes les troupes d'Algérie avaient été envoyées en France. A cette époque, le régiment se composait en majeure partie de jeunes Alsaciens et Lorrains, fuyant la domination prussienne; chaque courrier débarquait à Philippeville un certain nombre de ces jeunes gens qu'on organisait aussitôt en compagnies provisoires et qu'on mettait en route au fur et à mesure qu'ils étaient habillés et armés. Pendant les marches, des chefs, souvent improvisés, profitaient des repos pour apprendre aux soldats à charger leurs armes. Lorsque la paix fut signée entre la France et la Prusse, les prisonniers de guerre reçurent l'ordre de se rallier à Philippeville, où devait s'opérer la fusion de l'ancien 3e zouaves et du 3e zouaves de marche; mais l'insurrection de la Commune en fit suspendre la rentrée à plusieurs reprises, les Prussiens croyant devoir prendre des garanties contre toute tentative de retour offensif. Le 3e zouaves ne pouvait donc mettre en ligne, au début, que quelques jeunes gens, victimes de l'invasion allemande, qui ne connaissaient de la guerre que les malheurs dont ils avaient été les témoins dans leurs villages incendiés.

Quelques compagnies furent composées d'engagés volontaires pour la durée de la guerre, hommes sur lesquels on ne pouvait compter, sauf de très rares exceptions, affichant l'indiscipline et l'insolence, et refusant de marcher sous prétexte que, la paix étant signée, ils ne devaient plus rien au pays. Tels furent les soldats appelés à porter les premiers coups à la plus formidable insurrection qui ait jamais menacé notre conquête.

Mais bientôt les prisons d'Allemagne nous rendirent les anciens soldats qui, sous le drapeau de l'ancien régiment ou dans les rangs du 3e zouaves de marche, avaient vaillamment soutenu notre vieille réputation; ils allaient faire oublier, par leur énergie et leur intrépidité, les actes d'indiscipline et de lâcheté dont se rendirent coupables les zouaves improvisés de Philippeville.

Le lieutenant-colonel Bernard, rentré de Suisse avec les éléments du 3e zouaves de marche, s'occupa activement de réorganiser les anciennes compagnies et de former de nouvelles compagnies de marche, qu'il envoyait aussitôt sur tous les points de la province.

— 195 —

Les commandants Morlan, Hervé, de Puymorin, de l'ancien régiment, Hogenbill, Vincent et Dubuche, du 3ᵉ zouaves de marche, se trouvèrent bientôt réunis à Philippeville et vinrent offrir leur concours au lieutenant-colonel. Depuis le jour où les spahis d'Aïn-Guettar levèrent l'étendard de la révolte, jusqu'au jour où les derniers rebelles rentrèrent dans le devoir, le 3ᵉ zouaves fournit des détachements (anciennes compagnies réorganisées, compagnies provisoires, compagnies de marche) à la plupart des colonnes expéditionnaires qui furent successivement organisées dans la province de Constantine.

Raconter le rôle que joua le régiment pendant cette période d'agitation, de troubles, de guerre, qui dura plus d'une année, c'est donc écrire l'histoire de l'insurrection de 1871.

Colonne de Souk-Arrhas.

(Janvier 1871.)

A la nouvelle des événements d'Aïn-Guettar, une colonne est formée sous les ordres du général Pouget, commandant la subdivision de Bône. Le 22 janvier, les 1ʳᵉ et 2ᵉ compagnies de marche du régiment, commandées par les sous-lieutenants Chanlaire et Maturier, quittent Philippeville et rallient à Bône la colonne Pouget.

Les troupes sont concentrées à Duvivier le 28 janvier, et se portent immédiatement sur Souk-Arrhas, que les contingents rebelles tiennent étroitement bloquée. La colonne est attaquée à Aïn-Semour et parvient facilement à disperser l'ennemi après un engagement de courte durée. Le général Pouget arrive le 30 juin sous les murs de Souk-Arrhas et délivre la garnison. Les 3ᵉ, 4ᵉ et 6ᵉ compagnie de marche rejoignent la colonne à Souk-Arrhas et repartent avec elle pour dégager la smala d'Aïn-Guettar. Les tribus révoltées viennent faire leur soumission et payent intégralement la contribution de guerre qui leur est imposée ; les spahis et quelques-uns des indigènes les plus compromis se réfugient en Tunisie.

Pendant que le général Pouget rétablit l'ordre sur la frontière de l'Est, une insurrection éclate dans la Kabylie orientale. Le 14 février, le bordj d'El-Miliah est attaqué et le village incendié. Lorsque la nouvelle de ces événements arrive à Constantine, l'autorité militaire réunit immédiatement toutes les forces disponibles, sinon pour combattre l'insurrection, du moins pour l'empêcher de s'étendre et de gagner les tribus voisines. Le général Pouget revient à la hâte de Souk-Arrahs et prend le commandement de la nouvelle colonne.

Pour combler le vide laissé par le départ de la garnison, il dirige sur Constantine la 3ᵉ compagnie de marche.

La colonne de Souk-Arrhas passe sous les ordres du lieutenant-colonel Marié, et reste en observation pendant un mois, sous les murs de la ville.

Colonne de Tébessa.

(Mars 1871.)

Le 16 mars, l'insurrection des Ouled-Kalifa et des Nemenchas l'appelle dans la région de Tébessa. Le lieutenant-colonel Marié arrive le 25 à Tébessa après avoir battu les insurgés, près du village de Youks, et razzié les tribus rebelles. Du 25 mars au 15 avril, la colonne dirige des pointes aux environs, afin de s'emparer des approvisionnements de blé et d'orge, abandonnés par les insurgés ; les fractions compromises viennent successivement déposer les armes.

Opérations dans la Medjana et le cercle de Sétif. — Colonne Bonvalet. — Colonne Saussier.

Pendant que ces désordres troublent la paix de la frontière tunisienne, la situation devient de plus en plus critique dans l'Ouest de la province. L'issue de la guerre avec l'Allemagne, la proclamation de la Commune, à Paris, les difficultés que nous avions éprouvées pour réunir les troupes destinées à combattre les insurrections de Souk-Arrhas, d'El-Miliah et de Tébessa réveillent les vieilles haines et fournissent aux indigènes l'occasion depuis longtemps attendue : le bach-agha Mokrani, un des chefs les plus influents de la province de Constantine, jette le premier cri de révolte et, le 16 mars, ses contingents viennent attaquer Bordj-Bou-Arréridj. A ce signal, l'insurrection éclate de tous côtés, et se manifeste, sur tous les points, par des incendies et des massacres.

Le colonel Bonvalet réunit aussitôt les forces disponibles, et quitte Sétif, le 18 mars, pour dégager la garnison de Bordj. La

10ᵉ du 3 (1) rejoint la colonne, le 19 mars, à Aïn-Messaoud, où elle séjourne jusqu'au 25. L'appel pressant des assiégés et l'arrivée de quelques renforts décident le colonel Bonvalet à continuer sa route, malgré la mauvaise qualité de ses troupes et les difficultés du pays, entre Bordj et Sétif. La colonne arrive, le 26 mars, sous les murs de Bordj, sans que les insurgés aient essayé d'arrêter sa marche; il était temps que la garnison fût secourue, car les vivres et l'eau manquaient. Le général Saussier accourt avec de nouvelles troupes, prend le commandement de la colonne réorganisée, et marche contre le bordj Medjana, résidence du bach-agha, chef de l'insurrection. Le bordj et le village qui l'entoure sont enlevés après une courte résistance et le général donne l'ordre de faire sauter les bâtiments.

La 10ᵉ du 3 prend part à l'attaque du bordj et ne subit aucune perte.

Après avoir incendié les villages et razzié les troupeaux des tribus dissidentes, le général Saussier se dirigeait sur Zamorah, à la poursuite du bach-agah, lorsque les événements de Sétif le forcent à revenir sur ses pas. La colonne arrive le 23 avril à Aïn-Abessa.

Les succès du général Saussier auraient sinon éteint, du moins circonscrit à la Medjana l'insurrection de Mokrani, sans la défection du marabout de Seddouk, qui entraîna tous les habitants. Le fanatisme religieux ne devait pas rester plus longtemps inactif, et le moment était venu pour lui de donner à la révolte les proportions formidables qu'elle a atteintes. Dès lors, tout le pays entre Sétif et Bougie fut en insurrection.

Le général Saussier, revenu en toute hâte de Bordj, attaque, le 23 avril, les Ouled-Nabet, qui s'étaient réfugiés sur les pentes abruptes du Djebel-Méghris, culbute leurs contingents et razzie tous leurs troupeaux. Le 25, la colonne s'avance jusqu'à Takitount, où les populations font des protestations d'amitié; elle revient à Aïn-Messaoud le 28, et en repart immédiatement pour disperser un rassemblement ennemi, réuni dans le Djebel-Tafat, sous les ordres de Bou-Mezrag, frère de Mokrani. Le général Saussier atteint les rebelles, après une marche de nuit, enlève leurs retranchements et leur inflige une sévère leçon. La colonne séjourne à Aïn-Mes-

---

(1) MM. FLEURY, capitaine; FELKER, lieutenant au 3ᵉ bataillon d'Afrique, détaché; BADIN, sous-lieutenant.

saoud, jusqu'au 10 mai, se bornant à assurer la sécurité des environs de Sétif et le ravitaillement de Bordj.

L'insurrection éclate de toutes parts. Dans la province d'Alger,
elle embrasse toute la Grande-Kabylie, depuis Aumale jusqu'à
Dellys; dans la division de Constantine, elle gagne les régions de
Bou-Saada, de Bordj, de Bougie, le cercle de Sétif, le Hodna, la
région de Djidjelli, et même une partie de la subdivision de Constantine. Toutes les tribus des environs de Batna se soulèvent,
incendient les fermes, assassinent les colons et coupent les communications entre Batna et Constantine. Pour conjurer un danger
aussi pressant, les ressources de l'autorité militaire sont encore
insuffisantes. Le 3e zouaves active l'organisation de nouvelles
compagnies et les dirige sur les différentes colonnes.

La 12e (1) de marche rallie, à Aïn-Messaoud, la colonne du
général Saussier.

La 9e (2) du 1er et la 16e de marche (3) vont renforcer la garnison de Sétif, où la population, constamment menacée, est en proie
à des paniques qui se renouvellent sans cesse.

Le 10 mai, la colonne du général Saussier se met en route pour
Aïn-Rouah, que menaçaient de nombreux contingents insurgés;
la 10e du 3e et la 12e de marche assistent au combat du Djebel-
Hanini et y prennent une part vigoureuse; la 12e compagnie de
marche enlève un drapeau.

Apprenant que le bordj de Takitount est bloqué par les Amouchas, le général Saussier s'y porte immédiatement et dégage la
garnison. Des groupes ennemis se réunissent sur les crêtes boisées
qui environnent le camp; pour éviter une attaque de nuit, le général fait disperser ces contingents. Dans le mouvement de retraite,
le zouave Cortez, de la 10e compagnie, est surpris et fait prisonnier par les Kabyles. Le 16 mai, la colonne se rapproche de Sétif
et vient camper sur le versant Nord du Méghris. Des rassemblements hostiles appellent de nouveau le général Saussier dans la
direction des Babors et, le 20, la colonne s'établit à Téniet-el-
Ghenem, après un petit combat d'avant-garde. Le 22, elle se porte
à Aïn-Sultan, constamment harcelée par les Kabyles pendant la

---

(1) MM. d'Aiguillon, capitaine; Dumont, lieutenant; Muletier, sous-lieutenant.

(2) MM. Bouché, capitaine; Berthelet, lieutenant; Dupetit, sous-lieutenant.

(3) MM. Paulez, capitaine; Bondis, lieutenant; Fabert, sous-lieutenant.

marche; les zouaves protègent l'installation au camp et ont un homme blessé. Le 25, le général fait une sortie avec six bataillons sans sacs, et refoule les contingents indigènes réunis sur les bords de l'Oued-Berd; la 12ᵉ compagnie de marche forme le dernier échelon de la retraite, au moment de la rentrée au camp. Les zouaves reçoivent des félicitations du général commandant la colonne, pour la promptitude et la régularité de leurs mouvements dans cette journée.

Pendant les opérations de la colonne Saussier, les indigènes des environs de Sétif devenaient menaçants. Les Riras, qui donnaient des inquiétudes depuis quelque temps, s'étaient soulevés et avaient attaqué le village d'Aïn-Messaoud. Le colonel Bonvalet, commandant la subdivision, n'avait pu le dégager qu'à grand'peine, en mobilisant tout ce qui était disponible à Sétif. La 9ᵉ du 1ᵉʳ et la 16ᵉ de marche furent appelées à prendre part à cette sortie.

En présence de ces événements, le général Saussier abandonne les opérations des Babors et revient à El-Ouricia.

Le 29 mai, à 9 heures du soir, il dirige sur le Mesloug sa cavalerie et quelques compagnies d'infanterie montées à dos de mulet (10ᵉ du 3ᵉ et 12ᵉ de marche).

Ce détachement rallie, à 4 heures du matin, les 600 hommes du colonel Bonvalet et prend part à un vigoureux engagement contre les Riras. Le colonel Bonvalet fait une importante razzia et disperse les insurgés. Le détachement du général Saussier rejoint la colonne à El-Ouricia; la 9ᵉ du 1ᵉʳ et la 16ᵉ de marche restent au Mesloug jusqu'au 9 juin. La situation ne change pas; la colonne Marié, qui venait d'opérer dans la subdivision de Batna, est appelée en toute hâte à Sétif, et fait sa jonction, à cette date, avec les troupes du colonel Bonvalet.

L'arrivée de ces renforts va permettre au général Saussier de reprendre les opérations interrompues par les événements de Sétif. Mais, avant de poursuivre ce récit, nous allons nous reporter dans le Sud de la province, et raconter les opérations militaires auxquelles prit part le régiment, dans les cercles de Batna et de Biskra.

Les événements de Souk-Arrhas, d'El-Miliah, de Tébessa et de Bordj-bou-Arrédij avaient eu leur contre-coup dans le Sud de la division de Constantine.

Dès le mois de février, des désordres se produisaient et, sur plusieurs points de la région de Biskra, les populations indigènes se livraient à des démonstrations inquiétantes. Dans les derniers jours de mars, les Sahari s'emparaient d'un convoi d'effets d'habillement envoyé de Batna, incendiaient les fermes des environs de Biskra et pillaient le bordj d'El-Outaïa. La voix de l'autorité militaire était depuis longtemps impuissante ; il fallait recourir aux armes. Le lieutenant-colonel Adeler, commandant la subdivision de Batna, réunit une colonne et se dispose à agir vigoureusement. La 10ᵉ compagnie (1) du 1ᵉʳ bataillon et la 3ᵉ (2) de marche accourent de Phillipeville et de Constantine et rallient les autres troupes de la colonne à Batna, le 3 avril. Le lieutenant-colonel Adeler arrive, le 7, à El-Outaya, reçoit la soumission des Saharis et se fait livrer les indigènes les plus compromis dans les récents pillages.

Le 12 avril, la colonne fait son entrée à Biskra, où elle séjourne jusqu'au 23.

Le commandement n'étant pas assez fort pour agir par lui-même dans le Sud, cherche à calmer diplomatiquement l'agitation des tribus, lorsque les événements de Batna interrompent brusquement les négociations et forcent la colonne à rentrer à marches forcées. trente-deux colons avaient été assassinés ; les fermes du Ravin-Bleu, d'El-Madher avaient été pillées et livrées aux flammes.

Parti le 24 de Biskra, le colonel Adeler arrive le 26 à Batna, après avoir rallié tous les colons et ouvriers restés dans leurs fermes ou sur les chantiers de la route ; des renforts sont immédiatement envoyés à la colonne Adeler : deux compagnies de zouaves, en formation à Philippeville, les 13ᵉ et 14ᵉ compagnies de marche (3) sont dirigées sur Batna, sous les ordres du commandant HERVÉ.

---

(1) 10ᵉ du 1ᵉʳ : MM. PARIS, capitaine ;
   SIBIEN, lieutenant ;
   BOUSSON, sous-lieutenant.

(2) 3ᵉ de marche : MM. JAMIN, capitaine ;
   DEGIOVANNI, lieutenant ;
   MARTIN, sous-lieutenant.

(3) 13ᵉ de marche : MM. CORPS, capitaine ;
   OLIVIER, lieutenant ;
   CHAPOTAD, sous-lieutenant.

14ᵉ de marche : MM. FORCIOLI, capitaine ;
   BARDOL, lieutenant ;
   THÉVENOZ, sous-lieutenant.

Les troupes mobiles de Tébessa, placées sous le commandement du lieutenant-colonel Marié, et destinées d'abord à opérer avec le général Saussier, reçoivent l'ordre de renforcer la colonne de Batna.

Les 1re, 2e et 11e compagnies de marche, commandées par le capitaine Espinadel, font partie de ce détachement. La concentration est achevée le 29 avril, et, à partir de cette date, les opérations sont exécutées par deux colonnes : l'une sous le commandement du lieutenant-colonel Marié, du 81e ; l'autre, sous les ordres du lieutenant-colonel Adeler, commandant la subdivision de Batna.

Le 30 avril, les colonnes restent campées au milieu du village d'El-Madher.

A midi, le colonel Adeler dirige une sortie, sans sacs, contre les hauteurs, où se sont réfugiés les insurgés ; l'ennemi est chassé de ses positions, par le 13e de marche et une compagnie de tirailleurs ; il prend la fuite en nous abandonnant de nombreux troupeaux. Les colonnes se séparent le 3 mai. Le colonel Adeler doit suivre les crêtes du Bou-Arif, pendant que la colonne Marié s'échelonne et en surveille les débouchés.

Après avoir razzié quelques tentes, les troupes rentrent à Batna où elles se reposent et s'organisent du 8 au 13 mai.

Elles en repartent le 14, pour se porter au Djebel-Mestaoua, centre de l'insurrection. La colonne Adeler passe par Djerma, Sériana, Aïn-Tiskimal, arrive le 16 mai dans la plaine et campe sur la rive gauche de l'Oued-Haracta, près du marabout de Sidi-Abderrahman, chassant devant elle les contingents insurgés qui cherchaient à lui barrer la route.

Le colonel Marié part le même jour de Batna, passe par l'Oued-Chaba, franchit le col de Tafrent, après un court engagement, et opère sa jonction, le 17, avec les troupes du colonel Adeler, au pied du Mestaoua.

Du 12 au 21, les deux colonnes évacuent sur Batna les blessés et les malades, complètent leur ravitaillement en vivres et en munitions, et font la reconnaissance des positions ennemies. Le commandant Hervé prend le commandement des compagnies de zouaves.

Attaque du plateau de Mestaoua.

(21 mai.)

Le Djebel-Mestaoua forme un pâté montagneux à l'Ouest de Batna.

Ses contreforts sont bordés, sur tout leur développement, par une ligne de rochers que l'on ne peut gravir que par des sentiers très difficiles. A peu près au centre du massif, s'élève une immense table de pierre, aux parois verticales ; un chemin de ronde, protégé par une épaisse fortification en pierres sèches, en défend l'accès, c'est-à-dire une étroite ouverture donnant passage à un seul homme à la fois. Sur ce plateau, qui domine toute la contrée, s'étaient réfugiées les tribus compromises dans les derniers assassinats. Une faible source, au pied de la table, leur donnait seule l'eau dont elles avaient besoin. Le 21 mai, les reconnaissances sont terminées et on se décide à tenter l'assaut de ces positions réputées inexpugnables.

Le camp est levé à 4 heures du matin, les sacs sont réunis près de la maison forestière et placés, avec le convoi, sous la garde de trois compagnies. Les colonnes Adeler et Marié se dirigent sur le Mestaoua ; le colonel Marié aborde les approches de front ; le colonel Adeler les tourne par le Nord. La défense des approches est vive ; les insurgés, convenablement postés derrière une ligne de rochers escarpés, font éprouver des pertes sensibles à la colonne Marié, quand ces positions sont tout à coup attaquées à revers par les tirailleurs indigènes de la colonne Adeler. Ce mouvement force les insurgés à abandonner précipitamment leur première ligne de défense et à se retirer dans leur forteresse de Mestaoua. Les deux colonnes se réunissent et le bombardement commence. A 10 heures, le colonel Adeler forme deux colonnes d'assaut : l'une, composée de trois compagnies de tirailleurs indigènes, prend position dans un pli de terrain près de la source ; l'autre, composée des compagnies JAMIN et FORCIOLI, du 3e zouaves, et d'une compagnie du 3e bataillon d'Afrique, se place face à la brèche que préparent les trois sections d'artillerie. Deux compagnies restent en soutien ; la 13e de marche (capitaine CORPS) prend position à gauche et reçoit l'ordre de balayer, par des feux de salve, le sommet du plateau. Les troupes de la colonne Marié occupent un rocher qui s'élève en face du plateau et forment la réserve générale.

Vers 11 heures, le mur en pierres sèches s'écroule sur plusieurs points ; la charge sonne et les colonnes sont lancées sur les brèches. Elles s'avancent avec le plus grand entrain et culbutent les premiers défenseurs ; malheureusement, l'artillerie et les réserves cessent de tirer, et les Arabes reparaissent sur la crête, dirigeant sur les colonnes un feu très meurtrier. Les hommes arrivent, au pas de course, jusqu'au pied du plateau, et trouvent, sous le rocher même, un abri contre la fusillade.

Les compagnies des capitaines CORPS et MARIE viennent renforcer l'attaque, mais leur élan se brise de nouveau contre les escarpements verticaux de la position.

Le nombre des blessés est déjà considérable et les mulets sont insuffisants pour les ramener au camp. Les munitions de l'artillerie sont épuisées; d'un autre côté, la colonne Marié est réclamée avec instance du côté de Sétif où le général Saussier ne peut, avec ses seules forces, écraser l'insurrection.

Dans ces conditions, et malgré l'importance du Mestaoua, dont la prise eût étouffé la révolte dans la région, on ne croit pas devoir renouveler l'attaque.

A 2 heures, les colonnes d'assaut se mettent en retraite sous la protection des feux rapides exécutés par les compagnies de réserve. L'ennemi ne fait aucune tentative de sortie et les troupes rentrent au camp à 6 heures du soir, sans être inquiétées.

Les compagnies du régiment avaient eu, dans cette affaire. 4 officiers blessés : le capitaine MARIE, le porte-drapeau DE WŒRTH, le lieutenant OLIVIER, les sous-lieutenants CHAPOTAD et THÉVENEZ ; 9 hommes tués, 52 blessés.

Le commandant HERVÉ eut son cheval tué sous lui, criblé de coups de feu.

Quelques graves que fussent les évènements qui se passaient dans la région de Batna, la situation à Sétif était tellement compromise que la colonne Marié reçut l'ordre de s'y rendre le plus rapidement possible pour assurer la sécurité de la place ; ces troupes arrivèrent à Sétif le 9 juin ; la colonne Adeler, restée seule, rentre à Batna d'où elle rayonne pour éloigner de la ville les contingents ennemis.

Le commandant HERVÉ reçoit des renforts que lui amènent les capitaines PERRET et LEDEUIL et complète l'effectif de ses compagnies que le départ des hommes libérables avait considérablement réduit. Dans le but de reprendre les opérations, on concentre à Batna, au mois de septembre, des forces considérables sous le commandement du général Saussier et du colonel Flogny, commandant la subdivision.

Opérations autour de Takitount et Seddouk.

(Juin-Juillet 1871.)

Nous avons déjà vu le général Saussier opérant dans la Medjana, puis brusquement rappelé à Sétif par le soulèvement des Ouled-Nabet. Après avoir châtié les Ouled-Nabet, s'être montré à Takitount et avoir battu les Ouled-Guergour au Djébel-Tassat, le général Saussier était rentré à Sétif, rappelé encore par la nécessité de protéger la ville et surtout de ravitailler les troupes laissées à Bordj-bou-Arréridj. L'arrivée de la colonne Marié, le 9 juin, lui permit de sortir de son inaction et de reprendre la campagne.

Pendant que les troupes de Sétif restaient en observation, le cheick Si-Aziz avait relevé le moral des Kabyles prêts à faire leur soumission et, se transportant chez les Amouchas, cet agitateur avait groupé tous les dissidents autour de cette tribu guerrière. Résolu d'en finir avec eux, le général Saussier va s'établir à Aïn-Gaoua. Le 14, son camp est attaqué pendant la nuit ; la 10e compagnie du 3e bataillon, envoyée comme soutien, reprend un poste un moment enlevé par les Kabyles. Le caporal Jardin est tué, 6 zouaves sont blessés.

Le lendemain, les 9e du 1er, 1re, 2e et 11e de marche quittent la colonne Bonvalet.

Ces compagnies arrivent à 10 heures à Fermatou, en repartent à 4 heures et arrivent vers 7 heures du soir au camp de Bouti-Ouaoua où elles font leur jonction avec la colonne du général Saussier. Les compagnies du régiment qui font partie de la colonne Saussier sont constituées, à partir du 16, en un bataillon de quatre divisions sous le commandement du commandant Morlan :

1re division, 9e du 1er et 2e de marche, commandée par le capitaine Bouché ;

2e division, 2e du 3e, capitaine Fleury ;

3e division, 1re, 11e et 16e de marche, capitaine Paulez ;

4e division, 12e de marche, capitaine d'Aiguillon.

Etabli à Dra-el-Caïd (Takitount), le général Saussier dirige des pointes audacieuses sur le territoire des tribus révoltées et porte des coups vigoureux à l'insurrection dans le Sahel.

Les compagnies de zouaves sont plusieurs fois citées à l'ordre pour leur belle conduite dans ces sorties.

Juillet 1871.

Le 9 juillet, la plupart des fractions des Amouchas font des offres de soumission, livrent des otages et paient la contribution de guerre. Après avoir à peu près pacifié l'annexe de Takitount, le général Saussier attend l'arrivée de la colonne Flogny, chargée d'assurer ses communications, et reçoit l'ordre de coordonner ses mouvements avec ceux des colonnes de Bougie et de la grande Kabylie ; mais remarquant que son inaction ralentit la soumission des tribus hésitantes et apprenant d'un autre côté que Bou-Mezrag se porte avec de nouveaux contingents sur Seddouck et ranime l'ardeur éteinte des insurgés, le général Saussier se décide à poursuivre ses opérations et dirige sa colonne sur Dra-el-Arba par les Beni-Sliman. Après quelques engagements vigoureux dans la vallée de l'Oued-bou-Sellam, il reçoit la soumission du cheick El-Hadded qui vient demander l'aman, et ramène au camp le zouave Cortez fait prisonnier le 15 mai. La colonne Saussier séjourne à Seddouk jusqu'au 19 juillet et achève la pacification du pays. Elle se reporte dans la Medjana, à la fin du mois, fait rentrer dans le devoir les tribus les plus dévouées à la cause de Bou-Mezrag et chasse ses derniers partisans sur le Djebel-Maadhid. Le général Saussier pénètre dans le Hodna et, pendant tout le mois d'août, ses troupes ne cessent de combattre, infligeant de sévères leçons aux populations insoumises. Le 27, sa colonne rentre à Sétif et campe au Mesloug.

Opérations dans le cercle de Batna.

(Septembre 1871.)

Nous avons vu que les tribus du cercle de Batna étaient entrées en insurrection ouverte dès le mois de mars. Les efforts des colonnes Marié et Adeler n'avaient pu les soumettre et nos armes avaient été tenues en échec devant le plateau de Mestaoua. Pour relever notre prestige, le général de Lacroix, commandant la division de Constantine, dirige de nouvelles troupes sur Batna et organise une colonne qu'il place sous les ordres du colonel de Flogny. Le lieutenant-colonel Bernard rallie la colonne avec les compagnies du 3e zouaves qui ont pris part, sous son commandement, à l'expédition de la Kabylie orientale. Le général Saussier reçoit l'ordre de quitter Sétif, de délivrer N'Gaous où se sont réfugiées les tribus restées fidèles et, après avoir séparé les insurgés de la plaine de ceux de la montagne, de marcher de concert avec la colonne Flogny contre le Mestaoua.

Les troupes du général Saussier partent de Sétif le 3 septembre, atteignent N'Gaous le 7, et reçoivent la soumission des Ouled-Sultan, qui assiégeaient la ville.

La colonne campe le 15 au pied du Mestaoua; mais, dès la veille, les insurgés étaient venus demander l'aman au colonel de Flogny. Cette reddition rend inutile le concours du général Saussier qui se rend à Batna pour ravitailler sa colonne et donner quelques jours de repos à ses troupes.

Opérations dans le Bou-Thaleb et les Maadhid.

L'insurrection est à peu près vaincue sur tous les points de la province. La plupart des tribus sont rentrées dans l'obéissance et les derniers rebelles se sont réfugiés dans le pâté montagneux du Bou-Thaleb et des Maadhid. Pour terminer l'œuvre de pacification, le général de Lacroix fait converger toutes les colonnes disponibles vers les gorges de ces montagnes. Le général Saussier quitte Batna le 23 septembre, séjourne à Barika du 29 septembre au 4 octobre et se dirige, par Metkaouach et Aïn-Kelba, sur Bou-Hamadou pour fermer la route du Sud aux smalas des insurgés. Le 9, il se porte à l'attaque des contingents rebelles et les met en fuite, après leur avoir enlevé 1,700 chameaux et 4,000 têtes de bétail. Le soir, le bataillon de zouaves est chargé de couvrir la retraite; il rentre au camp à 7 heures, sans être inquiété.

Octobre 1871.

Le 10, la colonne arrive à M'Silah. Pendant ce temps, les colonnes Flogny, Bonvalet, de Lacroix, Thibaudin, parties de Batna, Sétif, Constantine et Bordj-bou-Arréridj, se dirigent par des marches convergentes sur le massif montagneux qui forme le réduit de l'insurrection; elles cernent les débouchés et reçoivent, du 9 au 12 octobre, la soumission de la plupart des tribus compromises. Le général Flogny rentre à Batna; les colonnes de Lacroix et Bonvalet restent dans le pays pour en compléter la soumission. Le 29 octobre, la colonne Saussier est licenciée à M'Silah et les compagnies du 3ᵉ zouaves qui en font partie reçoivent l'ordre de se rendre à Philippeville. Dans son ordre d'adieux, le général Saussier rend hommage à l'énergie, à l'intrépidité des troupes qui, pendant huit mois de campagne, ont donné l'exemple des plus belles vertus militaires. « Au moment où vous allez dans vos garnisons pour y prendre un repos devenu indispensable, je ne puis me séparer de vous, sans rendre le plus éclatant témoignage à votre persévérance et à votre abnégation. Pendant huit mois, vous avez lutté contre l'insurrection ; rien ne vous a lassés, ni les marches pénibles, ni les combats incessants, ni les plus dures privations ; seuls, pendant longtemps, vous avez tenu tête aux rebelles de la Medjana et de la Kabylie orientale et vous les avez battus en quarante-sept combats, sans souci des récompenses et ne songeant qu'à remplir noblement votre difficile mission ; vous n'avez cessé de donner des preuves d'un dévouement sans bornes à la cause de la colonie.

» Officiers, sous-officiers et soldats, travaillez encore à acquérir ces mâles et fortes vertus qui font les nations grandes et libres, et nous nous retrouverons un jour sur un champ de bataille, où nous pourrons enfin nous relever de nos désastres et finir le deuil de la patrie. »

De son côté le général de Lacroix, commandant la division de Constantine, adresse aux troupes de la colonne Saussier les remerciements les plus flatteurs pour le concours dévoué qu'elles ont donné à l'œuvre de pacification.

« Au moment où vous allez vous reposer d'une campagne de huit mois, accomplie au milieu des fatigues incessantes et des circonstances les plus difficiles, je tiens à vous remercier, en mon nom et au nom du pays, pour le dévouement et l'abnégation dont vous nous avez donné des preuves éclatantes. Vous vous êtes montrés les dignes compagnons d'armes du brave et brillant général qui vous a conduits à travers toute la Kabylie, et de la Kabylie jusqu'à Batna, écrasant à chaque pas l'insurrection formidable qui avait cru abattre, cette fois, la domination française.

» Aussi, je compte que vous ferez de ce repos largement gagné, non une période d'oisiveté, mais le véritable repos de l'homme de guerre, c'est-à-dire que vous vous mettrez en état de reprendre au premier appel, si le service du pays l'exige, la série des succès dont la colonne Saussier aura laissé le souvenir dans la colonie. »

Opérations dans la Kabylie orientale.

Nous n'avons parlé jusqu'ici que des évènements qui troublèrent la Médjana, les cercles de Sétif et de Batna, la région du Hodna, du mois de mars au mois d'octobre ; nous avons raconté la part vigoureuse que prirent à la répression du mouvement insurrectionnel, les compagnies du 3e zouaves détachées aux colonnes Saussier, Bonvalet, Adeler, Marié : Avant de continuer le récit des désordres qui devaient amener de nouveau nos troupes dans le Sud de la province, nous allons nous reporter dans la Kabylie orientale et suivre nos compagnies dans la vallée de l'Oued-el-Kébir, dans la région de Collo et Djidjelli où les montagnards sont en pleine révolte.

Les tribus du cercle de Constantine étaient restées jusqu'au mois de juin, étrangères à l'insurrection ; sous la pression des Kabyles de la Medjana et des Babors, le Ferdjiouah et le Zouahra se soulèvent dans les premiers jours de juillet, et l'agitation s'étend bientôt jusqu'au cercle d'El-Miliah et de Collo.

Ses progrès donnent de vives inquiétudes pour les établissements européens de Collo et le chemin de Philippeville à Constantine. Les insurgés se répandent dans le bassin de l'Oued-el-Kébir, chassant devant eux les populations qui ne voulaient pas prendre part à la révolte, et, le 12 juillet, leurs contingents essayent d'enlever Milah de vive force.

A la nouvelle de ces événements, le général commandant la division de Constantine se hâte de renforcer la faible garnison de Milah et d'organiser une colonne d'opérations. Le lieutenant-colonel BERNARD, du 3e zouaves, quitte Philippeville avec la 9e compagnie du 2e bataillon, les 4e et 5e compagnies provisoires, sous le commandement du commandant DUBUCHE, se rend à Constantine par le chemin de fer, et reçoit l'ordre de rallier à Milah la colonne du lieutenant-colonel Aubry.

Après leurs tentatives infructueuses sur Milah, les insurgés se retirent dans les gorges du Zouahra, où leur nombre grossit de jour en jour. Pendant ce temps, des contingents nombreux se réunissent dans le district d'El-Miliah, essayent d'enlever le bordj, et, devant l'inutilité de leurs efforts, se portent sur Elma-el-Abiod, où devaient venir les rejoindre les insurgés du Zouahra. Le colonel Aubry laisse une partie de sa colonne au camp de Milah, sous les ordres du commandant Dubuche, et marche le 27 juillet avec les autres troupes sur l'Oued-el-Kébir pour barrer la route des Mouïas aux insurgés du Zouahra. L'ennemi est atteint à Bou-Ira, près du confluent de l'Oued-Milah et de l'Oued-el-Kébir.

Après une fusillade assez nourrie, quelques coups heureux de nos obusiers, les Kabyles abandonnent le terrain et sont rejetés dans le Zouahra. Cette journée ne coûte au régiment qu'un seul blessé, le zouave Heurtefeux, qui se distingue par une conduite des plus vigoureuses. Après avoir escaladé avec entrain les positions ennemies, ce zouave revient à la fin du combat chercher son sac qu'il a déposé au pied des hauteurs. Arrivé dans le fond d'un ravin, il est assailli tout à coup par quatre Kabyles qui sortent des broussailles et se précipitent sur lui en poussant des cris de mort ; Heurtefeux ne perd pas son sang-froid et, sans reculer d'un pas, il fusille à bout portant celui de ces adversaires qui le menace de plus près. Blessé au côté droit d'un coup de pistolet, il continue à combattre, et saisissant son fusil par le canon, il le fait tournoyer au-dessus de sa tête, pour maintenir les Kabyles à distances ; son arme se brise contre un rocher, mais il semble que le danger double les forces de cet intrépide soldat : au moment où les Kabyles, se croyant victorieux, se préparent à venger sur leur prisonnier la mort de leur camarade, Heurtefeux saisit son sabre-baïonnette, blesse et met en fuite ses trois adversaires. Le zouave Heurtefeux, immédiatement élevé à la 1re classe, fut l'objet d'une proposition pour la médaille militaire.

La colonne Aubry s'installe à Sidi-Mérouan, sur les bords de l'Oued-Endja, et surveille les mouvements de l'ennemi. Le 30 juillet, le commandant Dubuche rejoint la colonne, avec la 5e compagnie provisoire qui avait été laissée, le 27 juillet, au camp de Milah Pour écraser l'insurrection dans la petite Kabylie, le général de Lacroix rappelle à Milah la colonne de Flogny qui opérait sur les derrières du général Saussier, réunit à ses troupes celles du lieutenant-colonel Aubry, et dirige les deux colonnes contre les contingents du Zouahra. Après avoir brûlé les villages insoumis et vidé les silos, le général de Lacroix marche sur Fedj-Beïnen, le 9 août, chassant devant lui, les bandes insurgées ; du 9 au 14, des colonnes légères rayonnent aux environs, et vont razzier les tribus et détruire les récoltes. Le 12 août, le commandant Dubuche fait une sortie dans le Djebel Arrhès, centre de résistance du Zouahra, et reçoit la soumission de quelques tribus. Le 14, la colonne ne laisse au camp que les grand'gardes et la cavalerie, et faìt sous les ordres directs du général de Lacroix une sortie sans sacs chez les Beni-Kettab.

Après un vigoureux engagement dans lequel se distingue le bataillon de zouaves, les Kabyles sont rejetés dans l'Oued-el-Oudja et acculés aux hauteurs de la rive gauche qu'ils gravissent sous le feu de notre infanterie. La retraite sonne et les troupes reçoivent l'ordre de rentrer au camp. La compagnie Bertin, du 3e zouaves, qui s'est laissée entraîner à la poursuite des fuyards, se trouve tout à coup isolée et ne peut effectuer sa retraite qu'au prix des plus grandes difficultés ; deux zouaves sont blessés dans un retour offensif que prononce la compagnie, pour dégager ses tirailleurs harcelés par les Kabyles. Le général de Lacroix poursuit sa marche sur le territoire insurgé, par Fedj-el-Arba et El-Aroussa.

Les Beni-Kettab demandent l'Aman et entraînent dans leur soumission les tribus de la vallée de l'Oued-el-Kébir. Les chefs de l'insurrection, se sentant désormais réduits à l'impuissance, viennent se constituer prisonniers le 20 août, au camp d'El-Aroussa. La colonne arrive à El-Miliah le 22 ; les tribus de l'annexe, qui, deux fois en six mois, avaient levé l'étendard de la révolte, implorent leur pardon et livrent des otages. Une compagnie provisoire, la 9e, est créée, par ordre du général Delacroix, pour rester à El-Miliah et y remplacer une compagnie du 1er zouaves. La colonne se porte sur l'Oued-Zour, dans le cercle de Collo, brûle quelques villages, au Nord d'El-Miliah, complète la pacification du pays et fait sa jonction avec les troupes de Collo.

Le bataillon de zouaves se renforce de la compagnie Vuillemenot. Le 28 août, le colonel Flogny quitte la colonne de Lacroix, avec le bataillon du 3e zouaves, et se rend à Batna où se concentrent des troupes pour venger notre échec du Mestaoua. Nous avons déjà vu que les efforts combinés du colonel de Flogny et du général Saussier avaient été couronnés de succès et que, dès le 14 septembre, les insurgés du Mestaoua abandonnaient leur forteresse et se rendaient à merci.

Opérations autour de Collo.

(Août 1871.)

Pendant les opérations de la colonne Aubry, autour de Milah, les insurgés du cercle de Collo incendient les riches forêts de cette région, et menacent l'établissement de Bou-Negra ; ils attaquent, le 1er août, un convoi de vivres et de munitions, escorté par la 10e compagnie de marche, sous les ordres du lieutenant LAGARDÈRE, et mettent 4 zouaves hors de combat. Le capitaine PERRET reçoit l'ordre d'aller s'embarquer à Philippeville avec la 7e compagnie provisoire et 120 chasseurs à pied, du 27e bataillon, avec mission de se rendre à Bou-Negra et de dégager ce poste.

Le détachement du capitaine PERRET débarque à Collo le 6 août, fait sa jonction le lendemain avec la compagnie VUILLEMENOT et disperse les contingents ennemis qui menacent les établissements forestiers. Cette mission terminée, la compagnie PERRET est dirigée sur Batna ; la compagnie VUILLEMENOT rallie la colonne de la Kabylie orientale et se joint au bataillon du commandant DUBUCHE.

Siège de Djidjelli.

Les indigènes du cercle de Djidjelli s'étaient déclarés en insurrection, à l'appel des émissaires de Si-Aziz. Le 31 mai, les établissements du cap Cavallo sont pillés, et, le 7 juin, les contingents rebelles attaquent Djidjelli.

Le garnison de la place comprend : quatre compagnies du 3e zouaves (1), une compagnie du 1er zouaves, deux compagnies du 3e tirailleurs, un détachement d'artillerie, quelques cavaliers et la milice de la ville. Les 9 et 11 juin, les Kabyles renouvellent leurs attaques contre les ouvrages avancés de la ville ; mais, devant

---

(1) COMPOSITION DU DÉTACHEMENT.

M. DE PUYMORIN, chef de bataillon.

8e de marche : MM. HEURTEUX, capitaine ;
     CONTIER, lieutenant ;
     GONINO, sous-lieutenant.

9e de marche : MM. LAGUILLER, capitaine ;
     BERTIN, lieutenant ;
     FÉBURE, sous-lieutenant.

15e de marche : MM. DE GIVRY, capitaine ;
     CONSTANT, lieutenant ;
     COLONIER, sous-lieutenant.

17e de marche : MM. VOISIN, capitaine ;
     PASCAL, lieutenant ;
     DARROUY, sous-lieutenant.

l'insuccès de leurs tentatives, ils se contentent d'organiser un blocus à grande distance.

Le 26 juillet, la garnison prend les armes et fait une sortie générale pour éloigner l'ennemi et brûler les villages des environs. Le feu est ouvert à 5 heures du matin; les Kabyles sont chassés de toutes leurs positions, et fuient dans le plus grand désordre, abandonnant sur le terrain leurs morts et de nombreux prisonniers. A 7 heures, la colonne reçoit l'ordre de retourner sur ses pas et de rentrer à Djidjelli. Les contingents ennemis reprennent l'offensive, se glissent à travers les broussailles, sur les flancs de la colonne, et nous mettent quelques hommes hors de combat. Le capitaine Heurteux, commandant la 8ᵉ compagnie, est tué, ainsi que le sergent Raux de la 17ᵉ compagnie; 4 zouaves sont blessés. Le nommé Eudes, zouave à la 9ᵉ compagnie, est nommé de 1ʳᵉ classe, sur le champ de bataille, par le commandant de Puymorin, pour avoir arraché aux mains des Kabyles un de ses camarades blessés, et l'avoir sauvé au péril de ses jours. Les 2 et 3 août, la garnison fait de nouvelles sorties pour protéger contre les insurgés la tribu des Beni-Caïd qui vient d'obtenir l'aman ; l'ennemi regagne la montagne à notre approche, et nos troupes rentrent à Djijelli sans brûler une cartouche.

La situation est la même pendant le mois d'août : la garnison n'est plus inquiétée et continue son service ordinaire de grand'-gardes. Le général de Lacroix, qui vient de pacifier la région d'El-Miliah et de Collo, arrive, le 3 septembre, sous les murs de Djidjelli et rétablit les communications de la ville avec l'intérieur. Tout le pays fait sa soumission. Le bataillon du commandant de Puymorin quitte aussitôt Djidjelli, et reçoit l'ordre de rallier à Batna la colonne de Flogny; il prend part aux dernières opérations contre les insurgés du Mestaoua.

Colonne de l'Aurès.

(Novembre - décembre 1871.)

Si le prestige de l'autorité française était complètement rétabli dans le Tell, il n'en était pas de même dans la région de l'Aurès et dans le Sud-Est de la province. Au début de l'insurrection, toutes les forces disponibles avaient été dirigées vers la région de Sétif, le Hodna, la Kabylie orientale; le cercle de Tebessa s'était trouvé dégarni après le départ de la colonne Marié, et, depuis le mois d'avril, cette région était livrée aux agitateurs. Lorsque le Mestaoua fut pacifiée, la colonne de Flogny, rentrée de Batna le 18 octobre, reçut l'ordre de marcher sur Négrine et de mettre fin aux désordres qui troublaient cette oasis. Le colonel Cloux prit le commandement des compagnies du 3ᵉ zouaves détachées à la colonne. La nouvelle de l'arrivée des troupes suffit pour calmer l'agitation.

Le colonel de Flogny atteint Khenchela le 25 octobre, et se présente, le 1ᵉʳ novembre, devant la Zaouïa de Sidi-Abid, où un prétendu Chérif avait essayé d'exciter le fanatisme religieux des indigènes. La mosquée et le tombeau du marabout sont détruits de fond en comble. La colonne continue sa marche, arrive à Négrine le 15 novembre et trouve l'oasis abandonnée.

Les habitants avaient pris la fuite et s'étaient réfugiés en Tunisie, avec les tribus les plus compromises. Le colonel Flogny fait incendier la ville et couper les palmiers. Les troupes rentrent dans l'Aurès, par Chéria et Khenchela, et arrivent, le 21 décembre, à Batna, après une marche des plus pénibles dans la neige et dans la boue.

Les compagnies de zouaves qui ont pris part à la colonne reçoivent l'ordre de rester à Batna et d'occuper les bâtiments militaires. Le lieutenant-colonel Bernard, remis chef de bataillon par décision de la commission de revision des grades, quitte le régiment. Le commandant Hervé prend le commandement du détachement.

Au mois de décembre 1871, l'insurrection est vaincue : les colonnes n'ont plus à combattre, mais elles vont encore peser sur le pays pour faire exécuter les conditions de l'aman, imposées aux tribus rebelles. Les opérations de la colonne de l'Aurès terminent l'année 1871.

Avant de prononcer la dislocation des troupes réunies en colonne sous les ordres du colonel de Flogny, le général commandant la division de Constantine se plaît à leur témoigner sa satisfaction pour les services qu'elles ont rendus dans le cours de cette misssion :

« Du Bou-Thaleb à Batna, dans l'Aurès et à Négrine, ces troupes se sont montrées les dignes rivales de celles qui réprimaient l'insurrection en Kabylie, dans la Medjana et le Hodna ; elles ont ainsi justifié la confiance que l'autorité supérieure avait mise dans leur dévouement, ainsi que dans l'énergie et l'habileté du chef qui les commandait. »

**Fraction du 3ᵉ zouaves détachée au 4ᵉ zouaves de marche. —
Opérations dans la province d'Alger. — Colonne du Sahel.**

(Avril 1871.)

Pour terminer l'historique du régiment pendant cette année
mémorable, il nous reste à raconter le rôle que jouèrent, dans la
province d'Alger, les compagnies du 3ᵉ zouaves détachées au
4ᵉ régiment de zouaves de marche.

Le 4ᵉ zouaves de marche débarque à Alger le 3 avril, et forme
deux bataillons de six compagnies à l'effectif de 600 hommes.
Le demi-bataillon de droite se compose des compagnies du 3ᵉ zouaves. A peine organisé, le régiment est appelé à faire partie de la
colonne Cérez, qui doit opérer dans l'Oued-Sahel et la subdivision
d'Aumale. La colonne chasse les insurgés du Téniet des Ouled-
Daoud et s'empare, les jours suivants, de quelques villages qu'elle
incendie. Le 28 avril, les deux bataillons du régiment, bivouaqués
à Bouira, font une sortie contre les Ouled-Azis et les razzient
complètement.

Après avoir châtié les rebelles dans la vallée de l'Iser et de
l'Oued-Djemaa, la colonne campe, le 3 mai, dans la vallée de
l'Oued-Soufflat où elle est attaquée, à 6 heures du soir, par le
bach-agha Mokrani, à la tête de nombreux contingents. Grâce
à la fermeté des grand'gardes et aux dispositions prises par le
général Cérez, cette tentative ne réussit pas, et, le lendemain, la
colonne continua sa route, le 4ᵉ zouaves en tête. Les insurgés
harcèlent l'arrière-garde et les flancs de la colonne jusqu'à l'arrivée au bivouac.

Le régiment a déjà dressé ses tentes lorsqu'il reçoit l'ordre
d'envoyer ses compagnies dans le lit de la rivière, pour protéger
l'installation au camp. Quatre compagnies du 1ᵉʳ bataillon, sous
les ordres du capitaine Odon, et deux compagnies du 2ᵉ bataillon,
sous le commandement du capitaine Penot, vont immédiatement
prendre position sur les deux rives de l'Oued-Soufflat. Elles arrivent assez à temps pour dégager deux compagnies de chasseurs
à pied, que l'ennemi serre de près. Les feux croisés des compagnies de zouaves font des ravages terribles dans les rangs des
insurgés, qui laissent un grand nombre de morts sur le terrain, et,
parmi eux, le bach-agha Mokrani, chef de l'insurrection.

Le 13 mai, après quelques sorties heureuses contre les tribus révoltées, sur les rives de l'Isser, la colonne reçoit les quarante prisonniers européens que les Kabyles avaient enlevés, lors du sac de Palestro.

Le 26 mai, elle dégage le bordj de Beni-Mansour, assiégé par les contingents de Bou-Mezrag, et les jours suivants, elle parcourt le territoire des Beni-Abbès, des Beni-Mellikeuch, des Meche-dallah, tribus belliqueuses qui défendent énergiquement leurs foyers. Le général Cérez quitte l'Oued-Isser, le 5 juin, pour se porter au secours de Dra-el-Mizan. Un combat très vif s'engage devant cette place contre les Meslioud, les Guechtoulas et les Flissahs ; les compagnies du 3ᵉ zouaves y prennent une part très active et font subir aux insurgés des pertes sérieuses. Le 9 juin, la colonne Cérez, qui avait quitté Dra-el-Mizan pour faire sa jonction avec la colonne Lallemand, est attaquée aux Máatka. Les compagnies du 3ᵉ zouaves, sous les ordres des capitaines Penot et Bœrner, soutiennent la retraite, depuis le lever du soleil jusqu'au soir ; elles sont renforcées par les compagnies Tesselin et d'Armagnac et prononcent de vigoureux retours offensifs pour dégager l'arrière-garde. Le lieutenant Martinais, du 3ᵉ zouaves est tué ; les capitaines Jougle, d'Armagnac et 7 zouaves sont blessés. A partir de ce jour, la colonne Cérez opère de concert avec la colonne Lallemand ; elle arrive, le 13 juin, devant Tizi-Ouzou, après avoir battu les insurgés en plusieurs rencontres, et notamment à l'attaque du village de Taguiount-Azous.

Expédition de la grande Kabylie.

(Juin 1871.)

Le 16 juin, les deux colonnes réunies partent de Tizi-Ouzou à minuit et vont se masser à Sikh-ou-Meddour, au pied des hauteurs des Beni-Katten qu'il fallait enlever pour débloquer Fort-National.

La colonne Lallemand attaque par la route tandis que la colonne Cérez s'élève sur la gauche ; les villages d'Ighil-Guifri et d'Affensou sont enlevés à la baïonnette par le 4ᵉ zouaves de marche. Le régiment prend part au combat d'Ischeriden et suit toutes les opérations de la colonne de Kabylie. La colonne Cérès se sépare, à Tirourda, de la colonne Lallemand, et revient à Dra-el-Mizan, par les Beni-Youcef, les Beni-Menguellet et la vallée de l'Oued-Djemmâa.

(Juillet 1871.)

Le 9 juillet, la colonne Cérez campe à la Zaouia de Sidi-Mohammed-ben-Abderrahman, dans les Guechtoulas, pour y attendre la soumission de quelques rebelles du Djurjura. Les Beni-Koufi, en particulier, réfugiés dans des rochers presque inaccessibles, croient pouvoir nous y braver. Le 4ᵉ zouaves de marche reçoit l'ordre de détruire leurs villages les plus éloignés. Cette opération donne lieu à de sérieux engagements, qui coûtent au régiment deux officiers tués (le capitaine adjudant-major Jougle, le lieutenant Remiot) et six zouaves blessés.

La colonne rentre ensuite à Aumale et en repart le 1ᵉʳ août pour se rendre à M'sila ; le 5 août, au bivouac de Sidi-Aïssa, le régiment prend une part active à la sortie que le général Cérez dirige contre le village de Kasbah, refuge de la famille des Mokrani.

La colonne campe devant M'sila quelques jours après et en chasse Ben-Daoud, le chef des insurgés de Hodna ; elle reprend la route d'Aumale où elle arrive le 20 août.

Le régiment attend dans cette place l'exécution de son licenciement, prononcé depuis le 12 avril par le Ministre. La dislocation du 4ᵉ zouaves s'opère le 11 septembre, et les trois compagnies du 3ᵉ zouaves débarquent à Philippeville le 2 octobre.

Aussitôt que les opérations militaires sont terminées, le colonel Cloux s'occupe de la réorganisation du régiment, et fixe la composition des trois nouveaux bataillons ; à la suite du tiercement et des événements qui terminent l'année 1871, le 1ᵉʳ bataillon occupe Philippeville et les postes d'El-Miliah, de Collo, d'Aïn-El-Bey ; le colonel reste à Batna avec les 2ᵉ et 3ᵉ bataillons qui fournissent les détachement de Lambessa, Khenchela, Tebessa et La Calle.

A peine remis des émotions de la guerre et des misères de la captivité, le 3ᵉ zouaves s'était vu obligé de reprendre les armes pour lutter contre la terrible insurrection qui mit en feu les provinces d'Alger et de Constantine. Formées d'éléments disparates, réunies par le hasard des circonstances, ses compagnies avaient bientôt fait oublier, pendant cette campagne de onze mois, les défaillances de la première heure ; elles avaient retrouvé, sous le feu de l'ennemi, cette cohésion, cet entrain qui n'appartiennent qu'aux troupes fières d'un passé glorieux et jalouses d'en perpétuer les traditions. Après avoir subi l'épreuve des mauvais jours, et s'être retrempé dans le malheur, le 3ᵉ zouaves va maintenant, sous l'énergique direction de son nouveau chef, travailler au développement de son instruction militaire et préparer à la guerre les hommes qui contribueront peut-être un jour, suivant le vœu du général Saussier, « à finir le deuil de la patrie ».

Dans le courant de l'année 1871, le régiment obtient diverses récompenses, soit à la suite de la campagne de France, soit à l'occasion des expéditions entreprises en Algérie.

Par décret du 11 mars 1871, sont nommés chevaliers de la Légion d'honneur :

MM. Prévot, capitaine adjudant-major; Espinadel, capitaine.

Par décret du 5 mai 1871, sont nommés chevaliers de la Légion d'honneur et au titre du 4ᵉ zouaves de marche :

MM. Buerner, capitaine; Boulé, lieutenant.

Par décret du 27 juillet 1871, et à la suite de la campagne de l'Est, sont nommés chevaliers de la Légion d'honneur :

MM. Bernard, lieutenant-colonel; Dubuche, chef de bataillon; Tesselin, capitaine; Contier, lieutenant; Colomer, sous-lieutenant; Schrimer, sergent.

Par décret du 8 août 1871, sont nommés dans la Légion d'honneur et à la suite des batailles de Frœschwiller et de Sedan :

Au grade d'officier : MM. Hervé (Félix), chef de bataillon; Lafon, capitaine.

Au grade de chevalier : MM. de Puymorin, chef de bataillon; Corps, Lesueur de Givry, Forcioli, Hemeré, des Ancherins, capitaines; Dumont, lieutenant; Rivière, sous-lieutenant; Millot, sergent; Mouret, zouave.

Par décret du 24 août, M. le lieutenant-colonel Cloux, du 36ᵉ de ligne, est nommé colonel au 3ᵉ régiment de zouaves.

Par décret du 16 novembre 1871, M. Muletier, sous-lieutenant, est nommé chevalier de la Légion d'honneur.

Par décret du 9 décembre 1871, M. Cholleton est nommé lieutenant-colonel au 3ᵉ zouaves, en remplacement de M. Bernard, remis chef de bataillon par décision de la commission de revision des grades.

CHAPITRE II

Colonne de Biskra (avril-mai 1872). — Insurrection d'El-Amri (1876 . — Insurrection de l'Aurès (1879). — 1re expédition de Tunisie (1881). — 2o expédition de Tunisie (1881). — Colonne de Négrine (1883).

Colonne de Biskra.

Au commencement de l'année 1872, le régiment occupe les
garnisons de Philippeville et de Batna, et fournit les détachements
de Collo, El-Miliah, Khenchela, Lambessa, La Calle et Tébessa.
Par décret du Président de la République, en date du 3 février,
les régiments de zouaves sont constitués à quatre bataillons de
six compagnies, plus deux compagnies de dépôt. Le commandant
Migneret, venu du 7ᵉ régiment d'infanterie, par permutation avec
le commandant Morlan, prend le commandement du 4ᵉ bataillon,
formé des 7ᵉ et 8ᵉ compagnies licenciées.

Quelques traces d'agitation se manifestent encore dans l'extrême
Sud de la province de Constantine, et nécessitent l'envoi de
colonnes légères, sous les ordres des généraux de Lacroix et de
Galliffet; les derniers dissidents font leur soumission, fuient vers
El-Goléah ou cherchent à gagner la Tunisie.

Le 7 avril, cinq compagnies du 3ᵉ bataillon et une compagnie du
4ᵉ bataillon quittent Batna, sous les ordres du commandant
Dircksen, arrivé la veille pour prendre le commandement du 3ᵉ bataillon, et rallient à Biskra, le 11 avril, les troupes du général de
Lacroix.

Cette colonne se met en route le 18 avril et marche sur
Négrine, en suivant le versant Sud de l'Aurès, par Sidi-Okba,
Zéribet-el-Oued, Liara-Khanga. Le 25 avril, elle fait sa jonction

à Chebla sur l'Oued-el-Arab, avec la colonne de Galliffet, qui remontait la frontière de Tunisie pour barrer la route aux tribus insoumises. Après avoir donné quelques jours de repos à ses troupes, le général de Lacroix licencie la colonne, le 7 mai, et donne l'ordre aux compagnies de zouaves de rentrer à Batna. C'est, pour le régiment, la dernière opération de l'année : les indigènes restent tranquilles jusqu'en 1876 et le calme le plus complet succède en Algérie à la période de troubles et de désordres que nous venons de parcourir. Nous n'avons à enregistrer, durant ces quatre années de paix, que des changements de garnisons, des nominations et des mutations dont les détails seraient dépourvus d'intérêt. Nous nous contenterons d'indiquer les garnisons occupées par le régiment et de signaler les récompenses ou témoignages de satisfaction qui furent accordés, pendant ce laps de temps, à des militaires du régiment pour leur belle conduite.

1873.

Au commencement de l'année 1873, l'état-major du 3e zouaves

COMPOSITION DU RÉGIMENT AU MOMENT DE L'INSPECTION GÉNÉRALE
DE 1872.

MM. CLOUX, colonel.
  CHOLLETON, lieutenant-colonel.
  HUGUET, major.

1er *bataillon.*

MM. HERVÉ, chef de bataillon.
  PRÉVOT, adjudant-major.

MM.	MM.
1re *compagnie.*	**4e *compagnie.***
MALIGNON, capitaine.	ESPINADEL, capitaine.
PASCAL, lieutenant.	PETIT JEAN, lieutenant.
MATURIER, sous-lieutenant.	DEFONT, sous-lieutenant.
2e *compagnie.*	**5e *compagnie.***
DE MAUSSION DE CANDÉ, capitaine.	DUCROQUET, capitaine.
CHEVRIER, lieutenant.	DAROUY, lieutenant.
GARIDEL, sous-lieutenant.	DURAND, sous-lieutenant.
3e *compagnie.*	**6e *compagnie***
LESUEUR DE GIVRY, capitaine.	CARDOT, capitaine.
VALLEUR, lieutenant.	BRUNET, lieutenant.
GONINO, sous-lieutenant.	COGNON, sous-lieutenant.

et le dépôt sont à Philippeville ; le régiment occupe les garnisons de Philippeville, Collo, Djidjelli, Bougie, Milah, Biskra, M'Silah, Bou-Saada.

1874-1875.

L'état-major et le dépôt sont à Philippeville ; le régiment occupe les garnisons de Djidjelli, Collo, Bougie, Akbou, Taki-tount, Sétif, M'Silah, Bordj-bou-Arréridj, Bou-Saada, Tébessa.

MM. les lieutenants NICOLE et CANTON reçoivent une lettre d'éloges du général commandant la division, pour le dévouement dont ils ont fait preuve à Djidjelli, en cherchant à sauver, au péril de leur vie, un enfant qui se noyait.

La loi du 13 mars 1875, relative à la constitution des cadres et des effectifs de l'armée, organise le régiment à quatre bataillons de quatre compagnies, plus une compagnie de dépôt.

Les 5e et 6e compagnies de chaque bataillon sont licenciées, ainsi que la 2e compagnie de dépôt, et leur cadre mis à la suite. Pour faciliter la mobilisation du régiment, la compagnie de dépôt détache un peloton à Salon (Bouches-du-Rhône). La 2e compagnie de dépôt est rétablie par la loi du 15 décembre 1875, et va tenir garnison à Salon.

Le 7 août, le capitaine DE BEUVRON est cité à l'ordre de la division pour avoir cherché à sauver deux enfants qui se baignaient

---

2e *bataillon.*

MM. D'AUBRY DE PUYMORIN, chef de bataillon.
KUHN, adjudant-major.

MM.	MM.
1re compagnie.	*4e compagnie.*
CORPS, capitaine.	BUVIGNIER, capitaine.
OBER, lieutenant.	LAFAILLE, lieutenant.
LEGRAND, sous-lieutenant.	COEFFE, sous-lieutenant.
2e compagnie.	*5e compagnie.*
JANIN, capitaine.	ROUFF, capitaine.
DROUIN, lieutenant.	FABRE DES ESTAVELS, lieutenant.
MOURIER, sous-lieutenant.	RUELLE, sous-lieutenant.
3e compagnie.	*6e compagnie.*
NICAISE, capitaine.	TESSELIN, capitaine.
LA RIVIÈRE, lieutenant.	DUCREUX, lieutenant.
MARTIN, sous-lieutenant.	MARANGÉ, sous-lieutenant.

dans la grande darse de Bône, et venaient de disparaître sous l'eau.

Dans la nuit du 27 au 28 août, un violent incendie éclate au moulin Lavie, à 3 kilomètres de Constantine. Le 1er bataillon en entier et les 3e et 4e compagnies du 2e bataillon se transportent immédiatement sur les lieux, et tous, officiers, sous-officiers et zouaves rivalisent de zèle et font preuve du plus complet dévouement. Le zouave MARCHAND trouve la mort au milieu des flammes.

Le gouverneur général de l'Algérie, en témoignage de satisfaction, porte à la connaissance des troupes de l'armée d'Afrique les noms des militaires qui se sont le plus particulièrement distingués, soit en risquant leurs jours pour sauver les victimes de l'incendie, soit en organisant les travaux. Ce sont :

MM. LEGUAY, lieutenant ; CRESSON, sous-lieutenant ; MÉHUDON, CROTTET, sergents-majors ; VILLENEUVE, CABAU, BLANC, BIDEGAIN, sergents ; KRAEMER, caporal ; CHEVALIER, clairon ; PETIT JEAN, CHAPUIS, BRENNIER, BOULIERAC, zouaves de 2e classe.

Le 7 septembre, le zouave RÉAUBOUR, de la 3e compagnie du 4e bataillon, détaché sur la route de Souk-Arrhas à la surveillance des hommes de l'atelier n° 6, reçoit deux coups de couteau d'un détenu qui venait de terrasser un sergent auxiliaire et de le blesser grièvement à la poitrine. Il se rend maître du détenu et sauve la vie au sergent. Le zouave RÉAUBOUR est élevé à la 1re classe et cité à l'ordre de la division, pour sa belle conduite.

3e bataillon.

DIRCKSEU, chef de bataillon.
PENOT, adjudant-major.

MM.

1re compagnie.
VOISIN, capitaine.
LOCHE, lieutenant.
N..., sous-lieutenant.

2e compagnie.
HEMERÉ, capitaine.
BRUNELLI, lieutenant.
BESUCHET, sous-lieutenant.

3e compagnie.
D'HUGONNEAU DE BOYAT, capitaine.
BERTHELET, lieutenant.
LAVERGNE, sous-lieutenant.

MM.

4e compagnie.
LAGUILLER, capitaine.
HAMON, lieutenant.
FONTAINE, sous-lieutenant.

5e compagnie.
BOERNER, capitaine.
OLIVIER, lieutenant.
N..., sous-lieutenant.

6e compagnie.
MARIE, capitaine.
COURTOIS, lieutenant.
CHANLAIRE, sous-lieutenant.

Insurrection d'El-Amri.

(1876.)

La tranquillité qui régnait dans la province de Constantine, depuis la violente agitation de 1871, est troublée, au mois d'avril 1876, par l'insurrection d'El-Amri, oasis située à 48 kilomètres Sud-Ouest de Biskra. La tribu des Bou-Azid et quelques contingents des tribus voisines prennent les armes et arborent ouvertement l'étendard de l'insurrection. Le général Carteret, commandant la division de Constantine, réunit à Biskra une petite colonne mobile et fixe un délai de cinq jours aux Bou-Azid pour rentrer dans le devoir.

Mais loin de répondre aux sommations du général, les dissidents, excités par des prédications fanatiques, se portent au-devant de la petite colonne et attaquent nos troupes le 11 avril avec un acharnement plein de rage. Après une heure d'une lutte opiniâtre, l'ennemi est repoussé en désordre dans les jardins de l'oasis,

---

4ᵉ *bataillon.*

MM. Migneret, chef de bataillon.
d'Aiguillon (Jean), adjudant-major.

MM.	MM.
1ʳᵉ *compagnie.*	**4ᵉ *compagnie.***
Vivensang, capitaine.	Mélix, capitaine.
Bissuel, lieutenant.	Bordier, lieutenant.
Marty, sous-lieutenant.	Canton, sous-lieutenant.
2ᵉ *compagnie.*	**5ᵉ *compagnie.***
Forcioli, capitaine.	Perret, capitaine.
Méquesse, lieutenant.	Sibien, lieutenant.
Dupetit, sous-lieutenant.	Delabroix, sous-lieutenant.
3ᵉ *compagnie.*	**6ᵉ *compagnie.***
Gerboin, capitaine.	Chapsal, capitaine.
Saint-Upéry, lieutenant.	Muletier, lieutenant.
Chapotart, sous-lieutenant.	Febvre, sous-lieutenant.

Dépôt.

1ʳᵉ *compagnie.*	**2ᵉ *compagnie.***
MM.	MM.
Lebourg, capitaine.	Bardol, lieutenant.
Ryckbusch, lieutenant.	Roussel, sous-lieutenant.
Bastien, sous-lieutenant.	

et laisse sur le terrain une cinquantaine de cadavres. Le général Carteret n'ayant pas sous la main des forces suffisantes pour réduire immédiatement les insurgés, et craignant, s'il se retire, de voir l'agitation gagner d'autres tribus nomades, établit son camp à bonne portée de l'oasis et demande des renforts. Deux colonnes sont immédiatement concentrées à Constantine et à Bou-Saada, et se dirigent à marches forcées sur El-Amri.

Le 14 avril, le 4ᵉ bataillon (commandant BEAUDOIN) du 3ᵉ zouaves, reçoit l'ordre de quitter Constantine à 9 heures du matin (1), et de se joindre à la colonne de renfort que le colonel Barrué, du 3ᵉ tirailleurs, amène au général Carteret. Cette colonne quitte la route de Biskra, à El-Outaya, et marche sur El-Amri par El-Abrach. En arrivant devant l'oasis, le 22 avril, les troupes du colonel Barrué se fondent avec celles du général Carteret. Le 4ᵉ bataillon occupe d'abord la face Ouest du camp et envoie aux tranchées une section par compagnie. Le lendemain, il va prendre position sur la face Est et s'établir sur l'emplacement qu'il doit conserver pendant toute la durée de l'investissement.

De 6 heures du matin à 6 heures du soir, chaque compagnie fournit une section déployée dans les tranchées. Pendant la nuit, une deuxième section par compagnie se porte en arrière des tranchées et forme soutien. Les troupes laissées au camp sont toujours prêtes à marcher. Le 25 avril, la 2ᵉ compagnie escorte le général en chef, qui va reconnaître l'emplacement où s'établira la colonne de Bou-Saada, composée de troupes de la division d'Alger sous les ordres du général de Roquebrune. Cette colonne arrive le 26 et complète aussitôt l'investissement de l'oasis. La forêt de palmiers et le village sont cernés ; de plus, l'encombrement produit par les

---

(1) COMPOSITION DU DÉTACHEMENT.

MM. BAUDOUIN, chef de bataillon.
RYCKBUSCH, adjudant-major.

MM.

1ʳᵉ compagnie.

MULLER, capitaine.
PELLIER, lieutenant.
BILLET, sous-lieutenant.

2ᵉ compagnie.

GACHET, capitaine.
SIMON, lieutenant.
COGNON, sous-lieutenant.

MM.

3ᵉ compagnie.

BUVIGNIER, capitaine.
NICOLE, lieutenant.
BONNEF, sous-lieutenant.

4ᵉ compagnie.

VALEUR, capitaine.
PENOT, lieutenant.
ROUSSEL, sous-lieutenant.

femmes, les enfants, les troupeaux des insurgés, dans un espace relativement restreint, ne devait pas permettre aux Bou-Azid de prolonger une défense que notre artillerie nous permettait d'annihiler à distance.

L'exemple de Zaatcha nous conseillait d'éviter un assaut et des pertes inutiles.

Sur l'ordre du général Carteret, nos batteries ouvrent le feu, le 27 avril; le bombardement commence à 5 heures du matin, dure jusqu'à 11 heures et continue de midi à 4 heures du soir. Le tir de l'artillerie est complété par les feux d'ensemble de l'infanterie.

Chaque bataillon laisse une compagnie au camp; les trois autres compagnies sont en ligne, déploient un peloton à 50 mètres en avant des pièces et gardent le second peloton en soutien. Le général en chef prescrit en outre de détacher, à 50 mètres en avant de la chaîne des tirailleurs, des groupes de 8 à 9 bons tireurs, chargés de tirer sur les buts visibles dans l'oasis. Pendant ce temps, les compagnies couvrent d'une pluie de balles l'intérieur des jardins. L'effet de ce bombardement, qui dure deux jours, est tel que la panique se met rapidement parmi les insurgés : la démoralisation est complète; les prédications fanatiques ne sont pas écoutées, et les Bou-Azid, voyant toute résistance inutile, se rendent à discrétion le 29 avril; les chefs de la révolte se présentent aux avant-postes du 3ᵉ zouaves et sont immédiatement conduits au général en chef.

Malgré la capitulation de l'oasis, le service des tranchées continue, pendant quelques jours encore; le 2 mai, la 1ʳᵉ compagnie quitte la colonne et va conduire à Batna les chefs de la révolte, les prisonniers et les otages. Le 16 mai, les troupes de la division de Constantine se mettent en route pour rentrer dans leurs garnisons. Le 4ᵉ bataillon rallie à Batna la 1ʳᵉ compagnie, et arrive à Constantine le 28 mai.

Insurrection de 1879.

Jusqu'en 1879, la tranquillité la plus complète ne cesse de régner dans la division de Constantine; vers le milieu du mois de mai, une insurrection éclate dans l'Aurès, chez les Ouled-Daoud, du cercle de Batna, et chez les Beni-bou-Sliman, du cercle de Biskra. Dès que la nouvelle des troubles de l'Aurès parvient à Constantine, le général de division Forgemol de Bostquénard prend des mesures pour éteindre le foyer de l'insurrection avant qu'il ait embrasé tout le massif montagneux. Il organise trois colonnes d'opérations, qui, partant de points différents, doivent se diriger sur le même objectif, Médina, position importante dans la vallée supérieure de l'Oued-el-Abiod. La 1re colonne, sous les ordres du général Logerot, se concentre à Batna; la 2e, commandée par le colonel CAJARD du 3e zouaves, reçoit l'ordre de se former à Biskra. Le colonel Gaume, du 3e chasseurs d'Afrique, doit prendre le commandement de la 3e et partir de Khenchela. Les troupes sont envoyées immédiatement, soit par les voies ferrées, soit par marches forcées, au point de concentration qui leur est désigné; la province d'Alger fournit au corps expéditionnaire deux bataillons de zouaves et un bataillon de tirailleurs.

Le 2e bataillon (1) du régiment, moins la 4e compagnie, quitte Constantine sous les ordres du commandant DIRCKSEN, arrive par le chemin de fer à El-Guerrah, et passe sous le commandement du colonel Barbier, du 3e tirailleurs. Deux compagnies du 4e bataillon (2), formant, avec deux compagnies de chasseurs à pied, un bataillon de guerre sous les ordres du commandant DE PONTÉCOULANT, se rendent, par voie ferrée, de Sétif à Aïn-M'Lilah, où elles rallient, le 3 juin, les troupes du colonel Barbier. Le lendemain, la colonne marche sur Aïn-Yagout; l'étape est longue, la chaleur excessive; plusieurs cas d'insolation se déclarent; aux fatigues de la marche se joignent les souffrances de la soif. Le 2e bataillon perd un homme. La colonne Barbier est dissoute et devient à Batna la colonne Cajard; elle reprend,

---

(1) COMPOSITION DU DÉTACHEMENT.

MM. DIRCKSEN, capitaine.
DIDIER, adjudant-major.

MM.

1re compagnie.
PARDES, lieutenant.
CAPBOSEQ, lieutenant.

2e compagnie.
MASSON, capitaine.

MM.
DURAND, lieutenant.

3e compagnie.
LOBRANI, capitaine.
LEGUAY, sous-lieutenant.

---

(2) *1re compagnie.*
MM.
MULLER, capitaine.
PELLIER, lieutenant.
BILLET, sous-lieutenant.

2e compagnie.
MM.
VALLEUR, capitaine.
GALINIER, sous-lieutenant.

le 7 juin, sa marche sur Biskra, où elle arrive le 11. Une partie des troupes désignées pour faire partie de la colonne Cajard avaient été mises en route, dès le 31 mai, dans la vallée de l'Oued-el-Abiod.

Le colonel Cajard quitte Biskra, le 13, et rallie, à El-Habel, M'Chounech, Benian, les détachements du 3ᵉ bataillon d'Afrique qui avaient précédé la colonne. Le 16 juin, il arrive devant les gorges de Tiranimine, et trouve l'entrée de cet étroit passage défendue par une bande d'insurgés. Le bataillon du commandant Dircksen marche à l'avant-garde et déploie, à droite et à gauche, sur les crêtes qui dominent l'entrée du défilé, les sections de la 3ᵉ compagnie. Le capitaine Lobrani et le sous-lieutenant Leguay dirigent des feux de salve sur des groupes de rebelles qui ne ripostent pas. Le 2ᵉ bataillon s'engage alors dans les gorges; mais le passage est si étroit qu'on est obligé de marcher sur un rang. L'ennemi ne fait aucune résistance et se retire précipitamment dans les bois; les compagnies de tête se déploient à la sortie du défilé et font fouiller par des patrouilles les maisons et les jardins qui se trouvent sur les deux rives de l'Oued-el-Abiod. Pendant ce temps, la colonne traverse lentement le défilé, dans l'ordre de marche.

Le mouvement ne se termine qu'à 8 heures du soir. Le village de Tiranimine est incendié.

Le colonel Cajard continue sa route vers Médina : l'avant-garde remonte la vallée de l'Oued-el-Abiod, qu'elle quitte bientôt pour s'engager dans les gorges de Tarir-el-Bacha. Les compagnies de tête, qui appartiennent au 3ᵉ bataillon d'Afrique, essuient quelques coups de fusil; l'ennemi ne veut pas nous attaquer, mais cherche à protéger la retraite des nombreux troupeaux massés dans les ravins. Le bataillon d'Afrique ouvre le feu contre les insurgés, les disperse et fait une razzia de plus de 3,000 têtes de bétail.

La colonne arrive au débouché des gorges, vers 11 h. 1/2, et campe à Dra-el-Lakaal.

Le lendemain, 20 juin, le 2ᵉ bataillon quitte le camp avec deux pelotons de chasseurs d'Afrique et se porte au devant d'un convoi de ravitaillement venant de Biskra. Le 24 juin, la colonne traverse la splendide plaine de Médina, où sont campées les colonnes de Batna et de Khenchela, et s'établit à quelques kilomètres plus loin, au col de Tizzi-Ougarine.

A ce moment, on apprend que le chérif Mohammed Amzian, chef de l'insurrection, s'est réfugié avec une centaine de ses parti-

sans les plus compromis, dans la Zaouïa de Sidi-Fatallah. Les
goums et les contingents des tribus fidèles sont lancés immédiatement à la poursuite de l'agitateur ; la colonne Cajard reçoit l'ordre
d'appuyer le mouvement : elle arrive à Sidi-Fatallah le 26 juin ;
mais, grâce à sa parfaite connaissance du pays et à la difficulté de
bloquer rigoureusement le massif entier de l'Aurès, le chérif avait
pu se retirer à temps. Les zouaves mettent le feu à la Zaouïa. La
colonne rentre au camp d'Aïn-Sidi-Ali et y séjourne jusqu'au
1er juillet. Les tribus révoltées viennent successivement faire leur
soumission ; les derniers partisans du chérif, poursuivis de tous
côtés par nos colonnes, apprenant que la frontière de Tunisie est
fortement gardée par les spahis et les goums de Tébessa, se jettent
dans le Sahara pour échapper à la répression qui les attendait.

A partir de ce moment, l'insurrection de l'Aurès était vaincue.

La colonne de Biskra est licenciée le 3 juillet. C'est elle qui
avait le plus marché et contribué, pour la plus grande part, à
amener le résultat définitif, c'est-à-dire l'anéantissement de
l'insurrection. Dans un ordre du jour en date du 27 juin, le
général Forgemol annonce à la division que la fuite des insurgés met fin aux opérations militaires, et remercie les troupes
des trois colonnes de l'énergie et du dévouement dont elles
ont fait preuve dans cette campagne courte, mais rendue pénible
par la chaleur et les difficultés du pays. « Les contingents insurgés, après s'être enfuis précipitamment d'El-Hammam devant la
colonne de Batna, avaient gagné les montagnes de l'Ahmar Khad-
dou, emmenant leurs tentes, leurs famille et leurs troupeaux, dans
l'intention de se réfugier au Sud de la Tunisie.

» Arrivés au pied des montagnes, ils avaient, les 19 et 20,
deux rencontres sanglantes avec les goums du Djebel-Cherchar et
les spahis de Zéribet-el-Oued, qui leur avaient fait éprouver des
pertes sérieuses et enlevé tentes, familles et troupeaux. Cependant,
ils avaient pu forcer le passage et continuer leur route vers l'Est.
Mais, trop faibles pour forcer de même celui de Négrine, où les
goums et les spahis de Tébessa étaient installés, ils durent se rejeter dans le Sahara.

» Là les attendait la plus affreuse des morts : la mort par la soif.

» Lorsque les goums de Tébessa les atteignirent, plus de 300 insurgés gisaient sans vie sur le sable ; tous les survivants étaient
faits prisonniers.

» Ce dernier coup porté à l'insurrection ne peut manquer
d'avoir dans le pays un grand retentissement. »

» C'est grâce à la rapidité des mouvements combinés des trois colonnes, à l'abnégation avec laquelle les troupes ont supporté les fatigues des marches, de la saison, que ce terrible et décisif châtiment à pu atteindre les rebelles.

» Le général de division se fait un devoir de le reconnaître et d'adresser des remerciements aux commandants, officiers, sous-officiers et soldats des trois colonnes. »

D'un autre côté, le général Saussier adresse aux troupes qui ont pris part à cette expédition, l'ordre du jour suivant :

ORDRE GÉNÉRAL.

« Au quartier général à Alger, le 30 juin 1879.

» Au moment de licencier les colonnes expéditionnaires, le général commandant le 19ᵉ corps est heureux de transmettre les témoignages de satisfaction de M. le Gouverneur général et les siens propres, aux troupes qui ont pris part aux opérations militaires de la province de Constantine, ainsi qu'aux officiers de tous grades qui les ont dirigées ou conduites.

» Cette prise d'armes insensée de quelques fanatiques de l'Aurès aura servi, du moins, à prouver à ceux qui seraient tentés de les imiter, que le gouvernement civil de l'Algérie possède les moyens militaires les plus puissants pour châtier les rebelles et faire respecter son autorité. »

(Juillet 1879.)

Les marches de dislocation commencent le 14 juillet; le 2ᵉ bataillon arrive à Constantine le 16 juillet, et les deux compagnies du 4ᵉ bataillon rentrent à Sétif, le 20 juillet, par chemin de fer.

Un détachement de 50 hommes sous les ordres de M. le sous-lieutenant CAPBOSCQ, reste quelques jours à Batna et accompagne ensuite dans l'Aurès la commission d'enquête. Ce détachement rentre à Constantine le 11 août.

1880.

La fin de l'année 1879 et l'année 1880 sont tranquilles; le régiment occupe les garnisons de Constantine, Philippeville, Sétif,

Bougie, Takitount, Djidjelli, Bône, La Calle, Souk-Arrhas, Aïn-Beïda, Tébessa. Les 1er, 3e et 4e bataillons prennent part, du 26 septembre au 10 octobre 1880, aux grandes manœuvres qui se font aux environs de Constantine.

A la suite des manœuvres d'automne, le régiment exécute ses changements périodiques de garnison : le 1er bataillon occupe Bône ; les 2e et 4e, Constantine ; le 3e, Tébessa. Au mois d'avril 1881, le 3e zouaves est appelé à prendre part à l'expédition de Tunisie.

1° Expédition de Tunisie. — Kroumirie.

(Avril-juillet 1881.)

Depuis longtemps, les tribus algériennes et tunisiennes qui avoisinent la frontière de la Régence étaient dans un état, sinon de guerre, du moins de méfiance et de luttes presque permanent ; les contestations pour les terrains limitrophes étaient fréquentes et nous avions souvent à nous plaindre de la protection que les tribus tunisiennes accordaient aux malfaiteurs de l'Est de l'Algérie et des incursions armées qu'elles faisaient sur notre territoire.

Dans la première quinzaine de février, les Ouled-Cedra (Kroumirs) franchissent la frontière et essaient de chasser nos gens des terrains de culture de l'Oued-Djennan.

A la nouvelle de cette violation de territoire, l'autorité militaire prescrit l'envoi d'une compagnie du 59e, de La Calle à Remel-Souck ; le 1er bataillon du 3e zouaves quitte Bône le 17 février et se rend au Tarf.

Les Tunisiens, cependant, s'engagent à accorder toutes les satisfactions qui leur sont réclamées ; tout paraît calmé et l'on songe déjà à renvoyer les troupes dans leurs garnisons, lorsque, le 30 mars, les Ouled-Cedra, soutenus par de nombreux contingents kroumirs, attaquent les tribus algériennes, en avant d'El-Aïoun. Le détachement du 59e accourt de Remel-Souck pour soutenir celles-ci et faire respecter notre territoire ; à 5 heures du soir, le commandant supérieur de La Calle transmet au 1er bataillon l'ordre de porter une compagnie sur Remel-Souck, pour remplacer celle du 59e. La 3e compagnie (MM. DROUIN, capitaine ; BELVÈZE, lieutenant ; MOUTON, sous-lieutenant) quitte le Tarf à 6 heures du soir, fait, à travers bois, dans un pays inconnu et sans route, une marche de nuit des plus pénibles, et arrive à 5 heures du matin à Remel-Souck.

La vue de l'uniforme français n'arrête pas les Tunisiens; ils reviennent plus nombreux le 31 mars, et se précipitent de tous côtés sur le faible détachement du 59e. Les soldats ont déjà brûlé toutes leurs cartouches; la situation est critique, lorsque la compagnie Drouin arrive au pas de course et rétablit le combat.

Partis la veille à 6 heures du soir, les zouaves ont à peine eu le temps de faire le café; ils ont trouvé à Remel-Souck l'ordre de gagner en toute hâte l'Oued-Djennan; malgré les fatigues de la dernière nuit, ils se remettent en marche, à 7 heures du matin, et parviennent à dégager la compagnie du 59e qui luttait depuis cinq heures. Le combat a lieu au milieu d'épaisses broussailles, qui permettent à l'ennemi d'avancer jusque sur nos lignes et n'offrent aucun avantage aux armes à longue portée. La compagnie Drouin a 2 hommes tués à bout portant et 4 blessés; le caporal Gallé se distingue d'une façon toute particulière, en arrachant aux mains des Kroumirs, à deux reprises différentes, deux soldats du 59e et trois zouaves de son escouade blessés grièvement. Le combat ne se termine que le soir, et l'ennemi regagne ses montagnes à la faveur de l'obscurité. La 3e compagnie campe sur les bords de l'Oued-Djennan. Le commandant Bounin (1) quitte, le jour même, à 5 h. 1/2 du soir, le camp du Tarf avec les trois autres compagnies de son bataillon, et, après une longue marche de nuit, rejoint la compagnie Drouin au camp de l'Oued-Djennan.

Dès que ces événements sont connus à Constantine, des ordres sont donnés pour réunir dans le cercle de La Calle des renforts

---

(1) COMPOSITION DU 1er BATAILLON.

MM. Bounin, chef de bataillon.
Baudart, capitaine adjudant-major.

MM.

1re compagnie.

Chéroutre, capitaine.
Laubecker, sous-lieutenant.

2e compagnie.

Delavallée, capitaine.
Constant, lieutenant.
Franchi, sous-lieutenant.

MM.

3e compagnie.

Drouin, capitaine.
Belvèze, lieutenant.
Mouton, sous-lieutenant.

4e compagnie.

Billet, capitaine.
Faivre, sous-lieutenant.

de troupes de toutes armes. Le colonel Cajard (1) quitte Constantine par chemin de fer, le 1er avril, avec le 4e bataillon du régiment, prend à Mondovi la voie de terre, et rejoint, le 4 avril, le bataillon du commandant Bounin, au camp d'El-Aïoun. Dès le 6 avril, deux bataillons du 3e zouaves, un bataillon du 3e tirailleurs, deux escadrons et une batterie de montagne se trouvent réunis à El-Aïoun, sous les ordres du général Ritter, commandant la subdivision de Bône.

La longue série de méfaits et d'attentats audacieux contre les biens et les personnes de nos indigènes, le mépris de nos droits poussé jusqu'à l'audace d'attaquer nos troupes, avait déterminé le gouvernement à infliger un châtiment sévère aux Kroumirs et à prendre en Tunisie des positions favorables pour assurer la tranquillité de nos tribus tant que le Bey serait impuissant à les garantir avec ses propres ressources. De nombreuses troupes furent envoyées de France et d'Algérie, pour la constitution des divisions et brigades qui allaient entrer en opérations.

Les deux bataillons du régiment séjournent à El-Aïoun, du 5 au 19 avril, et attendent l'arrivée des troupes qui doivent former la 1re division.

Pendant ce temps, la 1re compagnie du 4e bataillon (MM. Muller,

---

(1) COMPOSITION DU DÉTACHEMENT.

Etat-major.

MM. Cajard, colonel.
    Battréau, lieutenant adjoint au trésorier.
    Brion, sous-lieutenant porte-drapeau.
    Philippi, médecin aide-major de 1re classe.

4e bataillon.

Baudoin, chef de bataillon.
Ryckbusch, adjudant-major.

MM.

1re compagnie.

Muller, capitaine.
Pellier, lieutenant.
Marjoulet, sous-lieutenant.

2e compagnie.

Dufau, capitaine.
Simon, lieutenant.
Demoulin, sous-lieutenant.

MM.

3e compagnie.

Adam, capitaine.
Nicole, sous-lieutenant.
Capboscq, sous-lieutenant.

4e compagnie.

Valleur, capitaine.
Cognon, lieutenant.
Galinier, sous-lieutenant.

capitaine ; Pellier, lieutenant ; Marjoulet, sous-lieutenant) est détachée à Oum-Theboul et occupée à des travaux de route.

La concentration des troupes de la 1re division a lieu à Oum-Theboul, le 20 avril.

Le général Delebecque en prend le commandement. Les deux bataillons du 3e zouaves, réunis à un bataillon du 2e zouaves, forment le 1er régiment de marche sous les ordres du colonel Cajard, de la 1re brigade (général Ritter).

D'après les ordres du Ministre, la division Delebecque devait agir directement dans le massif montagneux des Kroumirs, tandis que la division du Sud, placée sous les ordres du général Logerot, devait opérer dans la vallée de la Medjerdah, de manière à séparer du pays des Kroumirs les tribus remuantes du centre et du Sud de la Tunisie.

Les opérations actives commencent du 23 au 25 avril ; le général Ritter se rapproche de la frontière et s'établit au camp de Demenet-R'Bah.

Le 26 avril, les deux bataillons du régiment prennent les armes à 4 heures du matin, laissent les sacs au camp, sous la garde du 2e zouaves, et se dirigent sur le col de Baba-Bruck.

Les zouaves escaladent les pentes abruptes du Djebel-Addada au prix de mille fatigues ; ils se frayent un passage au milieu des rochers et des broussailles inextricables qui couvrent les flancs de la montagne et n'atteignent le col qu'à 2 h. 1/2.

L'ennemi a pris la fuite sans essayer d'arrêter notre marche ; le 4e bataillon, lancé à sa poursuite, s'avance dans la direction de la colonne Vincendon dont on entend le canon ; il rentre au camp à 7 heures du soir, sans avoir tiré un seul coup de fusil.

Le général Ritter tombe malade et remet le commandement de la 1re brigade au colonel Gerder, du 3e tirailleurs.

La brigade Gerder, qui n'a pas rencontré l'ennemi, reçoit l'ordre de rétrograder sur El-Aïoun et d'assurer les derrières et le ravitaillement des brigades Vincendon et Galland. Le mouvement commence le 27 avril, à 6 heures du matin, et les dernières compagnies du 4e bataillon qui forment l'extrême arrière-garde arrivent au camp d'El-Aïoun à 9 heures du soir. Les pluies continuelles des jours précédents ont raviné les mauvais chemins du pays et fait déborder les ruisseaux ; la marche est lente et pénible, et nos hommes, les pieds dans la boue, ont beaucoup à souffrir du mauvais temps.

La situation reste la même jusqu'au 2 mai ; tandis que la brigade

Gerder séjourne au camp d'El-Aïoun, les brigades Vincendon et Galland exécutent des razzias dans la vallée de l'Oued-Djennan et châtient les Ouled-Cedra.

A cette date, le général Forgemol concentre la division Delebecque à Djebabra, pour se rapprocher des trois colonnes du marabout de Sidi-Abdallah-ben-Djemel qui paraît être le centre de résistance de l'ennemi. Les trois brigades campent séparément, en face du poste tunisien d'El-Hamman, à 4 kilomètres de Remel-Souk.

Le 5 mai, la brigade Gerder, éclairée par les goums et suivie de la brigade Galland, gravit sans incident les pentes d'El-Mana ; le soir, les trois brigades, l'état-major de la division Delebecque et le quartier général se trouvent réunis au camp de Fedj-el-Mana.

Le temps redevient affreux ; la pluie tombe à torrents, et pendant plusieurs jours les camps de la colonne Delebecque sont enveloppés dans les brumes. Le 6 mai, deux compagnies du 4e bataillon escortent le général Forgemol, commandant en chef, qui se rend au gué de Sidi-Salah pour conférer avec le général Logerot.

Le mauvais temps rend impossible toute opération militaire ; les hommes sont dans la boue et ne peuvent allumer du feu ; les grand'gardes sont particulièrement pénibles.

Le général Caillot arrive au camp le 7 mai et prend le commandement de la brigade Ritter, provisoirement exercé par le colonel Gerder.

Le 8 mai, quatre bataillons de chacune des trois brigades, accompagnés de leur artillerie et des goums, vont faire une reconnaissance dans la direction du marabout de Sidi-Abdallah-ben-Djemel, à 6 kilomètres au nord de Fedj-el-Mana. Les deux bataillons du régiment marchent avec la brigade Caillot, à la queue de la colonne ; la brigade Vincendon tient la tête et atteint la Zaouïa sans rencontrer de résistance : la Koubba est respectée, mais quelques gourbis sont détruits, des tentes et des troupeaux enlevés. Les troupes rentrent au camp, à 4 heures du soir, sous une pluie battante qui tombe depuis le matin.

Le soleil reparaît le 10 mai ; les hommes peuvent se sécher et nettoyer leurs effets et leurs armes.

La division Delebecque reprend les travaux de route, que le mauvais temps avait interrompus ; elle ouvre une bonne rampe vers l'Oued-Melah et le génie établit deux ponts sur cette rivière.

Le sol, quoique fortement détrempé par les pluies des jours précédents, semble ne devoir pas entraver la marche ; la brigade Caillot quitte le 11 mai, à 6 heures du matin, le camp de Fedj-el-Mana, et va s'établir, sans rencontrer de résistance, sur l'étroit plateau de Dar-el-Abibi. Le régiment forme l'avant-garde et la tête du gros.

La brigade est arrêtée durant trois heures, pendant que les convois franchissent deux mauvais passages. Au moment où les hommes dressent leurs tentes, nos grand'gardes essuient quelques coups de feu ; deux compagnies du 1er bataillon se portent en avant et exécutent des feux de salve ; l'ennemi se retire dans les bois.

La pluie tombe sans interruption du 11 au 12, et continue dans la matinée du 12 au point de rendre impossible tout travail de route. La brigade Caillot fait quelques reconnaissances aux environs du camp ; elle s'engage, le 14 mai, dans le défilé d'El-Méridj, le traverse et suit à mi-pente la rive gauche d'un profond ravin ; le terrain est très difficile ; d'énormes troncs d'arbres jetés par les Kroumirs dans les passages les plus étroits, ralentissent la marche, qui est couverte par un bataillon, sur les crêtes de la rive droite.

Les troupes campent vers midi près des belles sources de Ben-Métir.

Jamais des troupes n'avaient pénétré dans cette région abrupte, sauvage, où l'on ne pouvait s'avancer que la hache ou la pioche à la main, au prix des plus grands efforts.

Le 15 mai, la brigade Caillot fouille en vain, pendant la matinée, les ravins de Ben-Métir ; l'ennemi ne se montre nulle part en force ; des traces nombreuses prouvent qu'il a emmené des troupeaux dans la direction du Nord-Est.

La brigade séjourne au camp de Medj-El-Thébaïnia, du 16 au 18 mai ; la pluie et le brouillard ne permettent pas de faire des reconnaissances.

Le 19, le général Caillot établit ses troupes au camp de Bled-el-Guemaïr, d'où il commande la vallée supérieure de l'Oued-Zen. Cette rivière présente un cours très tourmenté ; ses bords, couverts de bois épais et de broussailles inextricables, permettent à quelques partis ennemis de s'avancer jusque sur nos sentinelles sans être vus. Le zouave Pérénoux, du 4e bataillon, est tué raide à quelques pas d'un poste de quatre hommes.

Le 22 mai, le chef de l'état-major de la brigade Caillot dirige, sur la rive droite de l'Oued-Zen, une reconnaissance composée du goum, d'une compagnie du génie et du 4ᵉ bataillon ; les troupes rentrent au camp à 5 heures du soir, après avoir préparé la route et reconnu l'emplacement du camp du lendemain.

Conformément aux ordres du général en chef, les généraux Caillot et Galland suivent les hauteurs des deux rives de l'Oued-Zen, tandis que le général Vincendon assure leurs derrières et tient les communications avec le poste d'Aïn-Draham. Le 25 mai, la brigade Caillot exécute un large mouvement tournant et se rabat sur le marabout de Sidi-Kouider.

Le lendemain, quatre bataillons, les batteries de combat et l'ambulance de la brigade exécutent une sortie sans sacs, qui doit durer quarante-huit heures. Les hommes emportent des vivres dans la musette et la petite tente en sautoir. Le 4ᵉ bataillon reste au camp de Sidi-Kouider ; le 1ᵉʳ bataillon prend part à cette sortie et dresse ses tentes le soir même sur les hauteurs de Berzigue. Des contingents ennemis, chassés par les colonnes de Tabarka et d'Aïn-Draham, sont signalés dans les environs du camp ; le 27 mai, au matin, trois bataillons de la colonne de Berzigue font une reconnaissance dans la direction du Nord-Est, où se montre l'ennemi. Le commandant Bounin fournit l'avant-garde et déploie ses compagnies à 300 mètres des positions à enlever ; il fait exécuter des feux de salve et lance ensuite les zouaves sur les hauteurs, baïonnette au canon ; l'ennemi se retire en nous abandonnant ses troupeaux ; le bataillon n'a qu'un homme contusionné. Le lendemain, toute la brigade rejoint le camp de Berzigue, où elle séjourne jusqu'au 3 juin.

Avant de poursuivre ses opérations vers l'Est, le général Caillot complète le ravitaillement de sa colonne en vivres et en munitions ; le 30 mai, le 4ᵉ bataillon se rend à Tabarka, avec les mulets disponibles de la colonne, pour prendre huit jours de vivres.

Le 2 juin, la compagnie Delavallée, du 1ᵉʳ bataillon, va chercher un nouveau convoi à Tabarka.

Le 4 juin, la brigade Caillot lève le camp de Berzigue, se porte par de bons chemins jusqu'à l'Oued-Zen, traverse les belles cultures de cette vallée et vient camper à l'Est du marabout de Sidi-Moussa, à Dra-el-Mahla.

De ce point, elle entre en communication, le soir même, par la télégraphie optique, avec la colonne Logerot, qui opère dans le voisinage.

Le lendemain, la compagnie Billet, du 1ᵉʳ bataillon, fournit une section d'escorte aux officiers de la brigade topographique qui se rendent au quartier général, au camp Logerot.

Les compagnies Chéroutre et Drouin vont reconnaître le cours de l'Oued-Zen, jusqu'à son embouchure. Le 4ᵉ bataillon tout entier part en reconnaissance dans la direction du cap Négro.

Le 6 juin, la brigade Caillot se porte de Dra-el-Mahla à Budnah, à 2 kilomètres de la mer, et découvre, dans le voisinage du camp, des ruines romaines importantes. La soumission des Kroumirs s'affirme chaque jour; les tribus compromises dans les derniers événements rentrent dans le devoir, et le calme le plus complet règne dans la région que nous venons de parcourir.

Le général Caillot rétrograde sur Berzigue et, passant par Tabarka, dirige sa colonne sur Aïn-Draham.

Les opérations militaires sont terminées dans le massif montagneux des Kroumirs, et les différentes colonnes qui, depuis quelque temps, sont occupées sur tous les points à des travaux de route, reçoivent des ordres pour leur dislocation.

La brigade Caillot est dissoute, à Aïn-Draham, le 18 juin.

Il nous reste encore à châtier quelques tribus remuantes de la frontière, dont le territoire n'a pas été parcouru par nos colonnes.

Cette mission est confiée au général Logerot, qui doit visiter la région montagneuse occupée par les Ouchtetas, tandis que la brigade Gaume, renforcée d'un bataillon d'infanterie, a l'ordre de tenir les débouchés donnant accès sur la rive gauche de la Medjerdah.

Les deux bataillons du régiment sont appelés à prendre part à ces dernières opérations; elles rejoignent la colonne Logerot, le 19 juin, au camp de Fernana.

La marche est reprise le lendemain et se continue les jours suivants, sans que l'ennemi essaie de nous arrêter. Le général Logerot pèse sur le pays et fait razzier les populations qui hésitent à demander l'aman.

De toutes les tribus de la frontière, les Ouchtetas formaient certainement celle dont les déprédations, les attaques et l'attitude toujours hostile contre nous nécessitaient plus particulièrement une répression sévère.

A l'arrivée de nos troupes, ils se présentent au général Logerot, acceptant les dures conditions qui leur sont imposées; mais ils cherchent, en même temps, à faire filer une grande partie de leurs troupeaux dans les ravins les plus difficiles de la montagne.

Le 26 juin, le goum, la cavalerie et un bataillon de zouaves partent en reconnaissance et ramènent au camp une razzia de 1,200 têtes de bétail.

Le 30 juin, après avoir complété la pacification du pays, la colonne franchit la frontière tunisienne et vient camper près de la smala de Bou-Hadjar.

La ruine des Ouchtetas est complète; le général Logerot a promptement et heureusement accompli sa mission.

122 prisonniers ouchtetas ou réfugiés d'autres pays sont dirigés sur Souk-Arrhas, où la colonne arrive le 3 juillet; elle est immédiatement dissoute.

Le 1er bataillon se rend à Constantine, par voie ferrée; le 4e bataillon reçoit l'ordre d'aller tenir garnison à Tébessa.

Pendant l'expédition de Kroumirie, le 2e bataillon est laissé en station à Constantine, jusqu'au moment où les événements de Tunisie décident l'envoi denouvelles troupes sur la frontière.

Le 6 avril, la 1re compagnie (ROUET, capitaine; GRUET, sous-lieutenant) quitte Constantine, par chemin de fer, et se rend à Souk-Arrhas, ou elle est employée, jusqu'au 30 juin, aux travaux de la route de Ghardimaou.

La 3e compagnie (LOBRANI, capitaine; BOURNEL, lieutenant), est envoyée à Guelma, par voie ferrée, le 24 avril, et rentre à Constantine, le 3 mai.

Le 3e bataillon, pendant ce temps-là, occupe la garnison de Tébessa et détache au bordj d'El Méridj un peloton de la 1re compagnie, sous les ordres du capitaine FAVRE DES ESTAVELS.

Pour parer à toute éventualité, on réunit au bordj des vivres et des munitions, et le capitaine s'occupe activement d'en organiser la défense.

A peine rentré à Constantine, le 1er bataillon, est appelé à combattre les incendies de forêts, qui embrasent le littoral de Bône à Djidjelli. Les 2e et 4e compagnies partent en chemin de fer le 23 août, et s'embarquent à Philippeville pour Collo où elles séjournent jusqu'au 11 septembre. Les 1re et 3e compagnies sont détachées à Jemmapes, du 24 août au 31 du même mois; elles se rendent ensuite à Philippeville et s'y embarquent le 3 septembre à destination de Djidjelli. Les 1re et 2e compagnies du 2e bataillon concourent, avec la 1re compagnie du dépôt, à combattre le fléau dans la région de Philippeville; du 21 août au 29 septembre, elles envoient sur différents points de petits détachements chargés de venir en aide aux populations menacées par l'incendie.

A l'Oued-Zen, le caporal BOUBIEN (Henri), chef de détachement, et les zouaves Blondeau (Michel) et Cléret (François) sont enveloppés par les flammes activées par un vent violent du Sud, et périssent sans qu'on puisse leur porter secours.

La population de Philippeville, voulant honorer la mémoire de ces braves soldats, morts victimes de leur devoir et de leur dévouement, assiste spontanément et tout entière à leurs obsèques, et M. Lesueur, conseiller général, leur fait élever un monument.

Lorsque tout danger est conjuré, le général commandant la division de Constantine envoie dans la Kabylie orientale une colonne volante placée sous les ordres du lieutenant-colonel Bayard du 3e zouaves : colonne de manœuvres et démonstration armée, rendue nécessaire par les évènements de Tunisie et les incendies récents.

Cette colonne quitte Constantine le 10 septembre et se rend dans la région d'El-Miliah.

Les 2e et 4e compagnies du 1er bataillon partent avec le lieutenant-colonel et sont ralliées, le 13 septembre, par les 1re et 3e compagnies du même bataillon, détachées à Djidjelli depuis le 3 septembre. La colonne rentre à Constantine, le 25 septembre par Milah et Aïn-Kerma, après avoir parcouru cette région remuante de la Kabylie orientale où nos armes on eu si souvent l'occasion de se montrer.

Au mois d'octobre, le régiment tout entier reçoit l'ordre de se rendre à Tébessa pour prendre part à la deuxième expédition de Tunisie.

Le général de division Forgemol de Bostquénard concentre au camp de Beccaria, du 1er au 15 octobre, les troupes qui doivent marcher, sous son commandement, contre Kairouan, la ville sainte.

La colonne comprend deux brigades d'infanterie et une brigade de cavalerie.

Les quatre bataillons du régiment et un bataillon du 100e de ligne forment la 1re brigade et sont placées sous les ordres du général de la Sougeole.

Au moment où l'attention de l'autorité militaire se portait sur la frontière tunisienne du cercle de Tébessa, le 3e bataillon et deux escadrons de chasseurs d'Afrique avaient été dirigés sur le col de Ténoukla, pour mieux surveiller les agissements des tribus hostiles de cette région. Nous savons que le 4e bataillon était venu renforcer la garnison de Tébessa, aussitôt après l'expédition de Kroumirie.

Les 2ᵉ et 3ᵉ compagnies de ce bataillon rallient le camp de Ténoukla le 5 août et y séjournent jusqu'au 5 octobre, tandis que les deux autres compagnies restent à Tébessa et sont employées à la manutention des vivres et des approvisionnements destinés à la division Forgemol.

2ᵉ Expédition de Tunisie.

(Septembre 1881.)

Le camp de Ténoukla est levé le 6 octobre, et les 3ᵉ et 4ᵉ bataillons se rendent à Beccaria, où devait avoir lieu la concentration du corps expéditionnaire.

Partis de Constantine le 2 octobre, l'état-major du régiment, les 1ᵉʳ et 2ᵉ bataillons rejoignent, le 10 octobre, le camp de Beccaria.

Le général de division arrive au camp, le 13 octobre, avec les dernières troupes et donne les ordres relatifs à la marche, au service et à la discipline générale de la colonne; il annonce au corps expéditionnaire, le 15 octobre, que les opérations vont commencer le lendemain.

« Vous allez commencer demain le mouvement en avant que

COMPOSITION DU RÉGIMENT AU JOUR DU DÉPART DE LA COLONNE
EXPÉDITIONNAIRE DE TÉBESSA.

Etat-Major.

MM. BERTRAND, colonel.
BAYARD, lieutenant-colonel.
GOGUEL, médecin-major de 1ʳᵉ classe.
BATTRÉAU, lieutenant officier-payeur.
BRION, sous-lieutenant porte-drapeau.
PÉRICAT, chef de musique.

1ᵉʳ *bataillon*.

BOUNIN, chef de bataillon.
BAUDARD, capitaine adjudant-major.

MM.	MM.
1ʳᵉ compagnie.	*3ᵉ compagnie.*
CHÉROUTRE, capitaine.	DROUIN, capitaine,
INNOCENZI, lieutenant.	MOUTON, sous-lieutenant.
LAUBECKER, sous-lieutenant.	
	4ᵉ compagnie.
2ᵉ compagnie.	BILLET, capitaine.
PELLIER, capitaine.	EDME, sous-lieutenant.
CONSTANT, lieutenant.	

vous attendez avec impatience ; vous avez déjà, pour la plupart, fait, cette année, une première expédition de Tunisie.

» Vous tiendrez à montrer, dans cette nouvelle campagne, l'esprit de discipline, le dévouement, l'énergie que la première colonne expéditionnaire a déjà largement et si honorablement déployés.

» Fier de marcher encore à votre tête, je sais que je puis compter sur les efforts de tous, pour triompher des difficultés que nous aurons à vaincre. »

La première brigade lève le camp de Beccaria le 16 octobre et va camper le même jour à Ras-el-Aïoun, où la rejoignent, le lendemain, la 2ᵉ brigade et l'énorme convoi qui accompagne la colonne.

La marche continue les jours suivants avec une régularité parfaite et sans incident jusqu'au 23 octobre. A cette date, l'avant-garde essuie quelques coups de fusil, tandis que des groupes nombreux de cavaliers et de fantassins se déploient sur les derrières de la colonne.

2ᵉ bataillon.

MM. ULM, chef de bataillon.
DIDIER, capitaine adjudant-major.

MM.

1ʳᵉ compagnie.

ROUET, capitaine.
DIRKSEN, lieutenant.
GRUET, sous-lieutenant.

2ᵉ compagnie.

MASSON, capitaine.
LECONTE, sous-lieutenant.

MM.

3ᵉ compagnie.

LOBRANI, capitaine.
BOURNEL, lieutenant.

4ᵉ compagnie.

COSTE, capitaine.
BALLET-BAZ, sous-lieutenant.

3ᵉ bataillon.

MM. LARUE, chef de bataillon.
LEBOURG, capitaine adjudant-major.
PERRET, médecin-major de 2ᵉ classe.

MM.

1ʳᵉ compagnie.

FABRE DES ESTAVELS, capitaine.
FAIVRE, lieutenant.
JOSEPH, sous-lieutenant.

2ᵉ compagnie.

LEGUAY, capitaine.
DUROY, lieutenant.
REGAD, sous-lieutenant.

MM.

3ᵉ compagnie.

BERTHELET, capitaine.
RENAUD, lieutenant.
OLIVAINT, sous-lieutenant.

4ᵉ compagnie.

VINCENT, capitaine.
BELOT, sous-lieutenant.

La bonne contenance du 3e bataillon, qui forme l'arrière-garde, et des feux de salve bien dirigés les tiennent facilement à distance.

Le 3e bataillon et le 100e de ligne ont un homme blessé. La marche de la colonne est à peine retardée.

Le lendemain, le zouave LOBRY (2e bataillon, 1re compagnie) est tué à bout portant par un Arabe qui s'est glissé, à la faveur de l'obscurité, jusque sur la ligne de nos sentinelles.

Le 25 octobre, à 8 heures du matin, la cavalerie a un engagement sérieux avec l'ennemi, dans un terrain fortement raviné qui oblige nos cavaliers à mettre pied à terre.

La situation est critique et déjà les chasseurs d'Afrique ont six hommes hors de combat, lorsque le lieutenant-colonel BAYARD arrive à leur secours avec le 3e bataillon du régiment.

Les compagnies FABRE DES ESTAVELS et BERTHELET, aussitôt déployées, s'élancent, avec un entrain irrésistible, dans les ravins et au milieu des fourrés qui abritent les Arabes.

Le zouave VIALIS, de la 3e compagnie, essuie un coup de fusil à bout portant et tue son adversaire à la baïonnette.

L'ennemi fuit en désordre et nous abandonne ses morts; à 11 heures, le bataillon est rassemblé et rapporte au camp deux fusils, un pistolet et des cartouchières, ramassés sur le terrain.

Le 26 octobre, à 2 heures du matin, le zouave PERRY (3e bataillon, 4e compagnie) tue à bout portant un Arabe qui cherchait à franchir la ligne des sentinelles.

Le 27 octobre, la colonne campe sur les bords de l'Oued-Marguellil, après une marche des plus pénibles.

La chaleur est accablante et nos hommes ne trouvent pas une goutte d'eau dans la plaine nue et sablonneuse que nous traversons.

4e bataillon.

MM. BAUDOIN, chef de bataillon.
DELAVALLÉE, capitaine adjudant-major.
PHILIPPI, médecin-major de 1re classe.

MM.	MM.
1re compagnie.	**3e compagnie.**
PASQUIER, capitaine.	ADAM, capitaine.
MARJOULET, sous-lieutenant.	GARRON, lieutenant.
	CAPBOSCQ, sous-lieutenant.
2e compagnie.	**4e compagnie.**
DUFAU, capitaine.	VALLEUR, capitaine.
	COGNON, lieutenant.

Pendant la route, trois compagnies du 3ᵉ bataillon, disposées en flanqueurs de droite, échangent quelques coups de fusil avec les Arabes ; l'ennemi se retire sans faire aucune tentative de résistance.

La colonne arrive le lendemain en vue de Kairouan et campe à 8 kilomètres de la ville sainte, sous les murs de laquelle sont déjà concentrées les colonnes Etienne et Logerot.

Le 29, à 8 heures du matin, l'état-major de la division Forgemol, les 3ᵉ et 4ᵉ bataillons du régiment parcourent les rues de Kairouan, musique en tête.

On lit aux troupes un ordre général du corps expéditionnaire, dans lequel le général Saussier, commandant en chef, les remercie de l'énergie et de la persévérance qu'elles ont montrées dans des marches fatigantes.

« C'est, dit-il, grâce à la rapidité de vos mouvements concentriques sur Kairouan, ainsi qu'à l'habile direction des différents chefs, que nous avons pu obtenir, presque sans effusion de sang, un grand résultat. »

La division Forgemol séjourne au camp, sous Kairouan, du 28 octobre au 9 novembre.

Le 31 octobre, le 1ᵉʳ bataillon quitte la colonne et escorte jusqu'à Sousse un convoi de ravitaillement de 1,000 chameaux ; il rentre à Kairouan le 4 novembre ; le même jour, le 2ᵉ bataillon fournit l'escorte d'un nouveau convoi de ravitaillement sur Sousse ; il rejoint le régiment le 8 novembre.

Depuis l'arrivée de la colonne sous les murs de la ville, les troupes sont occupées à des reconnaissances journalières et vont faire du bois, à 7 ou 8 kilomètres de la place.

Pour calmer l'agitation qui règne encore dans le Sud de la Régence, le commandant en chef ordonne au général Forgemol de marcher sur Gafsa.

La colonne de Tébessa est chargée de poursuivre et de châtier les tribus dissidentes qui fuient devant nos armes, emmenant leurs tentes et leurs troupeaux, et cherchent un refuge dans la Tripolitaine.

Le mouvement commence le 10 novembre.

Le 3ᵉ bataillon du régiment lève le camp à 7 heures du matin, avec un détachement du génie, et va installer à Bir-Zélas les appareils destinés à puiser de l'eau.

La colonne Forgemol arrive au camp de Bir-Zélas à 3 heures du soir.

Le général Saussier, commandant en chef les troupes de Tunisie, accompagne le général Forgemol, avec un bataillon du 1er zouaves.

Le 13 novembre, la colonne atteint les bords de l'Oued-Gilma et s'écoule péniblement par les trois gués de la rivière ; le régiment qui forme l'arrière-garde ne dresse ses tentes qu'à 4 heures.

La cavalerie surprend les dissidents pendant la marche et leur enlève une partie de leurs troupeaux. A 10 heures du soir, le colonel BERTRAND reçoit l'ordre de diriger deux bataillons sans sacs au devant de la cavalerie. Le lieutenant-colonel BAYARD part à 1 heure du matin avec les 1er et 4e bataillons et ramène au camp, à 3 h. 1/2, une razzia de 20,000 têtes.

La division Forgemol poursuit sa marche, les jours suivants, et se présente devant Gafsa, le 20 novembre, sans avoir rencontré l'ennemi.

Les dernières étapes ont été particulièrement pénibles, en raison de la chaleur et du manque d'eau ; les animaux vont s'abreuver dans les r'dirs et les hommes sont obligés de recourir aux tonnelets de l'équipage d'eau.

Le général établit son camp le 20 novembre, sur la rive gauche de la belle rivière qui traverse l'oasis de Gafsa.

Les tribus voisines font des offres de soumission, mais quelques contingents ennemis sont signalés sur la route du Sud.

Le 22 novembre, une colonne légère d'infanterie et de cavalerie se jette à leur poursuite sous les ordres du général de la Sougeole.

Les 3e et 4e bataillons du régiment sont appelés à faire partie de cette colonne, qui campe le soir même à l'oasis d'El-Guettar. On relève sur le sol les traces d'un récent passage de nombreux troupeaux.

Le lendemain, la colonne fait la grand'halte au puits de Marabet et s'avance jusqu'au pied du Djebel-oum-Ali. On ne trouve au camp que deux puits déjà épuisés par la cavalerie, avant l'arrivée des troupes.

Le général fait distribuer un petit convoi d'eau apporté d'El-Guettar.

En présence de cette situation, l'ordre est donné de rebrousser chemin le lendemain et d'aller camper aux puits de Marabet ; mais avant de commencer cette marche rétrograde, le général de la Sougeole dirige une reconnaissance de deux bataillons (1er zouaves et 3e bataillon) vers les hauteurs du Djebel-oum-Ali.

La colonne quitte le camp le 24, à 7 heures du matin, gravit pendant une heure une gorge très profonde, en suivant un sentier à peine tracé dans les rochers, et s'arrête sur une crête escarpée, d'où la vue s'étend au delà des Chotts-Roudaïres.

On aperçoit, dans le lointain, la fumée des campements hammamas; la colonne rentre au camp à 10 heures, sans incident.

A midi, le camp est définitivement levé et toutes les troupes prennent la direction des puits de Marabet; mais la cavalerie, partie dès le matin, les a épuisés.

Le général de la Sougeole donne l'ordre à l'infanterie de continuer sa marche et d'aller camper à El-Guettar, malgré l'heure avancée et les fatigues de la journée.

La colonne arrive à El-Guettar à 9 heures du soir.

Le 4ᵉ bataillon avait été laissé aux puits de Marabet, avec la cavalerie; il part le lendemain matin à 10 heures, rallie à une heure les troupes du général de la Sougeole, et rentre au camp de Gafsa, à 6 heures du soir.

Du 26 novembre au 3 décembre, les compagnies sont occupées, à tour de rôle, au service de reconnaissance ou au travail des fortifications.

Le 2 décembre, le 2ᵉ bataillon reçoit l'ordre de se placer, dès le lendemain, sous les ordres du colonel Jacob, du 3ᵉ tirailleurs, désigné pour commander la colonne mobile de Gafsa.

Le 4 décembre, la colonne du général Forgemol se met en route, pour rentrer à Tébessa par Fériana et Kasserin.

Les étapes sont longues et rendues pénibles par le mauvais temps et la pluie.

Le 15 décembre, au camp, sous Tébessa, le général Forgemol fait lire aux troupes l'ordre de dissolution de la colonne.

« La colonne de Tébessa, après avoir laissé une partie notable de ses éléments à Gafsa, est aujourd'hui dissoute.

» Les troupes de Constantine vont gagner les garnisons qui leur sont assignées, ou continuer, aux colonnes mobiles de Gafsa et de Tébessa, l'exécution de la mission confiée à leur dévouement; les troupes d'Alger, après nous avoir donné de nouveau, pendant cette dernière campagne, leur précieux concours, vont être dirigées sur Bône où elles s'embarqueront.

» Quand nous avons passé la frontière, il y a deux mois, je faisais appel à votre énergie et à votre abnégation pour triompher des obstacles que vous pourriez rencontrer. Au moment de notre séparation, je ne puis que vous remercier d'avoir si dignement répondu à cet appel.

» Tous, à tous les degrés de la hiérarchie, vous avez rivalisé de zèle à supporter les fatigues, à combattre l'ennemi, d'empressement à exécuter les ordres et à observer la discipline.

» Tous, vous vous êtes montrés ce que vous serez toujours, j'en ai l'assurance : de braves soldats, fiers d'avoir, une fois de plus, honoré par votre conduite le drapeau de la patrie. »

Le 17, commencent les marches de dislocation. Le 1er bataillon se rend à Bône, où la ville lui fait, le 26, une réception enthousiaste.

L'état-major du régiment et le 3e bataillon partent pour Constantine.

Le 4e bataillon reste à Tébessa et s'occupe, pendant tout l'hiver, de son installation au camp. Le mauvais temps et les pluies torrentielles qui ne cessent de tomber rendent presque impossible le séjour sous la tente. On élève, dans chaque compagnie, de petites baraques en pierre qui assurent aux hommes une protection plus efficace contre le froid et la pluie ; le bataillon est employé, jusqu'au mois de novembre 1882, à des travaux de construction qui transforment le camp des zouaves en une petite ville.

Ces occupations sont fréquemment interrompues par le départ périodique d'une ou de plusieurs compagnies chargées d'escorter, jusqu'à Fériana (route de Gafsa), des convois de vivres ou d'argent.

Le 11 octobre, un peloton de la 3e compagnie du 4e bataillon, sous les ordres du lieutenant GARRON, est mis à la disposition de la mission chargée d'organiser un réseau optique dans le Sud de la province de Constantine et de relier télégraphiquement les points suivants : Tébessa, Négrine, Gafsa, Khenchela, Biskra, Debila et Tuggurth.

Ce détachement reste cinq mois et demi absent et rejoint son bataillon, le 25 mars 1883, à Constantine.

Le 4e bataillon est remplacé à Tébessa par le 1er bataillon, venu de Bône, et rentre à Constantine le 12 novembre.

Le 2e bataillon du régiment, que nous avons laissé à Gafsa le 3 décembre 1881, quitte, le 6 février 1882, la colonne mobile et rejoint à Tébessa le 4e bataillon.

Envoyé à Halloufa, le 24 février, il est employé, du 26 février au 26 juin, aux travaux de la route de Constantine.

Le 2e bataillon abandonne ses chantiers le 27 juin et arrive à Constantine le 4 juillet.

Le 1er bataillon tient garnison à Bône jusqu'au mois de novembre et fournit des détachements pour la garde des détenus et la surveillance des forêts.

Le 13 août, le zouave L\ᴇᴍᴀʀǫᴜᴀɴᴛ et le caporal Dᴇᴅɪᴇᴜ, de la 1ʳᵉ compagnie, se dévouent pour sauver deux civils qui se noyaient ; le zouave Lᴇᴍᴀʀǫᴜᴀɴᴛ est proposé pour une médaille d'honneur.

Le 1ᵉʳ bataillon part pour Tébessa le 4 novembre.

Au 1ᵉʳ janvier 1883, l'état-major du régiment, les 3ᵉ et 4ᵉ bataillons sont à Constantine. Les 1ʳᵉ et 3ᵉ compagnies du 3ᵉ bataillon sont détachées à Philippeville.

Le 2ᵉ bataillon tient garnison à Bône, et le 1ᵉʳ fait partie de la colonne mobile de Tébessa.

Colonne de Négrine.

(Juin 1883.)

Le 18 juin, le général commandant la division de Constantine donne l'ordre, par dépêche, au commandant supérieur de Tébessa, de former avec les troupes sous ses ordres une petite colonne de deux compagnies de zouaves et deux pelotons de chasseurs d'Afrique.

Cette colonne, sous le commandement du commandant Bᴏᴜɴɪɴ, doit se rendre à Koudiat-el-Maiza, le 22, faire sa jonction avec les troupes partant de Négrine et parer aux éventualités auxquelles peuvent donner lieu les rassemblements suspects qu'on signale à Tamerza.

Les compagnies des capitaines Sᴀᴊᴏᴛ et Dᴇsᴏʀᴛʜᴇs sont désignées pour partir ; le capitaine Bᴀᴜᴅᴀʀᴛ remplit les fonctions d'adjudant-major.

La petite colonne quitte Tébessa le 18 à 2 heures du soir et arrive à 9 heures au camp d'Elma-el-Abiod ; elle repart à 4 heures, le lendemain matin, pour Bir-el-Atouch.

Une nuit presque sans sommeil, la chaleur accablante de la journée rendent la marche lente et laborieuse. Les hommes sont épuisés de fatigues.

La colonne arrive à 5 heures du soir à Bir-el-Atouch, campe le 20 à Bir-el-Ater, le 21 à Bir-Soukiès et, le 22, opère sa jonction à Koudiat-el-Maiza, avec les troupes de Négrine.

L'eau de Koudiat est insuffisante et mauvaise.

Le commandant Bᴏᴜɴɪɴ laisse en ce point un peloton de 45 hommes avec quatre jours de vivres, sous les ordres du lieutenant Bᴏᴜᴅɪɴ, et marche sur Négrine avec le reste de sa colonne.

Les désordres de Tamerza étant apaisés et la présence des

troupes reconnue inutile, la colonne regagne Tébessa et rentre au camp des zouaves le 30 juin.

Au mois d'octobre de la même année, le 1er bataillon quitte Tébessa et se rend à Khenchela, où se concentre la colonne chargée d'exécuter une marche-manœuvre dans l'Aurès, sous les ordres du lieutenant-colonel ROUVIÈRE, du 3e zouaves.

Les opérations durent quinze jours; le 1er bataillon rentre à Constantine le 7 décembre, après avoir traversé le massif montagneux de l'Aurès, en passant par Aïn-Tamagra, Keiran, Tirza-Féradj, Sidi-Fatallah, Médinah, le Markhouna, Lambessa et Batna.

Au mois de novémbre, le 3e bataillon reçoit l'ordre de se rendre à Sétif, où se forme une colonne de manœuvres qui doit opérer dans le Hodna. Le commandant LARUE, les compagnies VINCENT, GOMBAUT et RENAUD prennent part aux opérations du Hodna, qui commencent le 9 novembre.

La colonne s'avance jusqu'à Barika et rentre à Sétif le 23 novembre.

Pendant ce temps, la 2e compagnie est en station à Sétif.

Au 1er janvier 1884, le régiment occupe les garnisons de Constantine, Philippeville, Sétif, Tébessa et Bône.

Au mois d'octobre, le général Davoust, commandant le 19e corps d'armée, prescrit de former dans la province des colonnes de manœuvres destinées à opérer dans certaines régions.

Le 2e bataillon fait partie de la colonne de Tébessa, marche dans la direction de Khenchela et rentre à Constantine le 28 octobre.

Les trois autres bataillons du régiment, renforcés de 60 réservistes par compagnie, opèrent avec la colonne de Kabylie dans la région Milah-El-Miliah, sous le commandement du colonel BERTRAND.

Le mauvais temps et les pluies torrentielles arrêtent les manœuvres le 16 octobre, à Milah.

Les marches de dislocation commencent le 19 octobre; le 4e bataillon rentre à Constantine, où il doit tenir garnison.

Le 1er bataillon est dirigé sur Sétif, le 3e bataillon occupe Bougie et fournit les détachements de Takitount, Akbou et M'Silah.

Dans les derniers jours de mars 1885, le 3e régiment de zouaves reçoit l'ordre de tenir un bataillon de 1,000 hommes prêt à être embarqué pour le Tonkin, où il doit renforcer le corps expéditionnaire.

LIVRE VII

TONKIN

CHAPITRE Ier

Départ du 1er bataillon pour le Tonkin (12 avril 1885). — Le 1er bataillon s'embarque pour l'Annam (27 juin). — Description de Hué. — Guet-apens de Hué (6 juillet). — Marche de la colonne de gauche. — Attaque du palais royal. — Marche de la colonne de droite.

Départ du 1er bataillon pour le Tonkin.

(12 Avril.)

Le 1er bataillon, désigné pour renforcer le corps expéditionnaire du Tonkin, reçoit l'ordre de faire immédiatement ses préparatifs de départ, de laisser en Algérie les hommes libérables dans l'année et ses malingres, et de se compléter à 1,000 hommes par des prélèvements faits sur toutes les compagnies du régiment.

Il quitte Sétif le 1er avril et rallie, à Constantine, les détachements fournis par les autres bataillons. Le 4e bataillon est envoyé à Sétif, par les voies rapides, pour tenir garnison dans cette ville et occuper les postes que le 1er bataillon vient de quitter.

Le lieutenant Lorengé, de la 3e compagnie du 1er bataillon, chargé de remplir au Tonkin les fonctions d'officier d'habillement, est remplacé, dans sa compagnie, par le lieutenant Constant de la 2e compagnie du 2e bataillon.

Le sous-lieutenant Edme, porte-drapeau, est nommé officier payeur du bataillon.

Le capitaine adjudant-major Baudart et le lieutenant Mouteaux, détachés à la télégraphie optique, dans le Sud de la province, rentrent à leur bataillon.

Le 4 avril, le 1er bataillon est entièrement réuni à Constantine, et définitivement constitué de la manière suivante (1).

Le 1er bataillon quitte Constantine le 10 avril, arrive à Philippeville le même jour et s'embarque le 12 au matin sur le vapeur le *Canada*.

Après des escales très courtes à Port-Saïd (17 avril), Aden (24 avril), Colombo (2 mai), Singapore (8 mai), le *Canada* mouille à 11 heures du matin, le 13 mai, dans la baie d'Along.

Le 14, le débarquement commence par les deux premières compagnies et l'état-major ; les deux autres compagnies arrivent à Haï-Phong le lendemain. Le 16, la première compagnie prend passage à bord de « la *Trombe* » pour se rendre à Dap-Cau, et deux jours après, le reste du bataillon rejoint la 1re compagnie.

Dap-Cau est une position militaire qui commande le passage de Taï-Binh, par la route mandarine : c'est une redoute avancée de Bac-Ninh ; avec les corps et services qui s'y trouvaient déjà, le village n'offre pas assez de ressources pour loger un bataillon à l'effectif de guerre.

Les compagnies sont dirigées, aussitôt après leur débarquement,

---

(1) *Etat-major :*

MM. Metzinger, chef de bataillon ;
   Baudart, capitaine adjudant-major ;
   Mercier, médecin-major de 2e classe ;
   Lorengé, lieutenant, officier d'habillement ;
   Edme, sous-lieutenant, officier payeur.

MM.	MM.
1re compagnie.	*3e compagnie.*
Chéroutre, capitaine ;	Drouin, capitaine.
Hue, dit Lacroix, lieutenant.	Constant, lieutenant.
Heitschell, sous-lieutenant.	Jacquot, sous-lieutenant.
2e compagnie.	*4e compagnie.*
Sajot, capitaine.	Badani, capitaine.
Boudin, lieutenant.	Mouteaux, lieutenant.
Fellmann, sous-lieutenant.	Pellicot, sous-lieutenant.

sur Ti-Bau, grand village annamite, construit au pied des collines qui dominent Bac-Ninh, à 1,500 mètres de Dap-Cau environ.

A peine installé, le bataillon reçoit l'ordre de se tenir prêt à partir pour Hanoï, dès le surlendemain.

Les deux premières compagnies et l'état-major doivent se mettre en route le 20; les deux dernières, sous le commandement du capitaine DROUIN, quitteront leurs cantonnements le 21.

La température était accablante; l'état hygrométrique de l'air, qui atteint, au Tonkin, un degré voisin de la saturation et empêche l'évaporation, est, en tout temps, dangereux; il faut des précautions infinies pour éviter des accidents presque toujours mortels, et éloigner des troupes en marche cette menace permanente.

L'énorme chargement des sacs, l'insuffisance des moyens de transport, l'inexpérience des conditions climatériques, la fatigue d'une longue traversée, suivie de journées pénibles passées en corvées, devaient augmenter les dangers et les difficultés de la marche. Ajoutons qu'à l'arrivée du bataillon, les magasins n'avaient plus de casques pour garantir les zouaves contre le soleil; il fallut leur faire porter le turban à la manière kabyle.

Le 19 au soir, à 11 heures, les deux compagnies d'avant-garde commencent leur mouvement; elles mettent cinq heures pour faire une quinzaine de kilomètres.

Plusieurs hommes étaient tombés, étourdis par l'étouffante chaleur, leurs vêtements trempés par la sueur, comme s'ils eussent été plongés dans les rizières qui bordent le chemin.

A l'arrivée à Phu-Tu-Son, des hommes de bonne volonté se présentent pour aller chercher les plus malades, qui sont, dans la même journée, transportés à l'ambulance de Bac-Ninh.

Les autres rentrent au cantonnement; l'un d'entre eux succombe, le soir même, à un « coup de chaleur ». Le mouvement se continue la nuit suivante.

Le détachement part de Phu-Tu-Son à 11 heures, et l'avant-garde arrive, vers 6 heures du matin, sur la rive gauche du Fleuve-Rouge, en face d'Hanoï. A 11 heures du matin, la dernière section de la colonne entrait à la citadelle.

Une partie des coolies avait fui; le capitaine adjudant-major BAUDART, le sergent-major BLANC et quelques hommes furent laissés à la garde des bagages, restés en péril. A son départ de Phu-Tu-Son, cette arrière-garde essuie des coups de feu qui n'atteignent personne. Le capitaine Baudart continue sa route, sans répondre au feu des pirates.

Les 3e et 4e compagnies, parties de Ti-Bau le 21, font le même chemin pendant les journées des 21 et 22 mai. Au bac des Rapides, un homme de la 3e compagnie meurt d'un « coup de chaleur ».

Le 22 au soir, le bataillon se trouve tout entier réuni à Hanoï, cantonné dans de mauvaises baraques en bambous et torchis, recouvertes en paillotte. Les derniers jours de mai et le mois de juin sont consacrés à l'installation des compagnies.

Le 1er bataillon s'embarque pour l'Annam.

(27 juin.)

Le 27 juin, le bataillon reçoit l'ordre d'accompagner, à Hué, le général en chef qui va présenter ses lettres de créance au gouvernement annamite.

La fanfare et un détachement de 100 hommes du 11e bataillon de chasseurs à pied doivent partir avec lui. Le lieutenant Lorengé reste à Hanoï, avec le magasin et une centaine d'hommes malades. L'escorte du général de Courcy s'embarque sur des canonnières, descend le canal des Rapides et arrive, le soir même, à Haï-Phong.

Le lendemain, 28 juin, elle prend place à bord des bâtiments désignés pour la transporter à Hué.

La traversée s'opère sans incident. Le 1er bataillon débarque à Thuan-An, le 2 juillet, à 1 heure du soir.

L'état-major du bataillon, les 3e et 4e compagnies et une partie de la 2e s'embarquent sur des jonques et arrivent, le soir même, au Mang-Ca (queue de poisson); elles cantonnent dans de grands hangars, couverts de nattes, au milieu de la concession française. La 1re compagnie et le reste de la 2e n'arrivent que le lendemain, 3 juillet; elles sont baraquées dans le Mang-Ca.

Description de Hué.

Une description des lieux est indispensable pour mieux se rendre compte des événements qui vont suivre.

La citadelle de Hué est un grand carré de 2,000 mètres de côté, dont les quatre angles donnent, à peu près, la direction des quatre points cardinaux.

Son enceinte bastionnée est entourée d'une double ligne d'eau, constituée par les fossés de la citadelle, la rivière de Hué, les canaux de Dong-Ba, de Ring-Long et de Bang-Vin.

Elle est percée de dix portes, surmontées chacune d'une tour carrée à deux étages, appelée mirador. Un canal de 25 à 50 mètres de large, vaseux et profond, partage la citadelle en deux parties; dans la partie Sud-Est, s'élève le palais royal; sa double rangée de murs et ses fossés en font un réduit capable d'une sérieuse résistance.

Au Nord du palais royal, se trouvent de grands bâtiments qui servent à la fois de magasins et d'ateliers; à l'Est, s'étendent le quartier riche, dit des Ministères, et la partie commerçante de la ville; on voit, le long des remparts, de longues casernes pouvant contenir de 3 à 400 Annamites et, dans tous les bastions, des cagnas, sortes de hangars, qui servent aussi à loger des troupes.

Des paillottes, entourées de jardins, de haies de bambous et de bananiers, s'éparpillent dans l'enceinte; elles se serrent, à mesure qu'on se rapproche du palais et des ministères; mais elles laissent de vastes espaces vides, incultes ou coupés de rizières, sur tout le côté Nord-Ouest de la ville; enfin, les longues chaussées, tirées au cordeau, sont défendues, surtout dans la partie Sud, par des coupures avec revêtement en briques communiquant de l'une à l'autre par de profondes tranchées. Une centaine de canons de tous calibres garnissent les remparts, les rues, les casernes et les miradors. Telle est, à grands traits, la physionomie générale de la ville de Hué; la garnison est évaluée à 12 ou 1,500 soldats; le chiffre de la population varie entre 30 et 50,000 habitants.

La légation, où réside le représentant de la France, se trouve sur la rive droite du fleuve, vis-à-vis l'angle Est de la citadelle; la compagnie d'infanterie de marine qui sert de garde au résident est baraquée dans les cagnas voisines.

A la suite du bombardement des forts de Thuan-An et des traités de juin 1884, il avait été concédé à la France un ouvrage détaché de la citadelle, appelé le Mang-Ca. Cet ouvrage a un relief suffisant pour résister à une attaque extérieure, mais le rempart de la citadelle, qui en forme la gorge, le domine complètement et pourrait en rendre l'occupation impossible, en cas de conflit avec la garnison annamite.

Pour assurer la sécurité de l'ouvrage, le gouvernement français avait demandé et obtenu la partie du rempart qui en forme la quatrième face. On avait ainsi pris pied dans la citadelle annamite ; un petit mur en briques de 2^m,50 de hauteur avait été élevé immédiatement pour enclore la petite zone concédée.

A l'abri d'un coup de main, la position n'en était pas moins mauvaise, parce qu'elle était vue et commandée par les bastions voisins. Les deux faces du petit mur d'enceinte présentaient une coupure d'une vingtaine de mètres, donnant passage à un ancien canal, à moitié comblé ; elles étaient, de plus, complètement enfilées par les miradors 1 et 10.

A leur arrivée à Hué, le bataillon de zouaves et le détachement de chasseurs à pied sont répartis de la manière suivante : les 1re et 2° compagnies sont dans le Mang-Ca avec une compagnie d'infanterie de marine ; les 3e et 4e compagnies et les chasseurs, dans les hangars qui viennent d'être construits pour la circonstance au milieu de la concession française.

Un petit détachement d'artillerie de marine, l'infirmerie, l'administration et son magasin sont déjà logés dans ces hangars.

Une deuxième compagnie d'infanterie de marine garde la légation.

Guet-apens de Hué.

(5 juillet.)

Le 4 juillet, le général de Courcy fait venir à la légation la fanfare des chasseurs à pied et réunit tous les officiers présents à Hué ; à 7 heures, il retient à sa table les officiers supérieurs, les capitaines, l'officier de garde et prend congé des autres.

La fanfare des chasseurs attire autour du palais un foule considérable d'Annamites.

Rien d'hostile ne se lit sur leurs physionomies.

Les officiers retenus à la légation rallient leurs cantonnements vers 11 heures. Un silence profond règne dans la citadelle et les faubourgs. Quelques lumières d'un éclat particulier brillent et disparaissent sur certains points de la ville, mais cette remarque attire moins l'attention que l'absence de sampans sur le fleuve, au moment où les officiers veulent rentrer au Mang-Ca.

La retraite des bateliers paraît tellement anormale au résident de Hué, qu'il traduit son désappointement par une phrase dont on devait se souvenir le lendemain : « C'est de mauvais augure, » s'écrie-t-il. A minuit, tout rentre dans l'ordre et la paix profonde de la nuit, sous un ciel d'une extrême limpidité, n'est plus troublée que par le cri de : « Sentinelles, veillez! » répété de demi-heure en demi-heure par les factionnaires.

Rien ne fait prévoir l'orage qui va éclater.

Moins d'une heure après, le bruit du canon éveille tout le monde et une grêle de boulets s'abat sur le petit espace occupé par les Français. A la première décharge, le commandant Metzinger se précipite vers les hangars occupés par la 3ᵉ compagnie, la plus voisine de l'ennemi. Il calme les soldats qui viennent d'être surpris dans leur sommeil et leur fait prendre les armes.

Tout à coup, des centaines de lumières s'allument le long de la berge du canal, dans l'intérieur même de la concession ; une bande d'Annamites se rue, la torche à la main, sur les premières baraques qu'elle incendie.

La sentinelle à la porte crie : « Aux armes! » et fait feu. Le capitaine Drouin, les lieutenants Constant et Jacquot accourent aussitôt, rallient leurs hommes et s'efforcent de rejeter l'ennemi hors de la concession. Dès les premiers coups de fusil, le capitaine Badani, les lieutenants Mouteaux et Pellicot se portent sur le théâtre du combat et réunissent les zouaves de la 4ᵉ compagnie.

Mal éveillés, à demi-nus, les hommes mettent baïonnette au canon et engagent une lutte sans merci contre leurs sauvages agresseurs. Officiers et soldats se confondent dans une mêlée furieuse.

Le lieutenant Constant est entouré et blessé de trois coups de lance, à la tête et à l'épaule ; il va sans doute succomber, quand le sergent Dussarger accourt et le délivre.

Un quart d'heure après l'attaque, il ne restait plus un Annamite vivant dans la concession française ; les cadavres amoncelés sur un petit espace démontraient combien la lutte avait été vive.

Le mur d'enceinte est solidement occupé par les 3ᵉ et 4ᵉ compagnies, qui gardent les portes ; la 1ʳᵉ compagnie reçoit l'ordre de garnir, au centre, le vide laissé entre elles.

Dès lors, une attaque de vive force n'est plus à craindre ; les compagnies se reforment et l'on peut envisager la situation avec moins d'inquiétude. Cependant, l'incendie se propage, et la moitié des cagnas de la concession est en feu.

Le bombardement continue avec rage : boulets, paquets de mitraille, fusées incendiaires, balles sifflent de tous côtés. Les deux extrémités du mur d'enceinte sont enfilées par des pièces en batterie aux miradors et derrière des barricades voisines. Le sous-lieutenant PELLICOT, le capitaine DROUIN, le capitaine Bruneau de l'artillerie de marine, une trentaine d'hommes tombent presque tous mortellement frappés. La situation, déjà intolérable, ne serait plus tenable au jour.

Une sortie devient absolument nécessaire; malheureusement, ni les zouaves, ni les chasseurs ne connaissent la ville où il leur avait été interdit d'entrer.

Cette ignorance des lieux et le petit nombre de soldats français ne permettent pas de risquer dans l'obscurité de la nuit une tentative qui, pour tous, est une question de vie ou de mort.

Le lieutenant-colonel PERNOT, commandant supérieur, s'entend avec le commandant METZINGER et décide que l'attaque aura lieu au petit jour.

En attendant, les positions sont rectifiées; le nombre des défenseurs du mur est diminué pour ne pas exposer inutilement les hommes, leur permettre de manger et de se reposer; une ou deux sections par compagnie se portent en réserve et s'abritent.

Afin de parer à toute éventualité, des traverses sont improvisées sur la banquette le long du mur d'enceinte; la 2ᵉ compagnie gardée en réserve construit une tête de pont pour protéger nos communications avec le Mang-Ca, sur lesquelles convergent les projectiles ennemis.

Enfin, l'heure impatiemment attendue va sonner. Il est convenu qu'il serait formé deux colonnes d'attaque, que chacune d'elles suivrait les remparts jusqu'au mirador le plus voisin, s'y établirait solidement et gagnerait ensuite du terrain, en incendiant tout sur son passage, de façon à dégager le plus possible les abords du Mang-Ca. Bien que ne menaçant pas la retraite de l'ennemi, l'attaque de gauche était la principale; elle avait moins de chemin à faire pour arriver au palais royal et pour se mettre en relation avec la légation, dont chacun était impatient d'avoir des nouvelles.

La 2ᵉ compagnie tout entière (capitaine SAJOT), guidée par un petit détachement d'infanterie de marine, était chargée de la commencer; elle devait ensuite être renforcée au fur et à mesure de ses progrès. Le commandant METZINGER marchait à sa tête. La colonne de droite était formée par la compagnie de chasseurs à pied du capitaine BORNE, qui emmenait aussi quelques soldats d'infanterie de marine.

Le jour paraît; l'instant est solennel; chacun se rend compte que la vie de tous dépend du succès de l'attaque, car il n'y a pas de retraite possible. Deux pièces de 12 du Mang-Ca, servies par l'artillerie de marine, donnent le signal en tirant sur les miradors.

Les tambours et clairons réunis battent et sonnent la charge, les portes sont enfoncées plutôt qu'ouvertes et les deux colonnes s'élancent aussitôt.

Nous allons les suivre successivement.

Marche de la colonne de gauche.

Le mirador, distant d'environ 300 mètres du mur d'enceinte, est le premier objectif de la compagnie Sajot; malgré les chevaux de frise, les barricades et les obstacles de toute nature qui en obstruent les approches, l'ouvrage est enlevé sans coup férir; les obus de 12, qui viennent d'y éclater, en ont déjà délogé les défenseurs.

Le peloton de réserve s'y établit solidement, et la chaîne, entraînée par son capitaine et son chef immédiat, le lieutenant Boudin, continue la marche en avant avec un élan irrésistible; elle culbute les Annamites et enlève les barricades qui défendent la chaussée du rempart.

Une demi-section suit à quelque distance avec mission d'incendier les casernes et les magasins qui bordent la route.

Grâce à cette précaution, le flanc droit de la colonne d'attaque est couvert et sa retraite n'est plus compromise.

Arrivé au canal, le lieutenant Boudin dirige quelques feux de salve sur le pont et ses abords; le peloton de soutien de la 2ᵉ compagnie, remplacée au mirador par une section de la 3ᵉ, accourt et donne une nouvelle impulsion à l'attaque.

Le canal est bientôt franchi; mais avant de pousser plus loin, il est essentiel d'assurer la garde de cette ligne importante et la possession du pont, seule retraite de la compagnie engagée. Sur la droite, en effet, à 3 ou 400 mètres dans un coude du canal, s'élèvent de grands bâtiments, entourés de murs, d'où partent des coups de fusil, chaque fois qu'un des nôtres franchit le pont. On aperçoit, en outre, des groupes nombreux d'Annamites, se glissant le long des murs et des haies de bambous.

La mousqueterie reste sans action contre ces murs épais.

Le capitaine Baudart va chercher deux pièces d'artillerie, les place en batterie à l'angle du pont et fait fouiller toute la zone de terrain comprise entre la poudrerie, le jardin royal et la bibliothèque.

Sous la protection de ce feu, la 2e compagnie reprend sa marche et s'empare du deuxième mirador, tandis qu'un détachement de la 3e compagnie s'établit en soutien de l'artillerie et garde le pont.

Cette course interrompue, ces assauts successifs épuisent les hommes qui viennent de passer une nuit sans sommeil ; mais de la vigueur de l'attaque dépend le succès, et le commandant Metzinger leur demande encore un effort, pour profiter des avantages obtenus.

Le capitaine Sajot entraîne sa compagnie jusqu'au saillant Est de la citadelle, vis-à-vis de la légation.

La section d'arrière-garde, sous les ordres de M. Fellmann, continue à couvrir le flanc de la colonne d'attaque et à s'opposer aux retours offensifs de l'ennemi. Des groupes de tireurs s'établissent sur le prolongement des rues en ligne droite, et, par des feux de salve bien dirigés, prennent les barricades à revers.

La 2e compagnie s'établit solidement sur le rempart, ouvre les portes extérieures des miradors, afin de s'assurer, en cas de besoin, une nouvelle ligne de retraite. Il devient alors possible de pénétrer dans l'intérieur de la ville et de marcher sur le château royal.

La 3e compagnie, commandée par le lieutenant Constant depuis la mort du capitaine Drouin, est appelée à entrer en ligne.

Le premier peloton franchit le pont du canal et prend, comme objectif, le quartier des ministères, dans le voisinage duquel s'élève le palais.

Le deuxième peloton (sous-lieutenant Jacquot) garde provisoirement le pont et la ligne du canal.

Le lieutenant Constant engage ses zouaves sur deux routes parallèles, à 150 mètres l'une de l'autre ; quelques soldats de l'infanterie de marine se joignent aux deux petites colonnes, qui suivent les chaussées sans trop de difficultés ; les clôtures, les haies de bambous et de bananiers ne permettent pas aux hommes de s'écarter.

La résistance augmente à mesure que les colonnes s'avancent ; la fusillade devient très vive aux abords du quartier des ministères. Des coups de fusil bien ajustés enfilent les grandes avenues que suivent les assaillants, tandis que leur flanc droit est exposé aux feux qui partent des quartiers où cantonne la garde du roi.

Les avenues en ligne droite sont coupées tous les 50 mètres par d'autres rues perpendiculaires ; à chaque embranchement s'élève une barricade établie longtemps à l'avance et derrière laquelle les Annamites ont réuni leurs meilleurs fusils.

Les hommes gagnent du terrain en s'abritant le plus possible le long des haies et en s'efforçant de déborder les retranchements ennemis.

Grâce aux mauvaises dispositions des Annamites, grâce surtout à la diversion produite sur la gauche par la compagnie Sajot, les zouaves du lieutenant Constant font des progrès sérieux, et arrivent vers 7 heures au milieu du quartier des ministères. Les coups de feu deviennent de plus en plus rares et l'ennemi semble s'être retiré. Les hommes sont à jeun et combattent depuis six heures ; les fatigues de la marche se joignent aux souffrances de la chaleur ; n'étant plus soutenue par l'ardeur de la lutte, la 3ᵉ compagnie s'arrête à la vue de ces maisons étranges, silencieuses, entourées de murs infranchissables. Le commandant Metzinger profite de ce moment d'arrêt pour reconnaître le terrain et rechercher la direction du palais royal, que les toits des maisons voisines cachent à sa vue.

Tout à coup, des cris furieux éclatent sur la droite, et une bande d'Annamites armés de coupe-coupe et de longues lances se rue sur le groupe qui formait, de ce côté, l'extrémité de notre ligne.

En moins d'une minute, nous avons une vingtaine d'hommes mis hors de combat ; les autres, surpris par la brusquerie et l'étrangeté de cette attaque, se replient sur la fraction de la compagnie, qui se trouvait à leur gauche.

Le nombre et l'audace des ennemis vont croissant ; la situation est critique.

Le lieutenant Constant rallie ses hommes et se met à leur tête.

Le premier mouvement de surprise passé, les zouaves s'élancent sur les Annamites, en criant plus fort que l'ennemi ; une décharge à bout portant renverse les plus audacieux et met en fuite le reste des assaillants.

Les Annamites sont poursuivis la baïonnette dans les reins et bientôt tout danger est conjuré ; il ne reste d'autre trace de cette tentative avortée que les nombreux cadavres qui couvrent la chaussée.

Attaque du palais royal.

La poursuite de l'ennemi amène les zouaves sur les bords du fossé qui entoure le palais royal, mais ce dernier effort achève d'user leurs forces ; le nombre des blessés est considérable et les moyens de transport font défaut.

Les renforts, attendus du Mang-Ca, n'arrivant pas, le commandant METZINGER se décide à envoyer chercher sur le rempart la 2e compagnie qui a eu le temps de se reposer.

Le château semble abandonné ; mais le fossé large et boueux qui l'entoure, sa double rangée de murs, les barricades et les chevaux de frise qui encombrent ses passages, en font un obstacle sérieux.

Le silence absolu, l'inconnu qui l'enveloppe le rendent encore plus menaçant.

Un renfort précieux et inattendu arrive heureusement et va permettre d'affronter ces nouvelles difficultés.

La tête de colonne de la 1re compagnie apparaît au moment où l'adjudant MARTIN venait rendre compte qu'il n'avait pu rejoindre la 2e compagnie.

Le capitaine CHÉROUTRE était d'abord resté en réserve à la garde des murs de la Concession ; mais jugeant des progrès de l'attaque par l'intensité de la fusillade, il avait pénétré dans la ville par la coupure qui existe au milieu du mur et avait poussé droit devant lui.

Rapide d'abord, la marche de la 1re compagnie se trouve tout à coup arrêtée par le canal.

Le pont qu'elle a devant elle est enfilé par une batterie de 17 pièces de canon qui l'oblige à se déployer le long de la rive.

Le sous-lieutenant EDME, comme nous le verrons plus loin, reçoit l'ordre d'enlever cette batterie.

Des salves, bien dirigées, éteignent le feu de l'ennemi et permettent aux zouaves du capitaine CHÉROUTRE de franchir le pont ; bientôt l'explosion d'une caisse de poudre blesse grièvement le sous-lieutenant HEITSCHELL et plusieurs hommes.

Peu de temps après, le lieutenant LACROIX tombe mortellement frappé, en enlevant un petit ouvrage dont les feux de flanc arrêtaient la marche de la compagnie.

En présence de ces pertes, devant cette résistance inattendue, le capitaine CHÉROUTRE, qui est sans données positives sur l'attaque des ailes, craint, en trop s'avançant, de perdre la ligne du canal. Il se retire sur le pont et le met en état de défense.

La 1re compagnie se remet en marche vers 6 h. 1/2, après un assez long arrêt ; elle suit la grande artère qui longe le jardin royal et atteint, cette fois sans obstacle, la porte du palais, où les débris du peloton de la 3e attendaient épuisés.

L'arrivée de ce renfort et presque au même moment du lieutenant-colonel PERNOT, avec un détachement d'infanterie de marine, permet d'entreprendre l'attaque du château.

Tous nos efforts viennent se briser contre la porte épaisse et massive qui en ferme l'entrée ; quelques hommes tirent par dessous ; d'autres escaladent un corps de garde et dirigent, du sommet des toits, dans l'intérieur du palais, des feux qui hâtent la fuite des éléphants et des derniers défenseurs.

Pendant ce temps, on découvre un second passage qui permet de déboucher sur la vaste esplanade comprise entre le palais royal et le Cavalier, sorte de fort à trois étages où flottent les couleurs de l'Annam.

Zouaves et soldats de l'infanterie de marine s'avancent au pas de course, l'ennemi fuit de toutes parts dans la direction de l'Ouest.

Le pavillon annamite est amené, et le général en chef, qui suivait anxieusement, de la légation, les mouvements des troupes de la citadelle, envoie par un quartier-maître un drapeau français.

Les tambours et clairons qui se trouvent là battent et sonnent « aux champs » ; les zouaves présentent les armes, pendant que les couleurs nationales vont prendre en haut du mât la place du pavillon annamite.

Marche de la colonne de droite.

Nous avons laissé en arrière la 4e compagnie du bataillon (capitaine BADANI) et le 2e peloton de la 3e compagnie (sous-lieutenant JACQUOT).

Bien que n'étant pas appelées à prendre part à l'attaque principale, ces fractions ne restent pas inactives.

Ainsi que nous l'avons déjà dit, l'attaque de droite était confiée à une compagnie du 11ᵉ bataillon de chasseurs ; cette compagnie perd du temps à tirailler et à prendre ses dispositions contre le mirador nᵒ 1.

Un groupe de 50 hommes, appartenant à toutes les compagnies, rallié par l'officier payeur, le sous-lieutenant Edme, qui s'était offert pour remplacer le sous-lieutenant Pellicot, grièvement blessé, vient appuyer le mouvement des chasseurs à pied.

Le mirador enlevé, M. Edme suit la compagnie des chasseurs et pénètre avec elle dans la ville.

A ce moment, toutes les forces de l'offensive, à l'exception de la 4ᵉ compagnie de zouaves, se trouvaient sur le bord du canal, en présence d'un obstacle impossible à franchir ailleurs que sur les ponts barricadés et solidement défendus.

La fusillade ennemie redoublait d'intensité, les pièces tiraient à toute volée.

Le sous-lieutenant Edme marche sur une batterie, dont le feu gênait le mouvement de la 1ʳᵉ compagnie. Au premier bond, une douzaine d'hommes tombent, plus ou moins grièvement atteints ; le reste hésite un instant, mais reprend bientôt sa place autour du chef, qui l'entraîne par son exemple.

Une nouvelle décharge ne touche personne. Les zouaves se jettent sur les canons qu'ils renversent, et tuent les Annamites sur leurs pièces.

Un peu plus tard, le sous-lieutenant Jacquot reçoit l'ordre d'aller renforcer l'attaque de droite, avec le second peloton de la 3ᵉ compagnie ; il rallie, au pas de course, la compagnie de chasseurs à pied et la fraction du sous-lieutenant Edme.

Ces trois groupes dégagent les deux rives du canal, et produisent une heureuse diversion sur les derrières de l'ennemi.

Ils s'avancent jusqu'à hauteur de la pagode de Gia-Long, où ils sont accueillis par un feu très nourri. Le sous-lieutenant Edme occupe la pagode avec les quelques hommes qui lui restent.

En pénétrant dans la ville, les chasseurs à pied s'étaient écartés de la direction qui leur avait été tracée. Pour remédier à cette erreur, le lieutenant-colonel Pernot fait entrer en ligne la 4ᵉ compagnie, avec mission de suivre la chaussée du rempart qui domine la ville et en assure la possession.

Couvert par une section d'avant-garde, sous les ordres du lieutenant Mouteaux, le capitaine Badani pousse résolument de l'avant, sans répondre au feu de l'ennemi et sans s'inquiéter de la distance qui le sépare du Mang-Ca.

Il arrive ainsi jusqu'au pont du canal, situé sur la face Sud-Ouest de la ville, à près de 3 kilomètres de son point de départ.

Si son mouvement eût commencé plus tôt, il aurait pu couper la retraite des Annamites et arrêter la fuite des éléphants qu'on voyait, lourdement chargés, gagner la route du Tonkin ; ses feux obligent l'ennemi à précipiter sa retraite, en faisant un grand détour. Quelques retardataires, n'osant pas sortir de la ville, sont pris le lendemain.

A 10 heures, le commandant Metzinger reçoit l'ordre de faire rentrer trois compagnies au Mang-Ca. La 1ʳᵉ compagnie (capitaine Chéroutre) reste seule, avec l'état-major du bataillon, pour garder le Cavalier et les deux miradors les plus voisins.

Cette position commande le palais, les ministères, et communique avec la légation, dont elle n'est séparée que par la rivière.

Pendant que le bataillon de zouaves culbute, dans les rues de la ville, les bandes annamites qui ont attaqué le Mang-Ca, la compagnie d'infanterie de marine lutte, seule, à la légation, contre des milliers d'ennemis.

Le général de Courcy et son état-major courent les plus grands dangers, mais leurs courageux défenseurs repoussent tous les assauts. Lorsque l'ennemi se retire, le palais de la légation est en ruines et ses abords sont encombrés de cadavres annamites.

6 juillet.

Le bataillon de zouaves occupe la ville et fournit des postes, pour garder les miradors.

Chaque compagnie a la surveillance d'un secteur. On ouvre les portes du palais, dont toutes les richesses sont restées en place.

Le général en chef visite l'ambulance et distribue les récompenses.

Le commandant Metzinger est promu officier de la Légion d'honneur ; le capitaine Sajot, M. Mercier, médecin-major, le lieutenant Hue-Lacroix, les sous-lieutenants Pellicot, Heitschell, l'adjudant Martin reçoivent la croix de chevalier ; les sergents Gibier, Dussarger, Bosserelle, le caporal-clairon Devertu, les zouaves Manet, Tellier, Durand, Coupet, Dumont, Delbos, Ferron, Martin (Claude), Charteraire, Durand (Auguste), Noir, Dupas, Peyrac, Meignen, Malartie, Blaize, Braud, Minard, Langlois, Ménard, sont décorés de la médaille militaire.

L'adjudant Dᴇɪxᴏɴɴᴇ et le sergent-major Rᴏssɪɢɴᴏʟ sont promus sous-lieutenants.

On lit aux hommes l'ordre général relatif au combat de Hué et le télégramme de félicitations adressé au général de Courcy par le Ministre de la guerre.

ORDRE GÉNÉRAL.

« La capitale de l'Annam est au pouvoir de la France.

« Huit cents zouaves et cent chasseurs à pied, venus à Hué avec une mission pacifique, répartis entre le Mang-Ca et la légation, concurremment avec les deux cent cinquante hommes qui formaient la garnison de Hué, ont été subitement assaillis par l'armée annamite, le 5 juillet, à 1 heure du matin. En un instant, l'incendie dévorait les paillottes qui servaient de casernement à nos troupes et, pendant tout le reste de la nuit, les fusées incendiaires, les balles et les boulets pleuvaient sur elles et sur la *Javeline*, mouillée près du Mang-Ca.

« A la légation, cent cinquante hommes d'infanterie de marine tenaient tête aux attaques répétées de bandes hardies, et restaient impassibles sous le feu des batteries de la citadelle, qui les criblaient de boulets et de mitraille, transformant l'hôtel en une véritable ruine.

« Au Mang-Ca, dès le point du jour, deux colonnes débouchaient et se jetaient furieuses et intrépides dans l'immense citadelle.

» Trois heures plus tard, trente mille hommes, qui formaient la garnison de la place, étaient en déroute, la cour en fuite, les palais royaux entre nos mains.

» A huit heures, le drapeau français remplaçait les couleurs de l'Annam.

» Jamais une agression aussi odieuse et plus sauvage ne fut si rapidement vengée.

» Officiers, sous-officiers, soldats et marins, vous avez égalé, par votre sang-froid et votre intrépidité, les troupes des meilleures époques de notre histoire, et vous avez accompli un grand fait d'armes.

» La France vous en sera reconnaissante.

» Sont cités à l'ordre du jour du corps expéditionnaire :

» MM. Bᴀᴅᴀɴɪ, capitaine, a fait preuve d'audace en se portant avec sa compagnie à l'extrémité de la citadelle, sans être appuyé ni soutenu, pour couper la retraite aux Annamites.

» Boudin, lieutenant, a enlevé brillamment deux miradors à la tête de la section.

» Edme, sous-lieutenant, officier payeur, a enlevé brillamment, à la tête d'une section, un pont défendu par plusieurs pièces de canon.

« Fellmann, sous-lieutenant, a déployé une grande énergie en repoussant une contre-attaque dirigée contre la colonne de gauche dont il formait l'arrière-garde.

» Au quartier général, à Hué, le 7 juillet 1885.

» Signé : de Courcy. »

Télégramme du Ministre de la guerre adressé au général commandant en chef le corps du Tonkin.

« Paris, le 6 juillet 1882.

» Recevez pour vous-même et transmettez à vos troupes les remerciements du Parlement, ceux du pays tout entier et les miens. Je confirme toutes les nominations et décorations données. »

7 juillet et suivants.

Mort du lieutenant Hue-Lacroix.

Dans chaque secteur, on reçoit l'ordre de brûler les cadavres que les Annamites n'ont pas eu le temps d'enlever. Cette pénible besogne dure plusieurs jours; le bataillon en brûle 700, les chasseurs à pied 300.

On noie les poudres et on fait la chasse aux Annamites restés dans les cagnas.

Chaque jour, en effet, de nouveaux incendies éclatent et détruisent le peu qui reste de la ville; tous les indigènes sont expulsés, les compagnies font bonne garde pour les empêcher d'escalader les murs et de rentrer dans la ville, où les attire le désir du pillage.

Quelques alertes se produisent du côté de la compagnie de chasseurs, restée au Mang-Ca; mais comme elles énervent et fatiguent inutilement les troupes, des ordres sévères sont donnés pour qu'il ne soit plus tiré un coup de fusil.

15 et 16 juillet.

Arrivée de l'état-major et du 11e bataillon de chasseurs à pied, désigné pour tenir garnison à Hué, conjointement avec le bataillon de zouaves. Il occupe le Mang-Ca et la partie de la ville située au Nord du canal ; les zouaves sont baraqués dans la partie Sud.

24 juillet.

Mort du sous-lieutenant Heitschell.

Le général Prudhomme prend le commandement des troupes de l'Annam.

16 août.

Mort du sous-lieutenant Pellicot qui, malgré son courage, n'a pu résister à la fièvre typhoïde qui est venue aggraver son état.

Pendant le mois d'août, les compagnies s'occupent de nettoyer et d'assainir les anciennes casernes annamites où les troupes sont cantonnées ; on fait l'inventaire des richesses trouvées [dans le palais du roi.

Les barres d'or et d'argent sont encaissées et confiées à la garde du 3e zouaves.

Le commandant Metzinger fait reprendre les exercices et prépare son bataillon, par des manœuvres et des marches d'entraînement, aux nouvelles épreuves qui l'attendent encore sur cette terre inhospitalière.

Le guet-apens de Hué vient de permettre au 3e zouaves de montrer une fois de plus les solides qualités militaires de ses soldats.

Entouré de milliers d'ennemis, perdu dans une ville inconnue, le bataillon du commandant Metzinger a conjuré le terrible danger qui le menaçait, à force d'audace et d'énergie. Il a supporté, pendant huit heures, le poids écrasant de la lutte dans les rues et s'est avancé de barricade en barricade jusqu'au palais royal où flottaient les couleurs annamites.

Mais le succès a été chèrement acheté, et la journée du 5 juillet coûte au 1er bataillon 5 officiers et 69 hommes tués ou blessés.

CHAPITRE II

Le commandant Baudart prend le commandement du 1er bataillon. — Départ
des 1re et 2e compagnies pour le Tonkin. — Chasse aux pirates. — Combat
de Kan-Ouet (28 octobre). — Combat de Quan-Mô (15 septembre 1886). —
Conclusion.

Le commandant Baudart prend le commandement
du 1er bataillon.

Le commandant Metzinger est promu lieutenant-colonel au 70e de
ligne, par décret en date du 29 juillet. Par le même décret, le capitaine adjudant-major Baudart est nommé chef de bataillon au
3e zouaves, en remplacement du commandant Metzinger.

Le commandant Baudart prend le commandement du 1er bataillon, à partir du 1er septembre.

L'arrivée des renforts appelés du Tonkin permet d'organiser
la défense et de réduire les postes de Hué. Mais les fatigues du
service, un régime alimentaire insuffisant et défectueux, l'occupation de logements provisoires malsains, les émanations d'un sol
couvert de débris animaux et végétaux en décomposition, avaient
singulièrement favorisé le développement des maladies.

L'état sanitaire devient mauvais en fin août et dans les premiers
jours de septembre.

Après quinze jours d'une pluie torrentielle, quelques cas de choléra se manifestent. C'était une nouvelle et terrible épreuve imposée
au bataillon.

Pendant tout le temps que dure l'épidémie, l'énergie, la fermeté
et le dévouement des zouaves ne se démentent pas un seul instant.

Les actes à citer seraient nombreux.

Chaque compagnie organise une infirmerie, dans laquelle sont soignés les malades et les suspects. Les infirmiers volontaires ne firent jamais défaut. Tous ces dévouements peuvent se résumer en un seul exemple. Le zouave DUCELLIER, de la 4ᵉ compagnie, avait suivi à l'ambulance une entrée de 7 malades de sa compagnie, atteints du choléra. Un jour, un caporal, dans un accès de délire, se précipite du haut du rempart dans un fossé plein d'eau, où il va se noyer.

DUCELLIER n'hésite pas : il suit le malade par l'embrasure la plus voisine, se jette dans le canal, et rapporte dans ses bras son camarade mourant. Le lieutenant-colonel METZINGER décore lui-même le zouave DUCELLIER de la médaille militaire et lui exprime, devant tous les zouaves réunis, combien supérieurs et camarades sont heureux de la récompense qu'il vient d'obtenir.

Du 6 au 23, nous enregistrons la mort de 50 cholériques. Parmi ces derniers, se trouve un sous-officier d'élite, le sergent GIBIER, brave et digne serviteur, qui emporte l'estime et les regrets de tous.

Le 14 septembre, toutes les troupes de la garnison de Hué prennent les armes pour rendre les honneurs au nouveau roi que le gouvernement français place sur le trône de l'Annam.

Les richesses artistiques trouvées dans le palais royal sont réunies dans la salle du trône, et remises au souverain annamite par le général de Courcy.

Départ des 1ʳᵉ et 2ᵉ compagnies pour le Tonkin.

Dans les premiers jours d'octobre, le bataillon est désigné pour rentrer au Tonkin; il est appelé à prendre part à une action générale qui doit avoir lieu au Nord de Hong-Hoa, contre les pirates qui infestent cette région.

L'état-major, les 1ʳᵉ et 2ᵉ compagnies débarquent à Haï-Phong le 9 octobre, remontent sur le *Pluvier* le canal des Bambous, et arrivent le 13 octobre à Hanoï. Le choléra fait de nouvelles victimes dans le détachement et rend nécessaire l'isolement des compagnies.

L'état-major du bataillon, la section active, le magasin et la 1ʳᵉ compagnie vont s'installer en dehors de la citadelle, à la Pagode des Mulets, près le blockhaus Nord.

La 2ᵉ compagnie, qui est la plus frappée, reçoit l'ordre de s'établir dans le village de Tram-Tri, à 4 kilomètres environ au Sud d'Hanoï.

Par suite de nouvelles dispositions du général commandant en chef, les 3e et 4e compagnies sont maintenues provisoirement en Annam.

L'état-major, les 1re et 2e compagnies doivent tenir garnison à Hanoï, et faire partie du régiment de marche, placé sous les ordres du lieutenant-colonel Callet.

Chasse aux pirates.

L'épidémie cholérique semble s'être arrêtée ; aucun cas n'ayant été signalé depuis le 14 octobre, les zouaves commencent à pourchasser les pirates, qui tiennent la campagne entre le Day et le Fleuve Rouge.

La 1re compagnie est dirigée sur le poste de Phu-Thuong-Tin, au sud d'Hanoï ; le 23 octobre, elle culbute une bande de 2 ou 300 rebelles qui paraissent vouloir menacer nos cantonnements

Combat de Kan-Ouet.

(28 octobre.)

Le 28 octobre, le commandant Baudart part en reconnaissance de Phu-Than-Hoaï, avec 2 officiers et 100 hommes de la 2e compagnie, commandée par le capitaine Sajot.

200 miliciens du Quan-Bô lui sont adjoints.

Arrivée à hauteur de Kan-Ouet, l'avant-garde est accueillie à coups de fusil ; un millier de pirates occupe le village dont ils ont fortifié l'enceinte.

Malgré l'énorme infériorité du nombre, les zouaves bravent la fusillade et marchent à l'ennemi baïonnette au canon.

Leur élan vient se briser contre une double haie de bambous, solidement défendue.

La porte du village résistant à tous leurs efforts, le commandant Baudart envoie l'éléphant du Quan-Bô pour renverser cet obstacle ; la porte vole en éclats, sous les défenses de l'éléphant.

Le capitaine Sajot pénètre aussitôt dans le village à la tête de la compagnie. Après une lutte de quelques minutes, les pirates prennent la fuite, en nous abandonnant leurs morts.

Le lieutenant Boudin les reçoit sur leur ligne de retraite et en fusille un grand nombre.

Cette affaire, vigoureusement menée, coûte à la 2ᵉ compagnie : 2 zouaves tués, Aberlenc et Lemaistre ; 1 sergent, 1 caporal et 4 zouaves blessés : Blanc, sergent ; Duplix, caporal ; Voirac, Julien, Mautrot, Veyrand, zouaves.

La poursuite des pirates continue les jours suivants. Les zouaves battent le pays jusqu'au 10 novembre. A cette date, le chef de bataillon et la 1ʳᵉ compagnie rentrent à Hanoï, où ils doivent tenir garnison ; la 2ᵉ compagnie se met en route le lendemain matin pour se rendre à Nain-Dinh.

Le 13 novembre, le capitaine Chéroutre est désigné pour se rendre dans le Sud de l'Annam avec sa compagnie, une section de tirailleurs tonkinois et une section d'artillerie de montagne,

Le commandant Baudart et la 2ᵉ compagnie sont appelés à faire partie de la colonne Mignot, qui doit se rendre à Hué, par terre, en suivant la route Mandarine.

Les 3ᵉ et 4ᵉ compagnies, qui n'ont pas quitté l'Annam, prennent part aux opérations militaires dirigées, dans ce pays, contre les nombreuses bandes de rebelles.

Année 1886.

Dans le courant de l'année 1886, le 1ᵉʳ bataillon est tout entier réuni au Tonkin ; l'effectif de ses compagnies est considérablement augmenté par les renforts que nous laisse le 23ᵉ de ligne. L'état-major du bataillon occupe Hanoï ; mais les compagnies fournissent de nombreux détachements aux postes militaires et aux colonnes volantes qui donnent la chasse aux pirates.

Au mois de septembre 1886, le général commandant le corps expéditionnaire met à l'ordre du jour la conduite vigoureuse d'un peloton de la 1ʳᵉ compagnie, commandé par le lieutenant Jacquot, à l'affaire de Quan-Mô.

Combat de Quan-Mô.

(15 septembre.)

Dans les premiers jours de septembre 1886, des bandes de rebelles venaient inquiéter le poste de Phu-Nho. Une petite colonne composée de Tonkinois, d'infanterie de marine et de zouaves, sous les ordres du lieutenant-colonel Doods, fut chargée de les repousser ; le peloton du lieutenant Jacquot, de la 1re compagnie, faisait partie de cette colonne.

Le 15 septembre, elle se trouve en présence de 4 à 500 pirates qui occupaient le col de Quan-Mô ; elle se déploie, sans hésiter, pour en forcer l'entrée, hérissée de rochers et de barricades en pierres sèches ; après un feu nourri, les zouaves, appuyant vigoureusement les tirailleurs tonkinois, se lancent à l'assaut que l'ennemi n'attend pas.

Le soir même, M. le sous-lieutenant Bailly, avec une partie de sa section, allait cantonner au village de Dam-Dap de concert avec une section de tirailleurs tonkinois, sous le commandement de M. le capitaine Pariguet.

A trois reprises différentes, à minuit, à une heure et demie et à deux heures du matin, l'ennemi se porte sans aucun succès à l'attaque du village.

A l'assaut du col de Quan-Mô, comme toujours, les zouaves ont montré un entrain irrésistible, qui a fait l'admiration des troupes voisines.

Les pertes ont été les suivantes :

Trois tués : le caporal Alleaume, les zouaves Ramade et Boucher ; trois blessés : le clairon Dehette, les zouaves Paternotte et Seitler.

Le clairon Dehette, blessé au pied, s'est assis et a continué à sonner la charge.

CONCLUSION

En arrêtant ici l'historique du 3e zouaves, nous ne dirons pas que notre tâche est terminée.

Depuis sa création, le régiment a donné son concours à toutes les expéditions entreprises dans la province de Constantine, a pris part à toutes les guerres que la France a faites sur les deux continents. Ses 34 années d'existence ont été noblement remplies, mais le Livre d'Or de ses exploits doit rester ouvert. Heureux qui ajoutera de nouvelles pages à ses glorieuses annales !

Heureux qui nous racontera que les héros du Niederwald sont vengés et qu'une main victorieuse a relevé leurs tombes !

Nous avons essayé, dans ce simple récit, de faire revivre le passé ; nous avons recueilli pieusement les traditions d'honneur et de bravoure qui constituent notre précieux héritage.

A nous de l'enrichir encore !

Si le 3ᵉ zouaves a généreusement versé son sang sur les champs de bataille de l'Afrique, de l'Europe, de l'Amérique et de l'Asie, nous savons aussi que, pionnier de la première heure, il a largement payé sa dette à l'œuvre de la colonisation, et c'est le secret de la popularité dont il jouit dans ses garnisons d'Algérie. Son dévouement civique a toujours été à la hauteur de ses vertus militaires, et, dans son histoire, glorieux martyrologe, nous avons inscrit les noms des victimes du devoir à côté de ceux des héros de la bataille.

Nous avons suivi notre drapeau, dans nos jours de victoire comme dans nos désastres ; malgré nos malheurs, sa double décoration brille toujours d'un vif éclat au-dessus des nobles couleurs que la défaite n'a pu flétrir. Le drapeau de Palestro n'a pas orné le triomphe du vainqueur.

Puisse la lecture de cette histoire servir de leçon et développer, dans tous les cœurs, le patriotisme, l'esprit de sacrifice, le sentiment du devoir qui ont élevé si haut la réputation de nos aînés !

N'oublions pas les enseignements du passé ; et toi, zouave du 3ᵉ régiment, garde précieusement le souvenir des hauts faits que tes anciens ont accomplis. Réchauffe ton cœur au feu sacré de ces nobles exemples. Sois fier de marcher à l'ombre du drapeau de Palestro, et de payer ta dette à la patrie dans les rangs d'un régiment qui a de si belles annales.

Reste fidèle au culte des traditions et tu seras toujours digne de tes aînés, digne de ceux qui ont illustré à jamais ton drapeau et mérité, sur le champ de bataille, le nom de : *premiers soldats du monde !*

TABLEAU N° 1

ÉTAT nominatif des colonels qui ont commandé le 3e régiment de zouaves depuis sa formation.

NOMS.	DURÉE DU COMMANDEMENT.		DERNIER GRADE dans l'armée.	OBSERVATIONS.
	DU	AU		
Tarbouriech....	17 février 1852.	23 septembre 1854.	Colonel.	Mort du choléra en Crimée.
de Saint-Pol....	10 novembre 1854.	17 mars 1855.	Général de division.	
de Bonnet-Maurelhan de Polhès............	21 mars 1855.	17 septembre 1855.	Général de division.	
de Chabron.....	22 septembre 1855.	20 juin 1859.	Général de division.	Sénateur.
Mangin	25 juin 1859.	24 décembre 1864.	Général de division.	
Tourre..........	26 décembre 1864.	4 mai 1865.	Colonel.	Brûlé, victime de son dévouement dans un incendie à Puebla (Mexique).
Bocher	17 juin 1865.	25 août 1870.	Général de division.	Sénateur, décédé en 1886.
Cloux..........	24 août 1871.	30 mars 1878.	Général de brigade.	
Cajard.........	4 avril 1878.	28 juin 1881.	Général de brigade.	Décédé à Lyon.
Bertrand.......	10 juillet 1871.	24 juillet 1885.		Commande actuellement la subdivision de Sousse (Tunisie) 1876.
Lucas..........	29 juillet 1885.			

TABLEAU N° 2

État nominatif des officiers qui ont servi au 3ᵉ régiment de zouaves, depuis sa formation, en 1852.

NOMS.	DATE DE L'ARRIVÉE AU CORPS. Différents grades remplis au corps. Date du départ.	DERNIER GRADE dans l'armée.	OBSERVATIONS.
AILLERY.........	Sous-lieutenant le 30 décembre 1852, lieutenant le 24 mars 1855, capitaine le 20 juin 1859 ; parti le 10 avril 1861.	Capitaine.	Blessé le 31 mai 1859, au combat de Palestro (Italie).
AVON...........	Sous-lieutenant le 31 janvier 1855.	S.-lieutenant.	*Mort* dans la nuit du 22 au 23 mars 1855, devant Sébastopol.
ALDEBERT	Sous-lieutenant le 31 janvier 1855.	S.-lieutenant.	*Tué* devant Sébastopol le 23 mars 1855.
ARNOUX.........	Sous-lieutenant le 2 mai 1855, lieutenant le 17 mars 1857.	Lieutenant.	
AIMONT..........	Sous-lieutenant le 19 septembre 1855 ; passé dans la garde le 24 avril 1867.	Capitaine.	
ARNAUDEAU......	Lieutenant-colonel le 28 janvier 1860, nommé colonel au 34ᵉ le 16 mai 1863.	Général de division.	Sénateur.
DES ANCHEVINS...	Capitaine le 26 mai 1868 ; démissionnaire le 27 novembre 1868.	Capitaine.	
ARGOUT	Sous-lieutenant le 3 novembre 1870, démissionnaire le 5 août 1871.	S.-lieutenant.	
ADAM (A) (*).....	Capitaine le 27 mars 1878, passé au 110ᵉ de ligne le 8 avril 1884.		
AUBRY (A).......	Sous-lieutenant le 3 février 1885, nommé lieutenant au 85ᵉ le 28 octobre 1885.		
BERTIN	Major le 17 février 1852, passé aux zouaves de la garde le 12 janvier 1855.	Chef de bataillon.	Blessé à l'Oued-Bellal (Afrique), le 19 mars 1840.
BOUIS	Capitaine le 13 février 1852.	Capitaine.	*Tué* le 18 mars 1855, devant Sébastopol.
BRINCOURT	Capitaine le 25 février 1852, nommé chef de bataillon le 13 juillet 1855 au 6ᵉ de ligne.	Général de division.	Blessé le 22 mars 1855, à l'attaque de la tour de Malakoff.

(*) La lettre (A), placée à la suite du nom, indique que l'officier est en activité de service.

NOMS.	DATE DE L'ARRIVÉE AU CORPS. Différents grades remplis au corps. Date du départ.	DERNIER GRADE dans l'armée.	OBSERVATIONS.
BENTZ..........	Lieutenant le 25 février 1852, changé de corps le 23 novembre 1854.	Lieutenant.	
BÉRARD..........	Lieutenant le 13 février 1852, capitaine le 31 décembre 1854, changé de corps le 23 janvier 1857.	Chef de bataillon.	
BOISTARD........	Lieutenant le 25 février 1852, capitaine le 12 mars 1857; passé au 2ᵉ bataillon d'Afrique le 23 avril 1872.	Chef de bataillon.	
BRANDE..........	Sous-lieutenant le 25 février 1852, lieutenant le 27 décembre 1854, capitaine le 12 août 1857, major le 1ᵉʳ décembre 1870; parti le 13 août 1872.	Chef de bataillon.	Blessé le 8 mai 1863 au combat de San-Lorenzo (Mexique).
BLAISE..........	Sous-lieutenant le 25 février 1852, lieutenant le 24 mars 1855, capitaine le 20 juin 1859; changé de corps le 10 octobre 1861.	Capitaine.	
BRUN............	Sous-lieutenant le 6 mai 1853, lieutenant le 24 mars 1855, capitaine le 5 mai 1859; retraité le 31 janvier 1862.	Capitaine.	
BOYER..........	Sous-lieutenant le 28 février 1854, lieutenant le 19 septembre 1855; parti le 26 mars 1858.	Lieutenant.	
BREUNE..........	Sous-lieutenant le 18 novembre 1854, lieutenant le 29 juin 1855, capitaine le 12 août 1861.	Capitaine.	Blessé le 30 juin 1854 chez les Beni-Idjer; blessé le 20 juin à Taffertas (Kabylie); *décédé* le 5 février 1864.
BROGNET........	Sous-lieutenant le 17 février 1855, passé dans la garde le 11 avril 1856.	Capitaine.	
BANON..........	Chef de bataillon le 27 février 1855.	Chef de bataillon.	Blessé le 28 mai 1849, chez les Beni-Sliman (Afrique); *tué* à l'attaque de la tour Malakoff le 23 mars 1857.
BORSARY........	Sous-lieutenant le 24 mars 1855, lieutenant le 8 novembre 1857; changé de corps le 20 avril 1862.	Capitaine.	
DE BONNET MAU-RELHAN DE POL-HÈS..........	Colonel le 21 mars 1855, passé dans la garde le 17 septembre 1855.	Général de division.	Blessé le 29 août 1854 au combat de Mouzaïa (Afrique).

NOMS.	DATE DE L'ARRIVÉE AU CORPS. Différents grades remplis au corps. Date du départ.	DERNIER GRADE dans l'armée.	OBSERVATIONS.
BERTRAND.......	Sous-lieutenant le 30 août 1855, lieutenant le 28 mars 1860 ; passé dans la garde le 9 octobre 1861.	Capitaine.	Blessé le 7 juin 1855 à l'attaque du Mamelon Vert.
BOCHER.........	Chef de bataillon le 25 septembre 1855, promu lieutenant-colonel du 19e le 3 juin 1859, colonel le 17 juin 1865 ; promu général de brigade le 25 août 1870.	Général de division.	Blessé le 21 mars 1842 à Siékak (Afrique) ; blessé le 8 septembre 1855 à Sébastopol. — Sénateur.
BLAIN DESCORMIERS.........	Capitaine le 3 avril 1857.	Capitaine.	*Tué* au combat de Candelaria (Mexique).
BERTHUY	Sous-lieutenant le 27 mars 1858, lieutenant le 13 août 1863 ; changé de corps le 15 août 1866.	Chef de bataillon.	
BERGER.........	Lieutenant-colonel le 3 juin 1858, nommé colonel au 59e le 21 janvier 1860.	Général de brigade.	
DE BRICHE.......	Chef de bataillon le 5 mai 1859, nommé lieutenant-colonel au 2e étranger le 2 juillet 1863.	Colonel.	Blessé le 15 juin 1849 à Pont de Molle ; blessé le 13 mai 1863 devant Puebla (Mexique).
BOUCHÉ.........	Sous-lieutenant le 28 mai 1859, lieutenant le 14 mars 1864, capitaine le 7 août 1869 ; parti le 21 août 1872.	Capitaine.	Blessé le 3 avril 1863 devant Puebla (Mexique).
BILLION.........	Capitaine le 17 avril 1860, passé dans la garde le 7 janvier 1865.	Capitaine.	
BALDY	Sous-lieutenant le 1er octobre 1860, lieutenant le 12 avril 1865, capitaine le 10 août 1868.	Capitaine.	Blessé le 24 octobre 1863 à la prise du fort San-Xavier (Mexique).
BOILEAU........	Sous-lieutenant le 12 mars 1862, lieutenant le 8 novembre 1866 ; changé de corps le 16 novembre 1868.	Lieutenant.	Blessé le 30 juin 1857 à la prise du village Aït-Azi (Kabylie) ; *tué* à Frœschwiller le 6 août 1870.
BRIBES	Sous-lieutenant le 18 juin 1863, lieutenant le 17 novembre 1867 ; changé de corps le 26 mai 1870.	Capitaine.	
BAZAINE (A).....	Sous-lieutenant le 11 juillet 1864, lieutenant le 8 novembre 1866 ; passé au 18e bataillon de chasseurs à pied, le 10 novembre 1867.		

NOMS:	DATE DE L'ARRIVÉE AU CORPS. Différents grades remplis au corps. Date du départ.	DERNIER GRADE dans l'armée.	OBSERVATIONS.
BLANCQ (A)......	Sous-lieutenant le 1er octobre 1864, lieutenant le 7 août 1869, capitaine le 6 janvier 1871; passé le 13 juillet 1872 au 23e bataillon de chasseurs à pied.	Chef de bataillon.	Blessé le 6 août à Frœschwiller.
BOULÉ..........	Sous-lieutenant le 16 mars 1866, lieutenant le 25 avril 1870.	Lieutenant.	Blessé le 9 septembre 1865 au col de Chamal (Mexique). *Décédé* le 22 janvier 1871, à Héricourt (Hte-Saône) des suites de ses blessures.
BILLOT..........	Capitaine le 16 mai 1866.	Capitaine.	*Mort* à Constantine le 16 avril 1866.
BABLON (A)......	Sous-lieutenant le 30 septembre 1866, passé au 1er tirailleurs le 14 novembre 1866.		
BARDOL (A)......	Sous-lieutenant le 1er octobre 1866, lieutenant le 20 août 1870; nommé capitaine au 63e le 13 mai 1873.		Blessé le 6 août 1870 à Frœschwiller.
BERTHEMET......	Sous-lieutenant le 1er octobre 1867.	S.-lieutenant.	*Tué* à Frœschwiller le 6 août 1870.
BRUGUEROLLE....	Capitaine le 11 février 1868.	Capitaine.	*Tué* à Frœschwiller le 6 août 1870.
BUCHE..........	Sous-lieutenant le 10 août 1868.	S.-lieutenant.	*Tué* à Frœschwiller le 6 août 1870.
BERTHELET (A)...	Sous-lieutenant le 1er octobre 1868, lieutenant le 14 octobre 1870, nommé capitaine au 80e le 13 mai 1873, capitaine le 30 décembre 1876; passé au 86e de ligne le 26 janvier 1886.		Blessé le 6 août 1870 à Frœschwillers.
BUSTIN..........	Capitaine le 15 octobre 1869, passé au 4e zouaves le 1er novembre 1870.	Capitaine.	
BOUSSON (A).....	Sous-lieutenant le 1er octobre 1860, passé au 14e bataillon de chasseurs à pied le 21 mai 1872.		Blessé le 6 août 1870 à Frœschwiller.
BERTHOMMIER....	Sous-lieutenant le 2 avril 1870, lieutenant le 20 août 1870; passé au 4e zouaves le 1er novembre 1870.	Lieutenant.	
BRUNELLI........	Sous-lieutenant le 25 septembre 1870, lieutenant le 4 avril 1871; passé capitaine au 111e le 8 mai 1876.	Capitaine.	Blessé le 28 novembre 1870 à Beaune-la-Rolande.

NOMS.	DATE DE L'ARRIVÉE AU CORPS. Différents grades remplis au corps. Date du départ.	DERNIER GRADE dans l'armée.	OBSERVATIONS.
BORDIER............	Sous-lieutenant le 25 septembre 1870, lieutenant le 16 septembre 1871; parti le 6 mars 1873.	Lieutenant.	
BERTOSSA........	Sous-lieutenant le 28 octobre 1870, lieutenant le 10 juillet 1875; passé au 38e le 22 septembre 1875.		
BOISSON.	Lieutenant-colonel le 24 septembre 1870, promu général de brigade le 15 novembre 1870.	Général de division.	
DE BRÊME........	Commandant le 20 septembre 1870, lieutenant-colonel le 15 novembre 1870; passé au 65e le 5 décembre 1870.	Général de division.	
BERNARD	Lieutenant-colonel le 25 novembre 1870, passé au 41e de ligne le 12 décembre 1871.	Colonel.	
BUVIGNIER (A)....	Capitaine adjudant-major le 4 avril 1871, passé au 94e de ligne le 12 septembre 1876.		
BOERNER (A).....	Capitaine le 16 septembre 1871, promu chef de bataillon au 21e de ligne le 18 mars 1879.		Blessé le 15 janvier 1871 au combat de Chagey (Doubs).
BISSUEL (A)......	Lieutenant le 4 avril 1871, passé au 28e de ligne le 1er septembre 1873.		
BONDIS (A).......	Sous-lieutenant le 25 septembre 1870, passé au 1er zouaves le 31 janvier 1872; capitaine le 17 juin 1882.		
BAUFUMÉ (A).....	Sous-lieutenant le 21 septembre 1870, passé au 1er zouaves le 25 mars 1872.		
BERTIN	Sous-lieutenant le 27 septembre 1870, passé au 1er zouaves le 25 mars 1872.	Lieutenant.	
BOUCHY	Sous-lieutenant le 20 août 1870, parti le 2 septembre 1870.	S.-lieutenant.	Blessé à Malakoff le 8 septembre 1855.
BADIN	Sous-lieutenant le 4 avril 1871, parti le 31 mai 1872.	S.-lieutenant.	Blessé le 24 juin 1859 à Solférino.
BUCHILLOT.......	Sous-lieutenant le 27 septembre 1870.	S.-lieutenant.	Tué à l'attaque de Beaune-la-Rolande le 28 novembre 1870.

NOMS.	DATE DE L'ARRIVÉE AU CORPS. Différents grades remplis au corps. Date du départ.	DERNIER GRADE dans l'armée.	OBSERVATIONS.
BASTIEN.........	Sous-lieutenant le 19 février 1872, lieutenant le 3 mars 1873.	Lieutenant.	*Décédé* à l'hôpital de Souk-Arrhas, le 8 mai 1878.
BESUCHET (A)....	Sous-lieutenant le 15 juillet 1870, nommé lieutenant au 3ᵉ bataillon d'Afrique, le 3 mars 1873.		
BRUNET (A)......	Lieutenant le 3 août 1872, passé au 115ᵉ de ligne le 10 mai 1875.		
BEILLET (A)......	Capitaine le 13 janvier 1873, passé au 118ᵉ de ligne le 14 juin 1875.		
BELVÈZE (A).....	Sous-lieutenant le 27 mars 1873, lieutenant le 8 septembre 1879.		Blessé le 6 août 1870 à Fœrschwiller.
BERTRAND DE BEU-VRON (A)......	Capitaine le 5 février 1874, adjudant-major le 13 mars 1876; passé au 89ᵉ de ligne le 27 juin 1878.		
BATTRÉAU (A)....	Lieutenant le 23 décembre 1879, passé au 15ᵉ de ligne le 17 octobre 1883.		Blessé le 16 août 1870 à Rezonville.
BERTRAND (A)...	Capitaine le 2 novembre 1874, placé au 62ᵉ de ligne le 12 mai 1875.		Blessé le 11 octobre 1870 au faubourg d'Aides (Loiret).
BOURNEL (A).....	Sous-lieutenant le 15 novembre 1874, lieutenant le 13 mai 1881.		
BILLET (A).......	Sous-lieutenant le 1ᵉʳ octobre 1874, nommé lieutenant au régiment étranger le 21 juin 1880.		
BAUDOUIN (A)....	Commandant le 25 mai 1875, nommé lieutenant-colonel au 104ᵉ le 7 juin 1882.		
BONNEF (A)......	Sous-lieutenant le 17 juillet 1875, lieutenant le 30 septembre 1881.		
BAUDARD (A).....	Capitaine le 20 novembre 1875, adjudant-major le 17 mars 1880, chef de bataillon le 29 juillet 1885.		
BOUNIN.........	Commandant le 11 février 1876, retraité le 5 février 1884.	Chef de bataillon.	
BRION (A)........	Sous-lieutenant le 30 septembre 1876, promu lieutenant au 1ᵉʳ bataillon d'Afrique le 11 juin 1882.		

NOMS.	DATE DE L'ARRIVÉE AU CORPS. Différents grades remplis au corps. Date du départ.	DERNIER GRADE dans l'armée.	OBSERVATIONS.
BAYARD (A)......	Lieutenant-colonel le 27 juin 1879, nommé colonel au 107e de ligne le 7 novembre 1882.		
BILLET (Jean) (A).	Capitaine le 23 juin 1879, passé au 94e de ligne le 23 décembre 1882.		
BALLET-BAZ (A)..	Sous-lieutenant le 31 janvier 1881, nommé lieutenant au 68e de ligne le 23 décembre 1885.		
BELOT (A)........	Sous-lieutenant le 26 mai 1881, nommé lieutenant au 15e de ligne le 28 octobre 1885.		
BERTRAND (A)....	Colonel le 10 juillet 1881, nommé général le 24 juillet 1885.		Blessé le 8 septembre 1855 à Sébastopol, blessé le 4 juin 1859 à Magenta.
BOURGUIGNON (A).	Sous-lieutenant le 11 décembre 1882, nommé lieutenant au 2e zouaves le 12 juillet 1884.		
BOUDIN (A).......	Sous-lieutenant le 7 décembre 1882, lieutenant le 25 mars 1883.		
BERLOUIN (A)....	Capitaine le 26 avril 1884.		
BADANI..........	Capitaine le 28 septembre 1884.	Capitaine.	Mort au Tonkin le 3 septembre 1885.
BAYLE (A)........	Commandant le 29 juillet 1885.		
DE BRUCHARD (A).	Sous-lieutenant le 4 novembre 1885.		
BEZARD (A)......	Sous-lieutenant le 7 septembre 1885.		
BIGOT...........	Sous-lieutenant le 29 mars 1884, actuellement au Tonkin avec le 1er bataillon.		Officier de réserve.
BAILLY.........	Sous-lieutenant le 22 mai 1883, actuellement au Tonkin avec le 1er bataillon.		Officier de réserve.
CANDOLIVE.......	Capitaine le 25 février 1852, promu chef de bataillon au 60e de ligne le 12 juin 1855.	Chef de bataillon.	Blessé le 17 mars 1855 à Sébastopol ; blessé le 7 juin 1855 à Sébastopol.
CHAMPEAUX	Capitaine le 25 février 1852.	Capitaine.	Tué le 23 mars 1855 devant Sébastopol.
CAMINADE........	Capitaine le 13 février 1852, passé aux zouaves de la garde le 14 mars 1855.	Capitaine.	Blessé à Inkermann le 5 novembre 1854.

NOMS.	DATE DE L'ARRIVÉE AU CORPS. Différents grades remplis au corps. Date du départ.	D'ERNIER GRADE dans l'armée.	OBSERVATIONS.
DE CHARD.......	Capitaine le 3 mars 1852, passé dans la garde le 14 mars 1855.	Capitaine.	Blessé le 20 mai 1840 sur l'Atlas (Afrique); blessé le 19 septembre à l'Ouded-Fosax; blessé le 26 novembre 1849 à Zaatcha (Afrique); blessé le 5 novembre 1854 à Inkermann.
CAMBON	Sous-lieutenant le 13 février 1852, lieutenant le 27 décembre 1854.	Lieutenant.	Blessé le 17 avril 1841 à Ounhara (Afrique); blessé le 14 août 1844 à l'Oued-Soly (Maroc).
CHEVALIER......	Sous-lieutenant le 29 février 1852, lieutenant le 30 décembre 1854, capitaine le 14 mars 1859; passé au 71e de ligne le 8 février 1860.	Capitaine.	Blessé le 10 avril 1851 à Selloum (Afrique); blessé à Inkermann le 5 novembre 1854; blessé le 8 septembre 1855 à Malakoff.
COLLET.........	Sous-lieutenant le 31 décembre 1853.	S.-lieutenant.	*Tué* à Sébastopol le 8 juin 1855.
COSTES.........	Sous-lieutenant le 28 février 1854, lieutenant le 24 mars 1855, capitaine le 7 mars 1861; parti le 14 juin 1861.	Capitaine.	Blessé le 22 mars 1855 à Malakoff; blessé le 8 septembre 1855 à Malakoff.
CHAPPLAIN......	Capitaine le 6 mai 1854, passé dans l'intendance le 12 novembre 1856.	Intendant militaire.'	
CHAME..........	Sous-lieutenant le 21 mars 1855, lieutenant le 13 mars 1857, capitaine le 5 décembre 1863; passé au 1er de ligne le 20 mai 1867.	Capitaine.	
DE CHADRON.....	Colonel le 22 septembre 1855, promu général le 21 juin 1859.	Général de division.	Blessé le 11 juillet 1855 à Sébastopol; blessé le 8 septembre 1855 à Sébastopol.
COUTURIER......	Sous-lieutenant le 1er octobre 1856, lieutenant le 14 août 1860, capitaine adjudant-major le 21 août 1864; passé dans la garde le 11 novembre 1869.	Capitaine.	Blessé le 31 mai 1859 à Palestro (Italie); blessé le 19 avril 1863 à Puebla (Mexique).
CERVONY	Sous-lieutenant le 12 août 1857, lieutenant le 27 décembre 1861; passé au 2e de ligne le 29 septembre 1864.	Capitaine.	
CASSE	Sous-lieutenant le 1er octobre 1857, lieutenant le 12 mars 1862; passé au 53e de ligne le 22 février 1863.	Capitaine.	Blessé le 31 mai 1859 à Palestro (Italie).

NOMS.	DATE DE L'ARRIVÉE AU CORPS. Différents grades remplis au corps. Date du départ.	DERNIER GRADE dans l'armée.	OBSERVATIONS.
COUSIN.........	Capitaine le 23 janvier 1860, nommé chef de bataillon au 64ᵉ de ligne le 14 janvier 1863.	Chef de bataillon.	Blessé le 19 septembre 1842 à l'Oued-Foudda (Afrique).
COURATE........	Sous-lieutenant le 4 juin 1860, passé au 20ᵉ de ligne le 15 mai 1862.	Capitaine.	Blessé le 21 mai 1852 chez les Ouled-Ollouat (Afrique).
COLLIN.........	Sous-lieutenant le 9 mars 1861, lieutenant le 18 avril 1866, capitaine le 4 août 1870.	Capitaine.	Blessé le 8 mai 1863 à San-Lorenzo (Mexique). *Tué* à Courbevoie le 21 octobre 1870.
CAILLARD (A)....	Capitaine le 14 septembre 1861, commandant le 20 août 1870; parti le 22 novembre 1870.		Blessé le 6 août 1870 à Frœschviller. Blessé le 25 août 1870 à Strasbourg.
CHEVALIER.......	Sous-lieutenant le 12 mars 1862, lieutenant le 9 mars 1867, capitaine le 30 septembre 1870.	Capitaine.	*Mort* des suites de ses blessures reçues à Beaune-la-Rolande le 11 mars 1871.
CELLIER.........	Lieutenant le 24 juin 1862, capitaine le 30 septembre 1866; parti le 14 mai 1869.	Capitaine.	
CAFFAREL	Commandant le 14 septembre 1863, passé au 19ᵉ de ligne le 2 septembre 1865.	Chef de bataillon.	
CHAZOTTE........	Commandant le 17 juin 1865, passé aux voltigeurs de la garde le 14 mai 1869.	Chef de bataillon.	Blessé le 18 juillet 1855 à Sébastopol.
COLONNA D'ISTRIA...........	Sous-lieutenant le 30 septembre 1866, lieutenant le 9 juillet 1870, capitaine le 20 août 1870, passé au 4ᵉ zouaves le 1ᵉʳ novembre 1870.	Capitaine.	Blessé le 6 août à Frœschviller.
CHIROLEU (A)....	Sous-lieutenant le 24 décembre 1866, nommé lieutenant au 94ᵉ de ligne le 9 août 1870.		Blessé le 8 juin 1859 à Melgliano (Italie).
CORPS	Capitaine le 29 janvier 1867, nommé chef de bataillon au 4ᵉ zouaves le 7 septembre 1873.	Colonel.	Blessé le 6 août 1870 à Reischoffen.
CELLIER.........	Sous-lieutenant le 7 août 1867, passé au 1ᵉʳ tirailleurs le 23 août 1867.	Capitaine.	
CHARMES	Commandant le 24 mars 1868.	Commandant .	Blessé le 12 avril 1855 à Sébastopol. *Mort* à Bischwiller des suites de ses blessures reçues à Freschwiller.

NOMS.	DATE DE L'ARRIVÉE AU CORPS. Différents grades remplis au corps. Date du départ.	DERNIER GRADE dans l'armée.	OBSERVATIONS.
CHANLAIRE (A)...	Sous-lieutenant le 28 octobre 1870, nommé lieutenant au 1er zouaves le 10 juillet 1875.		
CARDOT (A)......	Capitaine le 4 avril 1871, passé au 118e de ligne le 16 décembre 1874.		
CHAPSAL (A).....	Capitaine le 4 avril 1871, passé au 120e le 23 décembre 1874.		
CANTON (A)......	Sous-lieutenant le 15 juillet 1870, lieutenant le 3 mars 1873, passé au 32e de ligne le 10 mai 1875.		Blessé le 6 août 1870 à Frœschviller.
COEFFÉ.........	Sous-lieutenant le 20 juillet 1871.	S.-lieutenant.	*Décédé* à Versailles le 1er janvier 1873.
CONSTANTS (A)...	Sous-lieutenant le 25 septembre 1870, passé au 1er zouaves le 25 mars 1872.		
CLÉMENT.........	Sous-lieutenant le 19 septembre 1870.	S.-lieutenant.	*Décédé* à Paris le 18 octobre 1870 à la suite de blessures.
CONDOUX (A)....	Sous-lieutenant le 19 septembre 1870, passé au 4e zouaves le 1er novembre 1870.		
CONTIER (A).....	Sous-lieutenant le 14 octobre 1870, lieutenant le 3 décembre 1870; parti le 5 août 1871.		
COLOMER (A)....	Sous-lieutenant le 15 avril 1871, parti le 23 juillet 1871.		
COGNON.........	Sous-lieutenant le 1er décembre 1870, lieutenant le 3 décembre 1876.	Lieutenant.	*Décédé* à l'hôpital de Bône le 15 décembre 1883.
CHAPOTAD (A)...	Sous-lieutenant le 21 août 1870, nommé lieutenant au 4e zouaves le 3 mars 1873.		Blessé le 6 août 1870 à Frœschwiller; blessé le 21 mai 1871 à Mestaoua.
CORNU..........	Sous-lieutenant le 20 octobre 1870.	S.-lieutenant.	*Tué* à Beaune-la-Rolande le 28 novembre 1870.
CHOLLETON......	Lieutenant-colonel le 9 décembre 1871, nommé colonel au 43e de ligne le 3 mars 1873.	Général de division.	Blessé le 8 septembre 1855, à Sébastopol; blessé le 19 septembre 1870, à Châtillon-Clamart.
CLOUX..........	Colonel le 24 août 1871, promu général le 30 mars 1878.	Général de brigade.	Blessé le 6 août 1870 à Frœschwiller.
CHEYRIER (A)....	Lieutenant le 16 novembre 1871, nommé capitaine au 2e zouaves le 21 juillet 1873.		
COURTOIS (A)....	Lieutenant le 3 août 1872, passé au 53e de ligne le 7 juin 1875.		Blessé le 25 avril 1863 à Santa-Inès (Mexique).

NOMS.	DATE DE L'ARRIVÉE AU CORPS. Différents grades remplis au corps. Date du départ.	DERNIER GRADE dans l'armée.	OBSERVATIONS.
Chéroutre (A)..	Sous-lieutenant le 18 octobre 1872, lieutenant le 21 février 1874, capitaine le 30 décembre 1880; nommé chef de bataillon au 3e bataillon d'Afrique le 8 juillet 1886.		
Craisson........	Sous-lieutenant le 25 novembre 1873, parti le 27 août 1878.	S.-lieutenant.	Blessé le 1er septembre 1870 à Sedan.
Cravot.........	Sous-lieutenant le 19 février 1874, parti le 7 octobre 1876.	S.-lieutenant.	
Chrétien........	Capitaine le 11 avril 1874, parti le 28 octobre 1876.	Capitaine.	
Cheylard (A)....	Capitaine le 21 mai 1874, passé au 65e de ligne le 12 mai 1875.		Blessé le 6 août 1870 à Frœschwiller.
Choppard (A)....	Sous-lieutenant le 15 novembre 1874, passé au 38e de ligne le 20 mai 1875.		
Cadet...........	Lieutenant-colonel le 29 décembre 1874, nommé colonel au 61e de ligne le 7 juin 1879.	Général de brigade.	
Carruel (A).....	Capitaine le 9 février 1876, passé au 17e de ligne le 5 décembre 1877.		Blessé le 6 avril 1863, à Puebla (Mexique).
Chaumet (A).....	Lieutenant le 22 juin 1876, passé au 107e de ligne le 9 février 1883.		
Capboscq (A)....	Sous-lieutenant le 8 décembre 1876, nommé lieutenant au 89e de ligne le 13 décembre 1882.		
Cajard..........	Colonel le 4 avril 1878, nommé général le 28 juin 1881.	Général de brigade, gouverneur de Lyon.	Décédé à Lyon.
Constant (A)....	Lieutenant le 9 avril 1879, capitaine le 29 juillet 1885.		Blessé le 14 août 1870, à Borny; blessé le 5 juillet 1885, à Hué.
Combes (A)......	Lieutenant le 9 mars 1881, nommé capitaine au 2e bataillon d'Afrique le 12 novembre 1881, capitaine d'habillement le 20 janvier 1882.		
Coste (A).......	Capitaine le 6 août 1881, passé au 1er de ligne le 17 juin 1882.		Blessé le 6 juin 1871, à Innezdaten (Afrique).

NOMS.	DATE DE L'ARRIVÉE AU CORPS. Différents grades remplis au corps. Date du départ.	DERNIER GRADE dans l'armée.	OBSERVATIONS.
Cornu............	Sous-lieutenant le 20 octobre 1870.	S.-lieutenant.	*Tué* à Beaune-la-Rolande, le 28 novembre 1870.
Charpentier (A).	Lieutenant le 30 septembre 1881, passé au 4e bataillon de chasseurs à pied le 27 avril 1882.		
Chédé..........	Commandant le 18 juin 1882, retraité le 1er juillet 1885.	Chef de bataillon.	
Chartier (A)....	Lieutenant le 19 février 1883, capitaine le 29 décembre 1885.		
Chartrand (A)..	Sous-lieutenant le 19 mars 1883.		
Crespin (A)......	Sous-lieutenant le 10 mars 1884.		
Chausson (A)....	Sous-lieutenant le 11 juillet 1884, nommé lieutenant au 2e zouaves le 29 juillet 1885.		
Challe (A)......	Sous-lieutenant le 1er octobre 1884.		
Courtot (A).....	Sous-lieutenant le 21 mars 1885.		
Carron de la Morinais (A).....	Sous-lieutenant le 7 novembre 1885.		
Cayla (A).......	Lieutenant le 8 juillet 1886.		
Dubos..........	Commandant le 13 février 1852, promu lieutenant-conel du 5e de ligne le 18 octobre 1854.	Général de brigade.	
Dupin de saint-André........	Commandant le 17 février 1852, promu lieutenant-colonel du 75e de ligne le 4 septembre 1854.	Général de brigade.	Blessé le 21 décembre 1852, à Cinq-Cyprès.
Doumet.........	Capitaine le 13 février 1852, promu chef de bataillon au 100e de ligne le 12 août 1863.	Chef de bataillon.	Blessé le 5 octobre 1840, au passage du Goulas.
de la Barre-Nanteil............	Capitaine le 25 février 1852.	Capitaine.	*Tué* à la bataille d'Inkermann le 5 novembre 1854.
Dubois.........	Capitaine le 25 février 1852, promu chef de bataillon au 67e de ligne le 30 août 1855.	Chef de bataillon.	Blessé à Inkermann le 5 novembre 1854, blessé le 7 juin 1855 au Mamelon Vert (Crimée).

NOMS.	DATE DE L'ARRIVÉE AU CORPS. Différents grades remplis au corps. Date du départ.	DERNIER GRADE dans l'armée.	OBSERVATIONS.
DEMAY............	Capitaine le 13 février 1852, parti le 17 octobre 1852.	Capitaine.	
DORSÈNE	Capitaine le 25 février 1855, passé aux tirailleurs le 25 avril 1854.	Chef de bataillon.	
DELORD	Capitaine le 25 février 1852.		*Décédé* à l'hôpital de Philippeville le 5 avril 1854.
DOINEAU	Lieutenant le 18 février 1852, capitaine le 30 décembre 1852, parti le 23 août 1857.	Capitaine.	
DELATTRE	Lieutenant le 25 février 1852, passé dans la garde le 7 février 1854.	Capitaine.	
DUFEAU..........	Lieutenant le 13 février 1852, capitaine le 30 décembre 1852.	Capitaine.	*Décédé* à l'hôpital de Marseille le 7 octobre 1855.
DE TOURNEMINE..	Sous-lieutenant le 25 février 1852, lieutenant le 30 décembre 1852, capitaine le 24 mars 1855 ; passé au 11e de ligne le 14 octobre 1856.	Chef de bataillon.	Blessé le 17 mars 1855 à Sébastopol.
DOUSSELIN.......	Sous-lieutenant le 13 février 1852, lieutenant le 30 décembre 1852, capitaine le 26 juin 1855 ; parti le 27 juillet 1868.	Capitaine.	Blessé le 7 juin 1855 au Mamelon Vert.
DRUT............	Sous-lieutenant le 25 février 1852, lieutenant le 5 mai 1852, capitaine le 24 mars 1855.	Capitaine.	Blessé le 20 septembre 1854 à l'Alma, *tué* à Palestro le 31 mai 1859.
DU MOULIN	Commandant le 18 octobre 1854, nommé lieutenant-colonel le 4 juin 1859.	Colonel.	Blessé le 7 juin 1855 au Mamelon Vert.
DEHAN	Sous-lieutenant le 24 mars 1855, lieutenant le 8 novembre 1857, capitaine le 20 janvier 1864 ; nommé commandant le 26 août 1866.	Chef de bataillon.	Blessé le 5 novembre 1854 à Inkermann.
DERRECAGAIX (A).	Sous-lieutenant le 1er octobre 1852, lieutenant le 3 octobre 1856 ; passé au 12e bataillon de chasseurs à pied le 27 janvier 1858.		
DEBORD (A)......	Sous-lieutenant le 1er octobre 1855, lieutenant le 27 mars 1858, capitaine le 25 janvier 1863 ; passé au 1er de ligne le 8 octobre 1865.		

NOMS.	DATE DE L'ARRIVÉE AU CORPS. Différents grades remplis au corps. Date du départ.	DERNIER GRADE dans l'armée.	OBSERVATIONS.
Déburaux	Sous-lieutenant le 1er octobre 1856, lieutenant le 12 août 1861, capitaine le 30 septembre 1866 ; passé au 10e chasseurs le 29 janvier 1867.	Capitaine.	Blessé le 31 mai 1859 à Palestro.
Dautun	Lieutenant le 2 avril 1858, capitaine le 28 mars 1860 ; retraité le 28 juillet 1860.	Capitaine.	Blessé le 31 mai 1859 à Palestro.
Demay...	Capitaine le 1er mai 1858, nommé chef de bataillon au 99e de ligne le 15 juillet 1859, major le 12 juin 1860 ; retraité le 15 juin 1867.	Major.	
Deux	Sous-lieutenant le 14 mars 1859.	S.-lieutenant.	*Décédé* à Vichy le 28 septembre 1862.
Ducroquet......	Sous-lieutenant le 20 juin 1859, lieutenant le 21 mai 1864, capitaine le 28 janvier 1870 ; retraité le 26 mars 1875.	Capitaine.	Blessé le 31 mai 1859 à Palestro ; blessé le 6 août 1870 à Reischoffen.
Davin	Sous-lieutenant le 15 juillet 1859, lieutenant le 12 août 1864, capitaine le 26 décembre 1868 ; parti le 9 août 1874.	Capitaine.	
Daumanget......	Capitaine le 4 janvier 1862, passé au 58e le 8 mai 1865.	Chef de bataillon.	Blessé le 24 janvier 1859 à Solférino.
Dufaure du Bessol............	Capitaine le 15 janvier 1862, passé chef de bataillon au 1er étranger le 1er avril 1865.	Général de division.	Blessé le 4 juin 1859 à Magenta.
Delloye (A).....	Commandant le 18 juin 1864, passé dans la garde le 22 décembre 1868.	Général de division.	Blessé le 12 décembre 1860 à Saint-Nicolas (Mexique) ; blessé le 9 septembre 1865 au col du Chamal (Mexique).
Dufour (A)......	Sous-lieutenant le 18 avril 1866, lieutenant le 4 août 1870, capitaine le 19 septembre 1870 ; passé au 4e zouaves le 1er novembre 1870.		Blessé le 6 août 1870 à Frœschwiller.
Dousselin.......	Sous-lieutenant le 15 août 1866, lieutenant le 4 août 1870.	Lieutenant.	*Tué* le 6 août 1870 à Frœschwiller.
Dumont	Lieutenant le 10 novembre 1867 ; parti le 5 avril 1872.	Lieutenant.	

NOMS.	DATE DE L'ARRIVÉE AU CORPS. Différents grades remplis au corps. Date du départ.	DERNIER GRADE dans l'armée.	OBSERVATIONS.
Deshorties......	Lieutenant-colonel le 22 décembre 1868.	Lieutenant-colonel.	Blessé le 24 juin 1859 à Solférino. *Tué* à Frœschwiller le 6 août 1870.
Ducos..........	Sous-lieutenant le 26 décembre 1868, lieutenant le 20 août 1870, capitaine le 19 septembre 1870 ; passé au 4e zouaves le 1er novembre 1870.	Chef de bataillon.	Blessé le 2 novembre 1866 à Taxcla (Mexique) ; blessé le 2 septembre 1870 à Sedan.
Darouy (A)......	Sous-lieutenant le 7 août 1869, lieutenant le 3 août 1872 ; passé au 39e de ligne le 10 mai 1875.		
d'Hillerin......	Sous-lieutenant le 4 août 1870.	S.-lieutenant.	*Tué* à Frœschwiller le 6 août 1870.
Dégiovanni (A)..	Sous-lieutenant le 25 septembre 1870, lieutenant le 4 avril 1871 ; passé au 4e zouaves le 29 février 1872 ; capitaine le 1er mars 1882, passé au 142e de ligne le 8 novembre 1884.		
Dubuche (A)....	Commandant le 4 avril 1871, passé au 58e de ligne le 16 janvier 1872.		
d'Armagnac (A).	Lieutenant le 20 septembre 1870, capitaine le 15 juillet 1871 ; passé au 50e de ligne le 19 juillet 1872.		Blessé le 5 septembre à Montmédy ; blessé le 28 novembre à Beaune-la-Rolande ; blessé le 9 juin 1871 à Beni-Aïsk (Afrique).
Desanglois......	Lieutenant le 3 octobre 1870, capitaine le 8 octobre 1870.	Capitaine.	*Tué* à Beaune-la-Rolande le 28 octobre 1870.
Defont..........	Sous-lieutenant le 17 novembre 1870, lieutenant le 16 mai 1876.	Lieutenant.	*Décédé* à Constantine le 1er mars 1879.
Ducreux........	Sous-lieutenant le 25 septembre 1870, lieutenant le 16 septembre 1871 ; parti le 25 décembre 1872.	Lieutenant.	
Durand	Sous-lieutenant le 4 avril 1871, nommé lieutenant au 2e zouaves le 7 novembre 1874.		Blessé le 1er septembre 1870 à Sedan.
Dumont.........	Sous-lieutenant le 1er décembre 1878, parti le 20 janvier 1872.	S.-lieutenant.	
Dupetit........	Sous-lieutenant le 25 septembre 1870, nommé lieutenant au 10e de ligne le 11 mai 1874.	Lieutenant.	Blessé le 18 juin 1855 à Sébastopol.

NOMS.	DATE DE L'ARRIVÉE AU CORPS. Différents grades remplis au corps. Date du départ.	DERNIER GRADE dans l'armée.	OBSERVATIONS.
DELABROIX (A)...	Sous-lieutenant le 27 septembre 1870, nommé lieutenant au 27ᵉ de ligne le 11 mai 1874.		
DUVAL (A)......	Sous-lieutenant le 21 septembre 1870, passé au 1ᵉʳ zouaves le 31 janvier 1870.		
DIRCKSEN........	Commandant le 21 février 1872, promu lieutenant-colonel au 2ᵉ zouaves le 14 mai 1880.	Lieutenant-colonel	
DEMEUVES (A)....	Sous-lieutenant le 15 juin 1872, passé au 128ᵉ de ligne le 1ᵉʳ décembre 1873.		Blessé le 6 août 1870 à Frœschwiller.
DROUIN	Lieutenant le 3 août 1872, capitaine le 29 mars 1879.	Capitaine.	*Tué* à Hué le 5 juillet 1885.
DENUC	Lieutenant-colonel le 11 mars 1873, nommé colonel du 126ᵉ de ligne le 29 décembre 1874.	Colonel.	Blessé le 10 octobre 1849 à Zaatcha (Afrique); blessé le 17 mars 1855 à Sébastopol.
DUFAU (A)......	Capitaine le 10 mai 1874, passé au 9ᵉ de ligne le 30 octobre 1882.		
DEFLANDRE (A) ..	Capitaine le 23 octobre 1874, passé au 127ᵉ de ligne le 12 mai 1875.		
DULIT..........	Lieutenant le 16 mai 1876, parti le 13 décembre 1880.	Lieutenant.	
DIDIER (A)......	Capitaine le 31 août 1876, passé au 139ᵉ de ligne le 12 mars 1885.		
DEMOULIN........	Sous-lieutenant le 1ᵉʳ octobre 1876, nommé lieutenant au 126ᵉ de ligne le 23 décembre 1881.	Lieutenant.	
DELAVALLÉE (A)..	Capitaine le 5 décembre 1877.		
DURAND (A)......	Lieutenant le 25 juin 1878, nommé capitaine au 2ᵉ tirailleurs le 29 décembre 1885.		
DUPOIS (A)......	Capitaine le 6 novembre 1878, passé au 22ᵉ de ligne le 30 mai 1884.		Blessé le 16 août 1870, à Rezonville.
DIRCKSEN (A)....	Lieutenant le 20 janvier 1881.		
DUROY (A).......	Lieutenant le 10 juillet 1881.		
DUFRESNE (A)....	Lieutenant le 11 juin 1882.		

NOMS.	DATE DE L'ARRIVÉE AU CORPS. Différents grades remplis au corps. Date du départ.	DERNIER GRADE dans l'armée.	OBSERVATIONS.
DÉSORTHÈS (A)...	Capitaine le 23 décembre 1882.		Blessé le 16 août 1870 à Gravelotte; blessé le 23 décembre 1870 à Pont-Noyelles (Somme).
DEIXONNE (A)....	Sous-lieutenant le 29 juillet 1885.		
EICHMANN.......	Sous-lieutenant le 9 juillet 1870, parti le 30 décembre 1871.	S.-lieutenant.	
ESPINADEL (A)...	Capitaine le 4 avril 1871, passé au 88e de ligne le 30 décembre 1876.		
EMANUELLI.......	Sous-lieutenant le 27 mars 1873, parti le 28 juin 1873.	S.-lieutenant.	
EGROT..........	Commandant le 22 mai 1880, retraité le 22 août 1881.	Commandant.	
EDME (A)........	Sous-lieutenant le 26 mai 1881, nommé lieutenant au 3e tirailleurs le 3 décembre 1885; lieutenant le 8 juillet 1886.		
FRÈCHE..........	Capitaine le 14 mars 1852, nommé chef de bataillon au 60e de ligne le 2 février 1853.	Lieut.-colonel.	Blessé le 6 juin 1840 à l'Oued-Bourkika (Afrique); blessé le 19 septembre 1842 à l'Oued-el-Fedda (Afrique).
FAURE..........	Lieutenant le 25 février 1852, passé au 8e de ligne le 10 mai 1852.	Capitaine.	
FLATTERS........	Sous-lieutenant le 1er octobre 1853, lieutenant le 28 avril 1855, capitaine le 8 septembre 1861; passé au 2e chasseurs à pied le 14 avril 1864.	Lieutenant-colonel.	
FRANCESCHI.....	Sous-lieutenant le 24 mars 1855, lieutenant le 12 août 1857; parti le 14 novembre 1858.	Lieutenant.	Blessé le 7 juin 1855 au Mamelon-Vert.
FALLECOURT.....	Sous-lieutenant le 24 mars 1855.	S.-lieutenant.	*Tué* à Sébastopol le 7 juin 1855.
FLEURY..........	Sous-lieutenant le 23 septembre 1855, lieutenant le 14 mars 1859, capitaine le 13 août 1865.	Capitaine.	Blessé le 16 août 1855 à Traktir (Crimée), blessé le 7 juillet 1860 chez les Beni-Aïcha (Kabylie); *décédé* à Saint-Geronno (Mexique) le 20 décembre 1865.
DE FRANCHESSIN.	Capitaine le 19 novembre 1856, commandant le 4 juin 1859; passé au 20e chasseurs à pied le 18 juin 1864.	Général de division.	

NOMS.	DATE DE L'ARRIVÉE AU CORPS. Différents grades remplis au corps. Date du départ.	DERNIER GRADE dans l'armée.	OBSERVATIONS.
FAYE	Sous-lieutenant le 26 août 1857, lieutenant le 20 juin 1859; passé capitaine au 1er régiment étranger le 1er avril 1865.	Capitaine.	
FRIRION	Commandant le 17 mai 1859, passé au 98e de ligne le 16 novembre 1859.	Général de division.	
FAVAL	Sous-lieutenant le 15 juillet 1859, lieutenant le 1er mai 1863, capitaine le 10 août 1868.	Capitaine.	Blessé le 19 avril 1863 à Puebla (Mexique); *tué* à Frœschwiller le 6 août 1870.
FONTAINE	Lieutenant le 14 avril 1862, capitaine le 9 octobre 1863; passé au 73e de ligne le 16 mai 1868.	Chef de bataillon.	
FORCIOLI (A)	Sous-lieutenant le 26 mars 1874, lieutenant le 15 septembre 1866, capitaine le 19 septembre 1870; passé au 113e de ligne le 10 septembre 1873.		Blessé le 7 juin 1855 à Sébastopol; blessé le 6 août 1870 à Reischoffen.
FOURRE	Lieutenant-colonel le 16 mai 1863, nommé colonel au 62e le 5 novembre 1864.	Colonel.	Blessé le 5 novembre 1854 à Inkermann; blessé le 23 mai 1855 à Sébastopol.
FLURER	Sous-lieutenant le 1er octobre 1863.	S.-lieutenant.	*Décédé* à Mexico le 28 avril 1864.
FISSON JAUBERT D'AUBRY DE PUYMORIN (A)	Capitaine le 3 mai 1865, commandant le 20 août 1870; passé au 25e de ligne le 8 octobre 1873.		
FRIQUET (A)	Sous-lieutenant le 1er octobre 1865, lieutenant le 7 août 1869; nommé capitaine au 78e de ligne le 13 juillet 1872.		Blessé à Gunstett le 5 août 1870.
FÉVRIER (A)	Lieutenant-colonel le 30 janvier 1866, nommé colonel au 77e de ligne le 22 décembre 1868.	Général de division.	
FABRE DES ESTAVELS (A)	Sous-lieutenant le 4 août 1870, nommé lieutenant au 4e zouaves le 3 mars 1873, capitaine le 26 mars 1880, passé au 56e de ligne le 13 décembre 1881.		Blessé le 9 septembre 1865 au col du Chamal (Mexique).

NOMS.	DATE DE L'ARRIVÉE AU CORPS. Différents grades remplis au corps. Date du départ.	DERNIER GRADE dans l'armée.	OBSERVATIONS.
Foucard (A).....	Sous-lieutenant le 20 août 1870, passé au 4e zouaves, le 1er novembre 1870.		Blessé le 6 août 1870 à Frœschwiller.
Fleury (A)......	Capitaine le 4 avril 1871, passé au 126e de ligne le 23 mai 1872.		
Fonnet (A)......	Sous-lieutenant le 12 septembre 1870, passé au 4e zouaves le 1er novembre 1870.		
Febvre	Sous-lieutenant le 1er décembre 1870, parti le 6 février 1875.	S.-lieutenant.	
Fabert	Sous-lieutenant le 4 avril 1871, parti le 16 janvier 1872.	S.-lieutenant.	
Fontaine (A)....	Sous-lieutenant le 19 février 1872, nommé lieutenant au 1er zouaves le 10 mai 1875.		
Faivre (A)......	Sous-lieutenant le 15 novembre 1874, lieutenant le 13 mai 1881.		Blessé le 16 août 1870 à Gravelotte.
Franchi (A).....	Sous-lieutenant le 1er octobre 1876, promu lieutenant au 142e de ligne le 11 juin juin 1882.		
Fellmann (A)...	Sous-lieutenant le 10 mars 1884, nommé lieutenant au 12e de ligne le 24 octobre 1886.		
Fraissines (A)..	Capitaine le 3 février 1886.		
Gendre	Capitaine le 25 février 1852, parti le 13 mars 1854.	Capitaine.	
Gugelberg......	Capitaine le 13 février 1852, promu chef de bataillon au 55e de ligne le 5 décembre 1859.	Chef de bataillon.	Blessé le 19 juin 1852 chez les Ouled-Atiat.
Goetzmann......	Capitaine le 25 février 1852, passé aux zouaves de la garde impériale le 14 mars 1855.	Chef de bataillon.	
Gouzy..........	Capitaine le 25 février 1852, nommé chef de bataillon au 34e de ligne le 30 octobre 1857.	Chef de bataillon.	Blessé le 22 mars 1855 à Malakoff; blessé le 29 juin 1857 à M'Zien (Afrique).
Gravier	Capitaine le 3 mars 1852, passé au 14e bataillon de chasseurs à pied le 17 avril 1858.	Chef de bataillon.	Blessé le 28 février 1850 en Kabylie.

NOMS.	DATE DE L'ARRIVÉE AU CORPS. Différents grades remplis au corps. Date du départ.	DERNIER GRADE dans l'armée.	OBSERVATIONS.
GARRIDEL	Sous-lieutenant le 13 février 1852, lieutenant le 3 mars 1882 ; passé dans la garde le 14 mars 1855.	Capitaine.	Blessé le 27 mai 1844 à Ouaraz-Erdin (Afrique) ; blessé le 26 novembre 1849 à Zatcha (Afrique).
GROSSI	Sous-lieutenant le 25 février 1852.	S.-lieutenant.	*Tué* en duel le 27 février 1853.
DE GUÉRIF	Sous-lieutenant le 25 février 1852, lieutenant le 21 octobre 1854.	Lieutenant.	*Tué* à Sébastopol le 7 juin 1855.
GAUTIER.........	Sous-lieutenant le 25 février 1852, lieutenant le 27 décembre 1854 ; passé dans la garde le 24 mars 1855.	Capitaine.	Blessé à Inkerman le 5 novembre 1854.
GAUTIER.........	Sous-lieutenant le 1er octobre 1852.	S.-lieutenant.	*Mort* à Constantinople le 15 novembre 1854.
GONTÉ.	Sous-lieutenant le 1er octobre 1853, lieutenant le 29 juin 1855, capitaine le 27 décembre 1861 ; parti le 8 juin 1863.	Capitaine.	Blessé le 31 mai 1859 à Palestro.
GÉRARD	Capitaine le 12 janvier 1854.	Capitaine.	*Tué* à Sébastopol le 7 juin 1855.
GROUCY..........	Sous-lieutenant le 31 décembre 1854, passé dans la garde le 14 mars 1855.	Lieutenant.	Blessé à Inkermann, le 5 novembre 1854.
GUÉNARD.	Sous-lieutenant le 24 mars 1855, passé dans la garde le 15 août 1855.	Lieutenant.	Blessé le 16 mai 1847 chez les Beni-Abbas (Afrique) ; blessé le 2 mai 1855 à Sébastopol ; blessé le 7 juin 1855 au Mamelon-Vert.
GUÉRIN DE TOURVILLE..........	Sous-lieutenant le 16 octobre 1856, passé au 19e de ligne le 1er juin 1857.	Capitaine.	Blessé le 16 novembre 1854 à Inkermann.
GRÉBAN (A)......	Sous-lieutenant le 1er octobre 1857, lieutenant le 12 août 1861 ; passé au 9e bataillon de chasseurs à pied le 6 février 1862.	Major.	
GRATREAUD......	Capitaine le 25 mai 1858, nommé chef de bataillon au 100e le 6 novembre 1867.	Général de brigade.	Blessé à Kong-Hamann (Benni-Amood) le 25 mars 1860.
GAILLARD DE LA ROCHE.........	Sous-lieutenant le 28 mars 1860, lieutenant le 10 janvier 1866, capitaine le 25 avril 1870.	Capitaine.	Blessé le 6 août 1870 à Reischoffen.

NOMS.	DATE DE L'ARRIVÉE AU CORPS. Différents grades remplis au corps. Date du départ.	DERNIER GRADE dans l'armée.	OBSERVATIONS.
GROS............	Sous-lieutenant le 8 septembre 1861, lieutenant le 15 septembre 1866, capitaine le 2 août 1870.	Capitaine.	*Tué* à Frœschwiller le 6 août 1870.
GASC............	Sous-lieutenant le 9 octobre 1863, lieutenant le 10 août 1868 ; nommé capitaine au 93e de ligne le 13 juillet 1872.	Capitaine.	Blessé le 6 août 1870 à Frœschwiller.
GIACOBBI........	Lieutenant-colonel le 5 novembre 1864, passé au 74e de ligne le 1er mars 1865.	Colonel.	Blessé le 21 septembre 1852 à El - Agouhat (Afrique).
GADAY..........	Commandant le 2 septembre 1865, nommé lieutenant-colonel au 82e le 3 août 1869.	Général de brigade.	Blessé le 20 septembre 1854 à l'Alma.
GREFFIER (A)....	Sous-lieutenant le 10 août 1868, lieutenant le 20 août 1870 ; passé au 4e zouaves le 1er novembre 1870.		
GARIDEL (A).....	Sous-lieutenant le 9 août 1870, nommé lieutenant au 63e de ligne le 3 mars 1873.		Blessé le 2 novembre 1866 à Tlaxcala (Mexique).
GREMAUD (A)....	Sous-lieutenant le 19 septembre 1870, passé au 4e zouaves le 1er novembre 1870.		
GONINO..........	Sous-lieutenant le 1er décembre 1870, parti le 6 mars 1873.	S.-lieutenant.	Blessé le 7 juin 1855 à la Batterie Blanche (Crimée); blessé le 4 juin 1859 à Magenta (Italie).
GELLY..........	Sous-lieutenant le 2 décembre 1870, parti le 3 mai 1871.	S.-lieutenant.	
GERBOIS........	Capitaine le 28 mai 1872, nommé chef de bataillon au 20e de ligne le 9 mars 1876.	Chef de bataillon.	Blessé le 6 août 1870 à Reischoffen.
GACHET	Capitaine le 9 juillet 1873, passé au 65e de ligne le 1er mai 1875 ; capitaine le 2 juillet 1875, retraité le 6 juillet 1884.	Capitaine.	Blessé le 24 juin 1859 à Solferino.
GUILLODO (A)....	Lieutenant le 21 septembre 1874, nommé capitaine au 1er bataillon d'Afrique le 4 juillet 1875.		
GRUET (A).......	Sous-lieutenant le 28 janvier 1876, nommé lieutenant au 3e bataillon d'Afrique le 23 décembre 1881.		

NOMS.	DATE DE L'ARRIVÉE AU CORPS. Différents grades remplis au corps. Date du départ.	DERNIER GRADE dans l'armée.	OBSERVATIONS.
GALINIER (A)	Sous-lieutenant le 1er décembre 1876, nommé lieutenant au 101e de ligne le 13 octobre 1882.		
GARRON (A)......	Lieutenant le 10 juillet 1881.		
GOMBAULT (A)...	Capitaine le 3 décembre 1881.		
GROSS (A).......	Capitaine-trésorier le 30 mai 1884.		Blessé le 6 août 1870 à Forbach.
GIANNARDI (A)...	Sous-lieutenant le 3 février 1885, nommé lieutenant au 2e zouaves le 18 mars 1885.		
GOETSCHY (A) ...	Capitaine le 12 mars 1885.		
DE GINESTOUS (A)	Capitaine le 6 février 1886.		
HUCHER.........	Lieutenant le 25 février 1852, capitaine le 23 février 1852, nommé major le 27 juin 1859 aux tirailleurs.	Major.	
HUBERT DE LA HAYRIE	Lieutenant le 25 février 1852, passé dans la gendarmerie le 12 septembre 1852; revenu comme lieutenant le 7 février 1854; capitaine le 30 août 1855; promu major au 100e de ligne le 3 mars 1865.	Général de division.	
HENTZ..........	Sous-lieutenant le 29 juin 1855, passé dans la garde le 9 octobre 1855.	Capitaine.	Blessé à l'Alma le 20 septembre 1854.
HENRI..........	Sous-lieutenant le 29 juin 1855, lieutenant le 15 juillet 1859; retraité le 28 juillet 1860.	Lieutenant.	Blessé le 31 mai 1859 à Palestro.
HERVÉ (Félix) ...	Sous-lieutenant le 1er octobre 1855, lieutenant le 12 août 1857, capitaine le 27 décembre 1861, commandant le 20 août 1870; ~~retraité le 28 juillet 1860~~.	~~Chef de bataillon.~~ *général de Dⁿ et le*	Blessé le 24 mai 1857 chez les Beni-Raten (Kabylie). *19e Corps d'armée.*
HERVÉ (Constant) (A).	Capitaine le 14 octobre 1866, nommé chef de bataillon au 24e de ligne le 10 août 1868.	Général de brigade.	Gouverneur de Verdun.
HENRY..........	Sous-lieutenant le 1er octobre 1859, lieutenant le 8 mars 1865, capitaine le 7 août 1867.	Capitaine.	*Tué* le 6 août 1870 à Reischoffen.

NOMS.	DATE DE L'ARRIVÉE AU CORPS. Différents grades remplis au corps. Date du départ.	DERNIER GRADE dans l'armée.	OBSERVATIONS.
Hoschstetter...	Commandant le 4 octobre 1861, passé lieutenant-colonel au 94° de ligne le 17 juin 1865.	Général de brigade.	
d'Hugonneau de Boyat (A).....	Sous-lieutenant le 4 avril 1862, lieutenant le 20 novembre 1864, capitaine le 7 août 1869; passé au 49° de ligne le 31 août 1873.		
Herman (A)......	Capitaine le 14 avril 1864, nommé chef de bataillon au 43° de ligne le 28 septembre 1870.		
Hamant (A)......	Lieutenant le 15 avril 1864, capitaine le 17 novembre 1867; passé dans l'intendance le 25 avril 1870.		Contrôleur général.
Hemeré.........	Sous-lieutenant le 14 octobre 1864, lieutenant le 7 août 1869, capitaine le 20 août 1870; parti le 27 avril 1877.	Capitaine.	
Hanoteau.......	Lieutenant le 17 novembre 1870, capitaine le 21 novembre 1870.	Capitaine.	*Tué* à Paris en 1870.
Hogenbill (A)...	Commandant le 4 avril 1871, passé au 72° de ligne en 1871.		
Heurteux.......	Capitaine le 4 avril 1871.	Capitaine.	*Décédé* à Djidjelli le 26 juillet 1871 par suite d'un coup de feu reçu le même jour.
Hamon (A).......	Lieutenant le 3 août 1872, passé au 114° de ligne le 20 mars 1873.		
Huguet.........	Commandant-major le 13 août 1872, retraité le 7 juin 1879.	Chef de bataillon.	Blessé le 24 juin 1869 à Solferino (Italie); blessé le 30 août 1870 à Beaumont.
Hue dit Lacroix.	Lieutenant le 25 mars 1883.	Lieutenant.	*Tué* à Hué le 6 juillet 1885.
Hochstetter (A)	Sous-lieutenant le 1er octobre 1883, passé au 122° de ligne le 11 juillet 1884.		
Heitschel......	Sous-lieutenant le 3 février 1885.	S.-lieutenant.	*Décédé* le 24 juillet 1885 à Tuan-An des suites des blessures reçues à Hué le 5 juillet.

NOMS.	DATE DE L'ARRIVÉE AU CORPS. Différents grades remplis au corps. Date du départ.	DERNIER GRADE dans l'armée.	OBSERVATIONS.
INNOCENZI (A)....	Lieutenant le 22 février 1876, promu capitaine au 85ᵉ de ligne le 19 mars 1883.		Blessé le 28 novembre 1870 à Beaune-la-Rolande.
JANNIN..........	Lieutenant-colonel le 17 février 1852, promu colonel le 26 décembre 1853 au 7ᵉ de ligne.	Général de division.	
JEANSELME.......	Sous-lieutenant le 19 juin 1852, passé au 5ᵉ de ligne le 23 décembre 1853.	Lieutenant.	
JAVARY..........	Capitaine le 25 février 1852, promu chef de bataillon au 1ᵉʳ zouaves le 18 octobre 1854.	Colonel.	
JAPY (A)....... .	Lieutenant le 25 février 1852, capitaine le 24 mars 1855, nommé chef de bataillon au 2ᵉ zouaves le 4 mars 1864.	Général de division.	Blessé le 8 septembre 1855 à Malakoff.
JARRIGE..........	Sous-lieutenant le 25 février 1852, lieutenant le 29 avril 1854, capitaine le 30 août 1855.	Capitaine.	Blessé le 30 avril 1849 à Rome ; blessé le 20 septembre 1854 à l'Alma ; blessé le 7 juin 1855 au Mamelon Vert ; mort à la Chambre le 13 janvier 1861.
JARRIÉ..........	Sous-lieutenant le 25 février 1852, lieutenant le 24 mars 1855, capitaine le 5 juillet 1859 ; nommé commandant le 1ᵉʳ septembre 1867.	Chef de bataillon.	Blessé le 31 mai 1859 à Palestro.
JEANNINGROS.....	Lieutenant le 30 août 1855, capitaine le 14 avril 1856 ; passé au 77ᵉ le 11 avril 1860.	Général de division.	Blessé le 18 juin 1855 à Malakoff ; blessé le 16 août 1855 à Thernais.
JACQUOT.........	Lieutenant le 6 janvier 1862, capitaine le 9 mars 1867, commandant le 19 septembre 1870.	Commandant.	Blessé le 6 août 1870 à Frœschwiller ; *décédé* le 21 octobre 1870 à Versailles, des suites de ses blessures.
JEAN D'AIGUILLON (A)............	Capitaine le 2 avril 1869, nommé major au 25ᵉ de ligne le 12 mai 1875.		
JAMIN (A)........	Capitaine le 25 septembre 1870, nommé chef de bataillon au 110ᵉ de ligne le 21 mars 1882.		
JOUBERT (A).....	Capitaine le 28 octobre 1872, passé au 89ᵉ le 8 mai 1875.		Blessé le 8 juin 1859 à Melgliano ; blessé le 24 juin 1859 à Solferino.

NOMS.	DATE DE L'ARRIVÉE AU CORPS. Différents grades remplis au corps Date du départ.	DERNIER GRADE dans l'armée.	OBSERVATIONS.
Jacquin (A)......	Lieutenant le 22 mai 1837. nommé capitaine au 35e de ligne le 8 septembre 1879.		
Janin (A)........	Sous-lieutenant le 1er octobre 1873, nommé lieutenant au 64e de ligne le 3 juillet 1879.		Blessé le 11 octobre 1870 à Orléans.
Joseph (Charles) (A)............	Sous-lieutenant le 1er octobre 1878, lieutenant le 11 septembre 1883.		
Josselin (A).....	Capitaine le 10 avril 1882.		
Jacquot (A).....	Sous-lieutenant le 26 juillet 1883, lieutenant le 29 juillet 1885.		
Janin (A)........	Capitaine le 15 novembre 1884, parti le 26 novembre 1884.		Blessé le 11 octobre 1870 à Orléans.
Jarry Prévost (A)............	Sous-lieutenant le 8 avril 1886.		
Joseph (Emile) (A)	Sous-lieutenant le 1er octobre 1881, lieutenant le 29 décembre 1885.		
Klein.	Sous-lieutenant le 24 mars 1855, lieutenant le 27 mars 1858, capitaine le 20 novembre 1864; parti le 13 août 1865.	Capitaine.	Blessé à Inkermann le 5 novembre 1854; blessé au Mamelon Vert le 7 juin 1855.
Kuhu	Capitaine le 4 avril 1871, passé au 8e bataillon de chasseurs à pied le 8 mai 1874.	Capitaine.	
Khouraad	Sous-lieutenant le 3 novembre 1870.	S.-lieutenant.	Tué à Beaune-la-Rolande le 28 novembre 1870.
Krug...........	Sous-lieutenant le 4 avril 1871, passé au 1er zouaves le 28 août 1872.	Lieutenant.	
Kléber (A)......	Sous-lieutenant le 21 mai 1874, lieutenant le 25 novembre 1880, passé au 77e de ligne le 11 juin 1882.		
Letors de Crécy	Capitaine le 23 février 1852.	Capitaine.	Fait prisonnier de guerre le 23 mars 1855; décédé à Sébastopol le 28 mars 1855.

NOMS	DATE DE L'ARRIVÉE AU CORPS. Différents grades remplis au corps. Date du départ.	DERNIER GRADE dans l'armée.	OBSERVATIONS.
Leclerc.........	Lieutenant le 13 février 1852, capitaine le 13 février 1853 ; passé dans la garde le 2 octobre 1855.	Capitaine.	Blessé le 3 mai 1855 à Sébastopol.
Lalanne.........	Lieutenant le 25 février 1852, capitaine le 21 octobre 1854 ; nommé chef de bataillon au 1er zouaves le 29 janvier 1863.	Général de division.	Blessé le 22 mars 1855 à Malakoff.
Lalanne	Capitaine le 25 février 1852.	Capitaine.	*Tué* le 10 août 1855 au combat de la Tchernaïa.
Lapeyrière	Lieutenant le 25 février 1852, capitaine le 24 mars 1855, passé au 1er voltigeurs de la garde le 29 mai 1856.	Capitaine.	
Lefebvre........	Lieutenant le 13 février 1852, capitaine le 29 juin 1855 ; nommé chef de bataillon au 64e de ligne le 21 décembre 1866.	Général de brigade.	
Landrut (A).....	Sous-lieutenant le 25 février 1852, lieutenant le 30 janvier 1855, capitaine le 12 mars 1857 ; nommé chef de bataillon au 42e de ligne le 28 janvier 1870.		Blessé le 25 mars 1850 à Kong-Hamann.
Lefranc.........	Sous-lieutenant le 25 février 1852.	S.-lieutenant.	*Tué* à Inkermann le 5 novembre 1854.
Lespine	Sous-lieutenant le 19 mai 1852, lieutenant le 24 mars 1855, capitaine le 20 juin 1859 ; passé au 34e de ligne le 4 janvier 1862.	Capitaine.	Blessé le 17 mars 1855 à Sébastopol ; blessé le 8 septembre 1855 à Malakoff ; blessé à Taffetas (Kabylie) le 20 juin 1860.
Labrousse	Commandant le 8 septembre 1854, nommé lieutenant-colonel du 24e de ligne le 4 mai 1859.	Colonel.	
Lamy	Sous-lieutenant le 17 février 1855, lieutenant le 13 octobre 1856 ; nommé capitaine au 95e de ligne le 23 mars 1859.	Général de brigade.	Blessé le 26 novembre 1849 à Zaatcha (Afrique) ; blessé le 17 mars 1855 à Sébastopol.
Légé	Sous-lieutenant le 24 mars 1855, lieutenant le 12 août 1857, capitaine le 10 mars 1864 ; parti le 11 août 1866.	Capitaine.	Blessé le 20 septembre 1854 à l'Alma ; blessé le 31 mai 1859 à Palestro.
Lucot..........	Sous-lieutenant le 29 juin 1855, lieutenant le 15 juillet 1859.	Lieutenant.	Blessé le 5 juin 1855 à Sébastopol ; *tué* le 25 mars 1860 à Kong-Hamann (Beni-Ameur).

NOMS.	DATE DE L'ARRIVÉE AU CORPS. Différents grades remplis au corps. Date du départ.	DERNIER GRADE dans l'armée.	OBSERVATIONS.
Le Gué.........	Sous-lieutenant le 1er octobre 1856, lieutenant le 30 mai 1860, capitaine le 24 août 1863 ; passé au 29e de ligne le 15 novembre 1869.	Chef de bataillon.	
Lafont.........	Sous-lieutenant le 16 octobre 1856, lieutenant le 24 mai 1859 ; parti le 6 janvier 1862.	Lieutenant.	Blessé le 2 juillet 1854 chez les Beni-Sajer (Afrique).
Le Maistre.....	Sous-lieutenant le 7 janvier 1857, lieutenant le 24 mai 1859.	Lieutenant.	Blessé le 8 septembre 1855 à Sébastopol ; blessé le 31 mai 1859 à Palestro ; blessé le 8 mai 1863 à San-Lorenzo ; *décédé* le 9 mai 1863 au Mexique.
de Laforterie..	Sous-lieutenant le 1er octobre 1857, lieutenant le 27 décembre 1861, capitaine le 8 mars 1865 ; parti le 12 avril 1868.	Capitaine.	
Lemaire........	Sous-lieutenant le 1er octobre 1857, lieutenant le 21 janvier 1863, capitaine le 9 mars 1867 ; parti le 29 juin 1870.	Capitaine.	
Lanes (A).......	Sous-lieutenant le 1er octobre 1858, lieutenant le 24 août 1863 ; nommé capitaine au 1er étranger le 13 juillet 1866.		
Liguy..........	Sous-lieutenant le 15 juillet 1859, lieutenant le 23 février 1864 ; retraité le 10 mars 1866.	Lieutenant.	Blessé le 31 mai 1859 à Palestro.
Le Sueur de Givry..........	Sous-lieutenant le 15 juillet 1859, lieutenant le 9 octobre 1863, capitaine le 26 décembre 1868, nommé major au 12e de ligne le 1er décembre 1875.	Major.	Blessé le 6 août 1870 à Frœschviller.
Laurens.........	Capitaine le 11 janvier 1860, nommé major au 81e le 30 mars 1870.	Lieutenant-colonel.	Blessé le 1er août 1864 à Candellaria (Mexique) ; blessé le 7 septembre 1865 au col de Chaumal.
Laverny........	Capitaine le 28 février 1863, passé au 24e le 11 février 1868.	Chef de bataillon.	Blessé le 24 juin 1859 à Solférino.

NOMS.	DATE DE L'ARRIVÉE AU CORPS. Différents grades remplis au corps. Date du départ.	DERNIER GRADE dans l'armée.	OBSERVATIONS.
Lebourg (A).....	Sous-lieutenant le 1er octobre 1863, lieutenant le 9 mars 1867, capitaine le 5 janvier 1871, promu chef de bataillon au 43e de ligne le 23 février 1882.		Blessé le 1er septembre 1870 à Sedan.
Lafon..........	Sous-lieutenant le 6 avril 1864. lieutenant le 7 août 1867, capitaine le 5 janvier 1871 ; retraité le 8 mai 1872.	Capitaine.	Blessé le 16 août 1855 à la Tchernaïa ; blessé le 31 mai 1859 à Palestro ; blessé le 6 août 1870 à Reischoffen.
Laguiller.......	Sous-lieutenant le 6 juillet 1864, lieutenant le 17 novembre 1867, capitaine le 25 septembre 1870.	Capitaine.	Blessé le 19 avril 1863 à Puebla (Mexique) ; décédé à Salon le 26 juillet 1878.
Lanes (A)........	Sous-lieutenant le 1er octobre 1864, lieutenant le 26 décembre 1868, capitaine le 22 avril 1871 ; passé au 27e chasseurs à pied le 13 juillet 1872.		
Loche (A).......	Sous-lieutenant le 15 septembre 1866, lieutenant le 20 août 1870, capitaine le 6 février 1874 ; passé au 65e de ligne le 7 juillet 1875.		Blessé le 31 mai 1859 à Palestro ; blessé le 30 mars 1863 à Puebla.
Leroux	Sous-lieutenant le 9 mars 1867, passé au 1er zouaves le 15 avril 1857.	Capitaine.	
Ledeuil (A)......	Sous-lieutenant le 7 août 1869, lieutenant le 30 septembre 1870, capitaine le 16 septembre 1871, passé au 112e de ligne le 27 juin 1872.		
Lagardère......	Lieutenant le 3 mai 1870, nommé capitaine au 111e ligne le 13 juillet 1872.	Capitaine.	
Laagel (A)......	Sous-lieutenant le 20 août 1870, passé au 1er zouaves le 5 mars 1872.		Blessé le 6 août 1870 à Reischoffen ; blessé le 1er septembre 1870 à Sedan.
Lantelme (A) ...	Sous-lieut. le 20 août 1870, lieutenant le 19 septembre 1870 ; passé au 4e zouaves le 1er novembre 1870.		Blessé le 6 août 1870 à Frœschwiller.
Larcher (A).....	Sous-lieutenant le 12 septembre 1870, passé au 4e zouaves le 1er novembre 1870.		Blessé le 16 février 1865 à Oujouca (Mexique) ; blessé au tir le 15 décembre 1869.

NOMS.	DATE DE L'ARRIVÉE AU CORPS. Différents grades remplis au corps. Date du départ.	DERNIER GRADE dans l'armée.	OBSERVATIONS.
LACANAL (A).....	Sous-lieutenant le 1er décembre 1780, nommé lieutenant au 3e bataillon d'Afrique le 3 décembre 1876.		
LAVERGNE	Sous-lieutenant le 16 novembre 1871, parti le 16 septembre 1874.	S.-lieutenant.	Blessé à Beaune-la-Rolande le 28 novembre 1870.
LONGUET	Lieutenant le 9 octobre 1871, parti le 16 mars 1872.	Lieutenant.	
LEBRUN..........	Sous-lieutenant le 17 juillet 1870, parti le 13 août 1872.	S.-lieutenant.	
LE GRAND (A)...	Sous-lieutenant le 19 février 1872, lieutenant le 21 février 1874 ; passé au 71e de ligne le 29 mars 1876.		
LAFAILLE (A)....	Lieutenant le 21 mai 1872, nommé capitaine au 2e zouaves le 13 mai 1873.		
LAFON (A).......	Sous-lieutenant le 15 juin 1872, nommé lieutenant au 105e de ligne le 23 août 1877.		Blessé le 6 août 1870 à Frœschwiller.
LA RIVIÈRE (A)..	Lieutenant le 3 août 1872, passé au 125e le 29 février 1878.		
LEGUAY (A)......	Sous-lieutenant le 18 octobre 1872, lieutenant le 11 mai 1874, capitaine le 2 mai 1881 ; passé au 1er zouaves le 10 février 1886.		
LORETTE (A)	Lieutenant le 20 mars 1873, nommé capitaine au 1er zouaves le 21 février 1876.		Blessé le 18 mai 1871 à Bourg-la-Reine.
LAÎNÉ.	Commandant le 25 septembre 1873, parti le 25 mars 1875.	Chef de bataillon.	Blessé le 30 novembre 1870 à Champigny.
LAGARDÈRE......	Capitaine le 14 novembre 1874.	Capitaine.	Mort à Tébessa le 12 mars 1881.
LE DOULCET DE PONTÉCOULANT.	Commandant le 6 septembre 1876, passé au 4e chasseurs à pied le 26 octobre 1878.	Lieutenant-colonel.	
LOBRANI.........	Capitaine le 28 mars 1877, nommé administrateur le 3 mars 1883.	Capitaine.	
LAUBECKER (A)...	Sous--lieutenant le 7 février 1878, nommé lieutenant au 137e de ligne le 9 juillet 1883.		

NOMS.	DATE DE L'ARRIVÉE AU CORPS. Différents grades remplis au corps. Date du départ.	DERNIER GRADE dans l'armée.	OBSERVATIONS.
Leguay (A)......	Sous-lieutenant le 1er octobre 1878, nommé lieutenant au 105e de ligne le 29 février 1884.		
Larue (A).......	Commandant le 28 octobre 1878, nommé lieutenant-colonel au 50e de ligne le 19 février 1884.		
Laborde........	Capitaine le 9 novembre 1878, parti le 27 décembre 1880.	Capitaine.	
de Luxer (A)....	Major le 19 janvier 1879, commandant le 21 octobre 1881.		
Leconte (A).....	Sous-lieutenant le 1er octobre 1879, promu lieutenant au 3e bataillon d'Afrique le 29 septembre 1884.		
Lorengé (A).....	Lieutenant le 10 juillet 1881, capitaine le 8 juillet 1886.		
Leroy (A).......	Sous-lieutenant le 1er octobre 1882, promu lieutenant au 1er étranger le 7 novembre 1885.		
Le Moyne (A)...	Sous-lieutenant le 27 novembre 1882, lieutenant le 25 novembre 1884 ; passé au 65e le 17 avril 1885.		
Laquière (A)....	Lieutenant le 5 décembre 1882, passé au 1er zouaves le 25 novembre 1884.		
Lucas (A).......	Colonel le 29 juillet 1885.		Blessé le 13 mai 1864 à Nochisthan (Mexique).
Labat (A).......	Sous-lieutenant le 21 novembre 1885.		
Lamblin (A).....	Capitaine le 24 janvier 1886.		
Laroche........	Capitaine de réserve le 8 juillet 1884.	Capitaine.	Blessé le 31 mai 1859 à Palestro ; blessé le 30 août 1870 à Mouzon ; blessé le 1er décembre 1870 à Neuville.
Lemmel (A)......	Sous-lieutenant de réserve le 31 mars 1884.		Actuellement au Tonkin avec le 1er bataillon.
Montaudon.....	Commandant le 17 février 1852, promu lieutenant-colonel au 10e d'infanterie le 18 octobre 1854.	Général de division.	Blessé le 31 mai 1842 chez les Bras (Afrique) ; blessé le 19 septembre 1842 à l'Oued-Fedda (Afrique).

NOMS.	DATE DE L'ARRIVÉE AU CORPS. Différents grades remplis au corps. Date du départ.	DERNIER GRADE dans l'armée.	OBSERVATIONS.
MARTIN.........	Capitaine le 23 février 1852, nommé chef de bataillon au 74ᵉ de ligne le 5 avril 1855.	Chef de bataillon.	
MAURICE........	Capitaine le 25 février 1852, promu major au 12ᵉ de ligne le 29 novembre 1853.	Intendant militaire.	
MONGIN.........	Capitaine le 13 février 1852, parti le 2 août 1857.	Capitaine.	Blessé le 24 mai 1837 à Huesca (Espagne) ; blessé le 24 juin 1848 à Reuilly.
MELOT.........	Capitaine le 25 février 1852, passé au 51ᵉ de ligne le 11 février 1854.	Chef de bataillon.	
MARTENOT......	Lieutenant le 25 février 1852, capitaine le 23 décembre 1853.	Capitaine.	Décédé le 5 mars 1860 à Constantine.
MASQUELEZ.....	Lieutenant le 25 février 1852, nommé capitaine au 72ᵒ le 30 décembre 1854.	Chef de bataillon.	Blessé le 20 septembre 1854 à l'Alma.
MOUTIÉ........	Lieutenant le 25 février 1852, capitaine le 24 mars 1855 ; passé dans la garde le 18 juin 1855.	Capitaine.	Blessé au Mamelon Vert le 7 juin 1855.
MANGIN........	Lieutenant le 25 février 1852, capitaine le 24 mars 1855 ; nommé major au 38ᵉ de ligne le 14 mars 1859.	Colonel.	Blessé le 17 mars 1855 à Sébastopol ; blessé le 30 juin 1857 à Aïd-Azi (Afrique) ; blessé le 13 janvier 1859 à Biskra.
MAMALET.......	Sous-lieutenant le 13 février 1852, lieutenant le 10 juillet 1854, capitaine le 8 novembre 1857 ; passé dans la garde le 28 février 1863.	Capitaine.	Blessé le 12 juillet 1849 à Aumale (Afrique) ; blessé à Kong-Hamann le 25 mars 1860.
MACUIN........	Sous-lieutenant le 25 février 1852, lieutenant le 24 mars 1855.	Lieutenant.	Mort à Sétif le 30 mai 1858.
MARIE.........	Lieutenant le 11 mai 1852, capitaine le 31 octobre 1855 ; passé au 3ᵉ grenadiers le 17 février 1862.	Capitaine.	
MAUROUMECQ....	Sous-lieutenant le 31 décembre 1853, lieutenant le 24 mars 1855, capitaine le 7 décembre 1859 ; passé au 2ᵉ de ligne le 24 octobre 1861.	Capitaine.	Blessé le 17 mars 1855 à Sébastopol ; blessé le 31 mai 1859 à Palestro.
MALATERRE.....	Sous-lieutenant le 17 février 1855, lieutenant le 13 octobre 1856 ; parti le 12 mars 1862.	Lieutenant.	

NOMS.	DATE DE L'ARRIVÉE AU CORPS. Différents grades remplis au corps. Date du départ.	DERNIER GRADE dans l'armée.	OBSERVATIONS.
MONEYROT........	Sous-lieutenant le 24 mars 1855, lieutenant le 23 septembre 1855, capitaine le 13 août 1863.	Capitaine.	Blessé le 16 août 1855 à Traktir; *décédé* à Philippeville le 3 décembre 1868.
MAISONNEUVE LA-COSTE.	Sous-lieutenant le 24 mars 1855, passé dans la garde le 6 novembre 1855.	Capitaine.	
MARRIER DE CHAN-TELOUP........	Sous-lieutenant le 29 juin 1855, lieutenant le 21 mai 1859, capitaine le 18 avril 1866; passé au 48e le 13 août 1868.	Capitaine.	Blessé le 8 mai 1863 à San-Lorenzo; blessé le 1er août 1864 à Candelaria (Mexique).
MANIORT........	Sous-lieutenant le 23 septembre 1855, lieutenant le 15 juillet 1859, capitaine le 30 janvier 1866; passé au 54e le 6 mai 1869.	Capitaine.	
MULLER	Sous-lieutenant le 3 novembre 1855, passé au 6e bataillon de chasseurs à pied le 17 septembre 1857.	Chef de bataillon.	
MARTIN.........	Sous-lieutenant le 19 août 1856, parti le 16 décembre 1858.	S.-lieutenant.	
MARIANI........	Capitaine le 25 juin 1856.	Capitaine.	*Décédé* à Philippeville le 5 octobre 1867.
DE MASCUREAU...	Sous-lieutenant le 1er octobre 1858, lieutenant le 24 août 1863; passé capitaine au 34e le 30 avril 1867.	Chef de bataillon.	
MANGIN..........	Colonel le 25 juin 1859, nommé général le 26 décembre 1864.	Général de division.	
DE MASCUREAU...	Sous-lieutenant le 1er octobre 1859, lieutenant le 13 août 1865, capitaine le 2 avril 1870.	Capitaine.	*Tué* le 6 août 1870 à Frœschwiller.
DE MAUSSION DE CANDÉ (A).....	Sous-lieutenant le 8 juin 1861, lieutenant le 15 septembre 1866, capitaine le 20 août 1870; passé au 111e le 27 octobre 1874.		
DE MAHÉ........	Capitaine le 2 avril 1862.	Capitaine.	*Décédé* à Constantine le 23 septembre 1863.
MALIGNON........	Capitaine le 23 mars 1862, retraité le 8 décembre 1872.	Capitaine.	

NOMS.	DATE DE L'ARRIVÉE AU CORPS. Différents grades remplis au corps. Date du départ.	DERNIER GRADE dans l'armée.	OBSERVATIONS.
MERLEN..........	Sous-lieutenant le 1er octobre 1863, lieutenant le 13 avril 1867.	Lieutenant.	*Tué* à la bataille de Saint-Quentin.
DE LA MOTTE-ROUGE.........	Sous-lieutenant le 13 août 1865. parti le 28 avril 1869.	S.-lieutenant.	
MARIE (A).......	Sous-lieutenant le 9 mars 1867, lieutenant le 20 août 1870, capitaine le 4 avril 1871 ; passé au 30e de ligne le 6 août 1875.		Blessé le 6 août 1870 à Frœschwiller ; blessé le 1er septembre 1870 à Sedan ; blessé le 28 novembre 1870 à Beaune-la-Rolande ; blessé le 21 mai 1871 à Mestaoua (Afrique).
MULETIER (A)....	Sous-lieutenant le 10 août 1868, lieutenant le 21 mai 1872 ; passé au 58e de ligne le 10 juillet 1875.		Blessé à Frœschwiller le 6 août 1870.
MORLAN (A).....	Commandant le 3 août 1869, passé au 17e de ligne le 16 janvier 1872.		Blessé le 16 août 1855 à Traktir (Crimée); blessé le 24 juin 1857 en Kabylie.
MARTINAIS.......	Sous-lieutenant le 1er octobre 1869, lieutenant le 30 septembre 1870 ; capitaine le 6 mars 1871.	Capitaine.	*Tué* à Tizi-Ouzou le 9 juin 1871.
MÉRIC..........	Lieutenant-colonel le 20 août 1870, passé au 4e zouaves le 1er novembre 1870.	Colonel.	Blessé le 14 septembre 1856 en Kabylie.
MONTROY (A)....	Sous-lieutenant le 20 août 1870, lieutenant le 19 septembre 1870 ; passé au 4e zouaves le 1er novembre 1870.		Blessé le 31 mai 1859 à Palestro (Italie); blessé le 6 août 1870 à Frœschwiller.
MEHL (A).......	Sous-lieutenant le 20 août 1870, lieutenant le 19 septembre 1870 ; passé au 4e zouaves le 1er novembre 1870.		
MARTIN..........	Sous-lieutenant le 28 octobre 1870, parti le 6 février 1875.	S.-lieutenant.	
MATURIER (A)....	Sous-lieutenant le 28 octobre 1870, passé au 130e de ligne le 25 février 1874.		
MÉLIX (A).......	Capitaine le 4 avril 1871, passé au 52e de ligne le 31 août 1873.		Blessé le 28 novembre 1870 à Beaune-la-Rolinde.
MALLET	Sous-lieutenant le 25 septembre 1870, lieutenant le 1er décembre 1870 ; parti le 22 janvier 1872.	Lieutenant.	

NOMS.	DATE DE L'ARRIVÉE AU CORPS. Différents grades remplis au corps. Date du départ.	DERNIER GRADE dans l'armée.	OBSERVATIONS.
Marange (A)......	Sous-lieutenant le 3 avril 1871, nommé lieutenant au 2e tirailleurs le 3 décembre 1876.		
Mourier (A)......	Sous-lieutenant le 4 avril 1871, nommé lieutenant au 1er zouaves le 7 novembre 1874.		Blessé à Beaune-la-Rolande le 28 novembre 1870.
Migneret........	Commandant le 16 janvier 1872, passé au 50e le 11 novembre 1874.	Chef de bataillon.	
Marty (A).......	Sous-lieutenant le 30 septembre 1870, nommé lieutenant au 3e tirailleurs le 11 mai 1874.		
Mequessé (A)...	Lieutenant le 21 mai 1872, nommé capitaine au 1er zouaves le 21 février 1876.		Blessé le 16 août 1870 à Gravelotte.
Magne (A).......	Capitaine le 3 octobre 1871, passé au 4e zouaves le 13 juillet 1872.		
Masson (A)......	Capitaine le 13 septembre 1873 ; nommé major au 124e le 4 octobre 1883.		Blessé le 2 octobre 1870 à Ladonchamps.
de Marcé (A)...	Capitaine le 6 février 1874, passé au 118e le 6 août 1881.		
Muller	Capitaine le 8 mai 1874, nommé chef de bataillon au 143e de ligne le 10 juillet 1881.	Chef de bataillon.	Décédé.
Marty	Lieutenant le 9 juin 1874, parti le 20 avril 1875.	Lieutenant.	
Michel (A)......	Capitaine le 5 juillet 1875, passé au 61e de ligne le 11 août 1875.		Blessé le 31 décembre 1866 à Chalco (Méxique).
Monségur (A)...	Sous-lieutenant le 1er octobre 1875, passé au 110e de ligne le 27 juin 1879.		
Mouton (A)......	Sous-lieutenant le 23 mars 1877, nommé lieutenant au 77e de ligne le 13 octobre 1882.		
Mohamed-ben-Ahmed-Tounsi.	Capitaine le 1er décembre 1877, parti le 28 mai 1880.	Capitaine.	
Marjoulet (A)...	Sous-lieutenant le 1er octobre 1880, lieutenant le 30 décembre 1884.		

NOMS.	DATE DE L'ARRIVÉE AU CORPS. Différents grades remplis au corps. Date du départ.	DERNIER GRADE dans l'armée.	OBSERVATIONS.
Mouteaux (A)...	Lieutenant le 22 novembre 1881, nommé capitaine au 2e zouaves le 8 juillet 1886.		Blessé le 16 juin 1871 à Beni-Raten (Kabylie).
Morizot (A).....	Sous-lieutenant le 12 mars 1882, nommé lieutenant au 132e de ligne le 1er avril 1886.		
Méteix (A)......	Capitaine le 19 février 1884.		
Metzinger (A)...	Commandant le 19 février 1884, nommé lieutenant-colonel au 70e de ligne le 29 juillet 1885.		
Menvielle (A)...	Sous-lieutenant le 25 octobre 1884, lieutenant le 29 juillet 1885.		
Marmet (A).....	Lieutenant-colonel le 10 décembre 1884.		
Ménestrel (A)..	Major le 29 juillet 1885.		Blessé le 8 octobre 1870 à Bourgonce ; blessé le 17 juin 1871 à Channebier.
Marinier (A)....	Sous-lieutenant le 1er octobre 1885.		
Manceaux (A)...	Capitaine le 3 décembre 1885.		
Milliet (A).....	Sous-lieutenant le 7 novembre 1885.		
Nogaret........	Sous-lieutenant le 25 février 1852, passé au 69e de ligne le 10 septembre 1853.	Capitaine.	
Neufville	Sous-lieutenant le 27 décembre 1858, lieutenant le 5 décembre 1863, passé au 10e de ligne le 12 mai 1864.		
de Narbonne-Lara	Capitaine le 13 février 1852, commandant le 24 mars 1855 ; passé dans la garde le 23 septembre 1855.	Général de division.	Blessé le 7 juin 1855 au Mamelon Vert.
Nicolas (A).....	Sous-lieutenant le 7 août 1867, lieutenant le 30 septembre 1870, capitaine le 4 avril 1871 ; passé au 1er zouaves le 25 mars 1872.		Blessé le 4 avril 1863 à Puebla (Mexique).
Nicaise	Capitaine le 4 avril 1871, retraité le 16 novembre 1877.	Capitaine.	
Nicolas (A).....	Sous-lieutenant le 30 septembre 1870, passé au 1er zouaves le 25 mars 1872.		

NOMS.	DATE DE L'ARRIVÉE AU CORPS. Différents grades remplis au corps. Date du départ.	DERNIER GRADE dans l'armée.	OBSERVATIONS.
NESA............	Sous-lieutenant le 21 octobre 1870.	S.-lieutenant.	*Tué* à Beaune-la-Rolande le 28 novembre 1870.
NICOLE	Lieutenant le 22 mars 1873, nommé capitaine au 4e zouaves le 4 juillet 1881.	Capitaine.	
NICOLAS(Antoine)	Commandant le 11 novembre 1874; parti le 30 août 1876.	Lieutenant-colonel.	
NOEL (A)........	Capitaine le 30 octobre 1882.		Blessé le 29 novembre 1870 à L'Hay.
OUDRIOT	Sous-lieutenant le 8 novembre 1857, lieutenant le 21 janvier 1863, capitaine le 8 novembre 1866 ; parti le 15 mai 1869.	Capitaine.	
OLIVIER (A).....	Sous-lieutenant le 25 novembre 1870, lieutenant le 16 septembre 1871 ; nommé capitaine au régiment étranger le 8 mai 1876.		Blessé le 21 mai 1871 à Mestaoua.
OBER (A)........	Lieutenant le 3 août 1872, nommé trésorier au 104e de ligne le 21 février 1876.		
OLIVAINT (A)	Sous-lieutenant le 1er octobre 1879, nommé lieutenant du 61e de ligne le 29 septembre 1884.		
OSSELET (A).....	Lieutenant le 17 avril 1885.		
PETIT JEAN......	Capitaine trésorier le 17 février 1852, promu major au 88e de ligne le 15 novembre 1856.	Lieut.-colonel.	
PARGUEZ.........	Lieutenant le 25 février 1852, capitaine le 29 avril 1854, nommé chef de bataillon au 1er zouaves le 5 décembre 1863.	Colonel.	Blessé le 16 août 1855 à la Tchernaïa ; blessé le 31 mai 1859 à Palestro (Italie).
DE POTIER.......	Lieutenant le 25 février 1852, parti le 1er mai 1853.	Lieutenant.	
PIERRON (François).	Lieutenant le 13 février 1852, capitaine le 24 mars 1855 ; passé au 3e voltigeurs le 14 avril 1856, chef de bataillon le 16 janvier 1872 ; parti le 2 mai 1872.	Chef de bataillon.	
PAOLI.	Lieutenant le 25 février 1852.	Lieutenant.	*Tué* le 23 mars 1855 à Sébastopol.

NOMS.	DATE DE L'ARRIVÉE AU CORPS. Différents grades remplis au corps. Date du départ.	DERNIER GRADE dans l'armée.	OBSERVATIONS.
Pringué........	Sous-lieutenant le 18 février 1852, lieutenant le 6 février 1853, capitaine le 23 septembre 1855.	Capitaine.	Blessé le 12 novembre 1845 aux Ouled-Azi (Afrique); blessé le 2 juillet 1855 à Sébastopol; blessé le 8 septembre 1855 à Malakoff.
Pernot.........	Sous-lieutenant le 13 février 1852, lieutenant le 23 février 1854.	Lieutenant.	Blessé le 9 avril 1851 à Selloum (Afrique); blessé le 3 novembre 1851 au Martos (Afrique); *mort* le 25 septembre 1854, du choléra.
Pichoud........	Sous-lieutenant le 5 mars 1852, passé dans la garde le 14 mars 1855.	Lieutenant.	
Paer...........	Lieutenant-colonel le 26 décembre 1853, passé au 4e de ligne le 14 juillet 1858.	Colonel.	Blessé à l'Oued-Fedda (Afrique).
Pierre.........	Sous-lieutenant le 25 octobre 1854.	S.-lieutenant.	*Mort* à Philippeville le 8 avril 1855.
Pissonnet de Belleponds ...	Commandant le 18 octobre 1854, passé dans la garde le 27 février 1855.	Général de division.	
Pierron........	Sous-lieutenant le 24 mars 1855, lieutenant le 2 août 1858; parti le 12 janvier 1859.	Lieutenant.	Blessé le 7 juin 1855 au Mamelon Vert; blessé le 16 août 1855 à la Tchernaïa.
Passeron.	Sous-lieutenant le 23 septembre 1855, passé au 10e de ligne le 26 juillet 1856.	Lieutenant.	
Pernot.........	Sous-lieutenant le 6 octobre 1856, lieutenant le 7 décembre 1859, capitaine le 12 août 1864; passé au 99e de ligne le 26 mai 1866.	Capitaine.	Blessé le 31 mai 1859 à Palestro (Italie).
Parson.........	Sous-lieutenant le 1er octobre 1859, lieutenant le 24 juin 1865, capitaine le 7 août 1869.	Capitaine.	*Tué* le 6 août 1870 à Reischoffen.
Perret	Sous-lieutenant le 1er octobre 1860, lieutenant le 18 avril 1866, capitaine le 4 août 1870; passé au 4e zouaves le 11 avril 1874.	Capitaine.	Blessé le 6 août 1870 à Frœschwiller.
Pleignier.	Sous-lieutenant le 29 décembre 1860, passé au 56e de ligne le 13 juin 1861.	Capitaine.	Blessé le 31 mai 1859 à Palestro.

NOMS.	DATE DE L'ARRIVÉE AU CORPS. Différents grades remplis au corps. Date du départ.	DERNIER GRADE dans l'armée.	OBSERVATIONS.
DE POURQUERY DE PÉCHALVÈS (A).	Sous-lieutenant le 1er octobre 1863, lieutenant le 30 septembre 1866 ; passé au 1er étranger le 15 octobre 1866.		
PIERRON (Ed.) (A).	Capitaine le 31 mai 1865, nommé chef de bataillon le 24 novembre 1870.		Blessé le 21 septembre 1864 à Majoma (Mexique).
PARIS..........	Sous-lieutenant le 24 juin 1865, lieutenant le 2 avril 1870, capitaine le 2 avril 1871, passé au 50e de ligne le 13 juillet 1872.	Capitaine.	
PÉLISSIÉ........	Sous-lieutenant le 18 avril 1860, passé au 99e de ligne le 10 mai 1866.	Capitaine.	
PEROTEL........	Sous-lieutenant le 1er octobre 1867.	S.-lieutenant.	*Tué* à Frœschwiller le 6 août 1870.
PARISET	Commandant le 22 décembre 1868.	Commandant.	Blessé le 22 juin 1855 à Sébastopol ; blessé le 13 mai 1864 à Nochisten (Mexique) ; *tué* à Frœschwiller le 6 août 1870.
PETIT-JEAN (A)...	Sous-lieutetant le 1er octobre 1868, lieutenant le 21 mai 1872 ; passé au 17e de ligne le 24 avril 1873.		
PENOT (A).......	Capitaine le 13 septembre 1870, nommé chef de bataillon au 137e de ligne le 15 mars 1880.		
PRÉVOST (A).....	Capitaine le 4 avril 1871, passé au 70e de ligne le 13 septembre 1873.		
PAULEZ (A)	Lieutenant le 3 octobre 1870, capitaine le 20 août 1871 ; passé au 111e de ligne le 27 juin 1872.		
PASCAL (A)	Lieutenant le 22 avril 1871, passé au 141e de ligne le 10 juillet 1875.		Blessé le 15 janvier 1871 à Mont-le-Vernois.
PACOT D'YENNE (A)............	Sous-lieutenant le 19 septembre 1870, passé au 4e zouaves le 1er novembre 1870.		
PASQUIER (A)....	Lieutenant le 2 mai 1873, capitaine le 10 juillet 1881 ; passé au 16e de ligne le 1er avril 1882.		

NOMS.	DATE DE L'ARRIVÉE AU CORPS. Différents grades remplis au corps. Date du départ.	DERNIER GRADE dans l'armée.	OBSERVATIONS.
PELLIER (A)......	Lieutenant le 22 mai 1872, capitaine le 26 septembre 1881.		
PÉRICAT (A).....	Chef de musique le 28 janvier 1876.		
PENAUD.........	Lieutenant le 16 mai 1876.	Lieutenant.	*Tué* le 3 août 1876 à Aïn-el-Bey, en visitant ses sentinelles.
PECAUD	Capitaine le 27 novembre 1876, parti le 13 juin 1879.	Capitaine.	
PARDES (A)......	Lieutenant le 29 janvier 1878, nommé capitaine au 19e bataillon de chasseurs à pied le 30 décembre 1880.		Blessé le 24 octobre 1870 à Malmaison.
PELLICOT	Sous-lieutenant le 1er octobre 1881.	S.-lieutenant.	*Décedé* à Thuan-An le 16 août 1885 des suites de blessures reçues à Hué le 5 juillet 1885.
PONT (A)........	Commandant le 19 février 1884, parti le 10 octobre 1885.	Commandant.	
PRÉVOST.........	Sous-lieutenant de réserve le 27 mars 1884.		Actuellement présent au Tonkin, avec le 1er bataillon.
RIONDEL	Capitaine le 17 février 1852, parti le 5 janvier 1864.	Capitaine.	
RITTER (Ignace)..	Sous-lieutenant le 13 février 1852, lieutenant le 30 janvier 1855, capitaine le 24 mai 1859 ; passé à l'état-major le 16 avril 1860.	Capitaine.	Blessé le 16 mai 1847 chez les Beni-Abès (Afrique).
REGLEY..........	Lieutenant le 13 février 1852, nommé capitaine au 14e bataillon de chasseurs à pied le 9 juillet 1854.	Général de brigade.	
ROBERT	Sous-lieutenant le 25 février 1852, lieutenant le 23 décembre 1853 ; parti le 18 janvier 1854.	Lieutenant.	
RODES..........	Sous-lieutenant le 25 février 1852, lieutenant le 15 janvier 1854, capitaine le 12 août 1857 ; parti le 23 décembre 1865.	Capitaine.	Blessé le 22 avril 1863 à Puebla (Mexique).
RÉTAULT	Sous-lieutenant le 25 février 1852, promu lieutenant au 18e de ligne le 29 décembre 1853.	S.-intendant militaire.	

NOMS.	DATE DE L'ARRIVÉE AU CORPS. Différents grades remplis au corps. Date du départ.	DERNIER GRADE dans l'armée.	OBSERVATIONS.
Rouet............	Sous-lieutenant le 25 février 1852, lieutenant le 30 janvier 1855, capitaine le 27 mars 1858 ; passé au 81e de ligne le 10 juin 1858.	Capitaine.	
Rapp............	Sous-lieutenant le 10 septembre 1853, passé dans la garde le 14 mars 1855.	Capitaine.	
Reynal..........	Sous-lieutenant le 23 décembre 1853, passé dans la garde le 14 mars 1855.	Capitaine.	
Renauld	Sous-lieutenant le 17 février 1855, passé dans la garde le 9 octobre 1855.	Capitaine.	
Renoux	Sous-lieutenant le 27 mai 1857, lieutenant le 7 mars 1861, capitaine le 30 septembre 1866 ; nommé chef de bataillon au 1er étranger le 19 janvier 1871.	Colonel.	Blessé le 1er août 1864 à la Candelaria (Mexique).
Rigault.........	Capitaine le 1er octobre 1858, nommé chef de bataillon au 3e de ligne le 12 août 1866.	Chef de bataillon.	Blessé le 8 mai 1863 à San-Lorenzo.
Ruel............	Capitaine le 13 septembre 1861 ; passé au 19e de ligne le 9 mars 1866.	Chef de bataillon.	Blessé à la Candelaria le 1er août 1864 ; blessé le 9 septembre 1865 au col de Chamal (Mexique).
Romignon	Sous-lieutenant le 1er octobre 1861, nommé lieutenant au 1er étranger le 5 mars 1864.	Colonel.	
De Rafélis de Saint-Sauveur.	Sous-lieutenant le 29 décembre 1861, lieutenant le 15 septembre 1866, capitaine le 9 juillet 1870.	Capitaine.	*Tué* à Frœschviller le 6 août 1870.
Renaud	Sous-lieutenant le 25 mars 1863.	S.-lieutenant.	Blessé le 28 juin 1849 à Rome ; blessé le 31 mai 1855 à Sébastopol ; *décédé* à Puebla le 5 octobre 1864, des suites de ses blessures.
Rossignon	Capitaine le 7 janvier 1865.	Capitaine.	Blessé le 23 avril 1854 à l'Oued-Allabah (Afrique) ; blessé le 5 novembre 1854 à Inkermann ; blessé le 8 septembre 1855 à Sébastopol ; *décédé* à Constantine le 19 février 1867.

NOMS.	DATE DE L'ARRIVÉE AU CORPS. Différents grades remplis au corps. Date du départ.	DERNIER GRADE dans l'armée.	OBSERVATIONS.
Roussel de Courcy (A)	Lieutenant-colonel le 1er mars 1865, nommé colonel au régiment étranger le 17 janvier 1866.	Général de division.	Blessé le 29 mars 1863 à Puebla (Mexique).
Regnery (A).....	Sous-lieutenant le 1er octobre 1866, lieutenant le 20 août 1870 ; passé au 4e zouaves le 1er novembre 1870.		
Ryckbusch (A)..	Sous-lieutenant le 1er octobre 1867, lieutenant le 4 avril 1871, capitaine le 6 février 1874 ; parti le 21 juillet 1881.		
Revin..........	Capitaine le 15 novembre 1869, passé au 4e zouaves le 1er novembre 1870.	Capitaine.	
Rivier	Sous-lieutenant le 4 août 1870, retraité le 29 juin 1872.	S.-lieutenant.	Blessé le 6 août 1870 à Reischoffen.
Roussaille (A)..	Sous-lieutenant le 9 août 1870, nommé lieutenant au 21e bataillon de chasseurs à pied le 3 mars 1873.		Blessé le 24 mai 1857 chez les Beni-Batten (Kabylie) ; blessé le 6 août 1870 à Reischoffen.
Robin (Émile)(A).	Sous-lieutenant le 25 septembre 1870, lieutenant le 1er décembre 1870 ; passé au 1er zouaves le 25 mars 1872.		
Robin (Alfred) ..	Sous-lieutenant le 12 septembre 1870, retraité le 29 juin 1872.	S.-lieutenant.	Blessé le 6 août 1870 à Reischoffen.
Ruelle	Sous-lieutenant le 21 septembre 1870, lieutenant le 16 septembre 1871, capitaine le 8 mai 1876 ; parti le 25 janvier 1877.	Capitaine.	Blessé le 28 novembre 1870 à Beaune-la-Rolande.
Rousselle (A)...	Sous-lieutenant le 4 avril 1871, nommé lieutenant au 2e tirailleurs le 3 décembre 1876.		Blessé le 28 novembre 1870 à Beaune-la-Rolande.
Rouff..........	Capitaine le 19 février 1872, retraité le 7 juillet 1874.	Capitaine.	Blessé le 5 novembre 1854 à Inkermann ; blessé le 19 avril 1871 à Neuilly.
Renaud (A)	Sous-lieutenant le 5 juillet 1874, lieutenant le 20 janvier 1881.		

NOMS.	DATE DE L'ARRIVÉE AU CORPS. Différents grades remplis au corps. Date du départ.	DERNIER GRADE dans l'armée.	OBSERVATIONS.
Riolacci (A)....	Lieutenant le 22 février 1876, passé au 58e de ligne le 9 mars 1887.		
Regad (A).......	Sous-lieutenent le 1er octobre 1877, nommé lieutenant au 20e de ligne le 13 octobre 1882.		
Raymond........	Lieutenant le 22 mars 1879, capitaine le 2 mai 1881; nommé capitaine-major au 142e territorial le 26 novembre 1881.	Capitaine.	
Rouet..........	Capitaine le 11 juin 1880, parti le 23 août 1884.	Capitaine.	*Mort* du choléra à Bône le 23 août 1884.
Rabaud (A)......	Lieutenant le 13 avril 1882.		Blessé le 18 août 1871 à Saint-Privat.
Romanetti (A)..	Capitaine le 30 octobre 1882.		
Reginensi (A)....	Sous-lieutenant le 19 mars 1883.		
Rouvière (A)....	Lieutenant-colonel le 7 novembre 1882, passé au 53e de ligne le 10 décembre 1884.		
Rutily (A)......	Lieutenant le 29 février 1884.		
Rousselle (A)...	Sous-lieutenant le 7 novembre 1885.		
Rivet (A)........	Sous-lieutenant le 15 mars 1886.		
Sentupéry......	Capitaine le 13 février 1852, promu chef de bataillon le 12 août 1857.	Colonel.	
Simon...........	Capitaine le 25 février 1852, parti le 19 janvier 1862.	Capitaine.	Blessé le 31 mai à Palestro.
Saint-Martin....	Capitaine le 13 février 1852, commandant le 4 juin 1859, nommé au commandement de la place de Corte (Corse) le 12 août 1861.	Chef de bataillon.	Blessé le 12 juillet 1849 chez les Beni-Melebck (Afrique); blessé le 31 mai 1859 à Palestro (Italie).
Sarrette.......	Capitaine le 3 mars 1852, promu chef de bataillon au 92e le 30 octobre 1857.	Colonel.	Blessé le 24 mai 1849 à Tizi-Baabi (Afrique); blessé à Inkermann le 5 novembre 1854.
Stahl..........	Lieutenant le 25 février 1852, capitaine le 30 janvier 1845; passé au 96e de ligne le 20 octobre 1858.	Chef de bataillon.	Blessé à Inkermann le 5 novembre 1854.
de Saint-Pol....	Colonel le 10 novembre 1854, nommé général le 17 mars 1855.	Général de division.	Blessé le 21 mai 1852 à Beni-Aïdoun (Afrique).

NOMS.	DATE DE L'ARRIVÉE AU CORPS. Différents grades remplis au corps. Date du départ.	DERNIER GRADE dans l'armée.	OBSERVATIONS.
Sabatier........	Sous-lieutenant le 2 mai 1855, lieutenant le 14 mars 1859, capitaine le 10 janvier 1866 ; parti le 15 septembre 1866.	Chef de bataillon.	
Souville........	Major le 19 novembre 1855, passé au 99ᵉ le 23 juin 1860.	Colonel.	
Sicard	Capitaine le 22 mars 1856, nommé adjudant de place le 19 février 1863.¹	Capitaine.	Blessé le 31 mai 1859 à Palestro.
Savelli	Sous-lieutenant le 30 janvier 1855, lieutenant le 13 octobre 1856 ; parti le 25 avril 1857.	Lieutenant.	Blessé le 23 mai 1852 chez les Beni-Kestab (Afrique) ; blessé le 5 novembre 1854 à Inkermann.
Souvervic.......	Sous-lieutenant le 21 mars 1857, lieutenant le 8 septembre 1861 ; passé au 59ᵉ de ligne le 17 juillet 1852.	Capitaine.	
Strohl (A).......	Sous-lieutenant le 1ᵉʳ octobre 1864, lieutenant le 10 août 1868, capitaine le 20 août 1870 ; passé au 4ᵉ zouaves le 1ᵉʳ novembre 1870.		
Saint-Upéry (A).	Sous-lieutenant le 7 juin 1865, lieutenant le 28 janvier 1870 ; nommé capitaine au 1ᵉʳ zouaves le 13 février 1873.		
Saint-Marc (A)..	Capitaine le 9 mars 1866, nommé chef de bataillon au 1ᵉʳ zouaves le 20 août 1870.		
Schwaebel......	Sous-lieutenant le 1ᵉʳ octobre 1866, lieutenant le 4 août 1870 ; nommé capitaine au 65ᵉ de ligne le 12 décembre 1870.	Capitaine.	
Strohl (A)......	Capitaine le 8 août 1868 ; passé chef de bataillon au 1ᵉʳ bataillon de chasseurs à pied le 21 janvier 1871.		
Sorel..........	Capitaine le 16 novembre 1868.	Capitaine.	*Tué* à Frœschviller le 6 août 1870.
Saltzmann	Sous-lieutenant le 7 août 1869.	S.-lieutenant.	*Tué* à Frœschviller le 6 août 1870.
Sibien (A)	Lieutenant le 5 janvier 1871, passé capitaine au 11ᵉ de ligne le 5 juillet 1875.		

NOMS.	DATE DE L'ARRIVÉE AU CORPS. Différents grades remplis au corps. Date du départ.	DERNIER GRADE dans l'armée.	OBSERVATIONS.
DE SCHOEN (A)...	Sous-lieutenant le 5 octobre 1870, passé au 4e zouaves le 1er novembre 1870.		
SAINT-GERMIER...	Sous-lieutenant le 19 juillet 1870, lieutenant le 20 août 1870.	Lieutenant.	*Décédé* dans ses foyers le 28 juillet 1871.
SOMBRET........	Sous-lieutenant le 1er décembre 1870, parti le 17 mars 1871.	S.-lieutenant.	
SIMON	Lieutenant le 23 mars 1873, nommé capitaine au 34e de ligne le 26 septembre 1881.	Capitaine.	
SORBÉ (A)	Lieutenant le 9 avril 1876, capitaine le 19 mars 1883; passé au 88e le 29 février 1884.		
SAJOT (A)........	Capitaine le 23 décembre 1881.		
SABLAIROLLES (A)	Capitaine le 6 octobre 1883.		
SAINT-UPÉRY (A).	Capitaine le 30 décembre 1884.		Blessé le 7 avril 1863 à Puebla (Mexique).
SIMON (A)........	Sous-lieutenant le 4 novembre 1885.		
STOECKEL (A)....	Commandant le 29 décembre 1885.		Blessé le 16 août 1870 à Rezonville.
TARBOURIECH....	Colonel le 17 février 1852.	Colonel.	Blessé à Beni-Sala (Afrique) le 2 avril 1843. *Décédé* le 24 septembre 1854 d'une attaque de choléra.
TURC...........	Sous-lieutenant le 25 février 1852, lieutenant le 30 janvier 1855, capitaine le 23 septembre 1855; passé au 8e de ligne le 1er mai 1862.	Chef de bataillon.	
TINTILLIER......	Sous-lieutenant le 3 mai 1854, lieutenant le 19 septembre 1855, capitaine le 21 mars 1863; passé au 2e zouaves le 12 août 1864.	Capitaine.	
TICHADOU........	Commandant-major le 30 janvier 1855, nommé commandant de la place de Batna le 19 novembre 1855.	Chef de bataillon.	Blessé les 23 et 24 novembre 1866 à Constantine.
TAXOEN.	Sous-lieutenant le 29 juin 1855, lieutenant le 20 juin 1859.	Lieutenant.	Blessé le 22 mars 1855 à Sébastopol; blessé le 7 juin 1855 au Mamelon Vert; *mort* à Philippeville le 27 septembre 1862.

NOMS.	DATE DE L'ARRIVÉE AU CORPS, Différents grades remplis au corps. Date du départ.	DERNIER GRADE dans l'armée.	OBSERVATIONS.
TEISSÈDRE........	Sous-lieutenant le 27 décembre 1861, lieutenant le 15 septembre 1866.	Lieutenant.	*Tué* le 6 août 1870 à Frœschwiller.
TARTARIN (A)....	Lieutenant le 4 septembre 1864, capitaine le 17 novembre 1867; promu chef de bataillon au 56e de ligne le 26 octobre 1878.		
TRUC (A)........	Sous-lieutenant le 1er octobre 1864, lieutenant le 26 décembre 1868, capitaine le 25 janvier 1871; passé au 23e bataillon de chasseurs à pied le 13 juillet 1872.		Blessé le 4 juin 1859 à Magenta (Italie).
TOURRE.........	Colonel le 24 décembre 1864.	Colonel.	Blessé le 5 novembre 1854 à Inkermann; blessé le 23 mai 1855 à Sébastopol; *décédé* le 4 mai 1865 à Mexico, par suite d'asphyxie dans un incendie.
TACCOEN (A).....	Sous-lieutenant le 13 avril 1867, lieutenant le 30 septembre 1870, capitaine le 16 septembre 1871; passé au 11e de ligne le 27 juin 1872.		
TRINITÉ.........	Commandant-major le 3 juillet 1867, nommé lieutenant-colonel au 92e de ligne le 31 octobre 1870.	Général de brigade.	
TESSELIN (A).....	Capitaine le 16 septembre 1871, passé au 112e le 11 août 1875.		Blessé le 28 novembre 1870 à Beaune-la-Rolande.
THÉVENEZ (A) ...	Sous-lieutenant le 3 décembre 1870, nommé lieutenant au 1er zouaves le 26 janvier 1878.		Blessé le 21 mai 1871 à Mestaoua.
TANCHOT (A).....	Capitaine le 15 septembre 1871, passé au 4e zouaves le 23 avril 1872.		
TRIMBACH (A)....	Capitaine le 26 décembre 1874, passé au 22e de ligne le 5 juillet 1875.		
TRAMBLAY	Sous-lieutenant le 17 juillet 1875, parti le 29 octobre 1875.	S.-lieutenant.	
UTEZA (A).......	Sous-lieutenant le 4 février 1867, passé au 96e de ligne le 9 août 1870.		

NOMS.	DATE DE L'ARRIVÉE AU CORPS. Différents grades remplis au corps. Date du départ.	DERNIER GRADE dans l'armée.	OBSERVATIONS.
Ulm (A).........	Commandant le 18 septembre 1881, passé au 117e de ligne le 29 juillet 1885.		Blessé le 2 décembre 1870 à Arthenay.
Valet	Lieutenant le 25 février 1852, capitaine le 27 décembre 1854 ; passé au 12e bataillon de chasseurs à pied le 30 mai 1857.	Colonel.	Blessé le 5 novembre 1854 à Inkermann.
Vogel	Sous-lieutenant le 13 février 1852, lieutenant le 24 mars 1855, capitaine le 15 juillet 1859 ; passé au 52e de ligne le 11 janvier 1860.	Capitaine.	Blessé le 10 avril 1851 à Belloum (Afrique) ; blessé le 8 septembre 1855 à Malakoff.
Vincent.........	Sous-lieutenant le 19 mai 1852, passé au 49e de ligne le 24 novembre 1852.	Capitaine.	
Villaret de Joyeuse.......	Sous-lieutenant le 30 décembre 1852, lieutenant le 24 mars 1855 ; passé au 29e de ligne le 20 avril 1858.	Chef de bataillon.	Blessé le 10 avril 1851 à Selloum ; blessé le 17 mars 1855 à Sébastopol ; blessé le 7 juin 1855 au Mamelon Vert.
Viel	Sous-lieutenant le 19 septembre 1855, lieutenant le 27 décembre 1858, capitaine le 12 avril 1865 ; passé au 2e zouaves le 10 juin 1865.	Capitaine.	
Vadon (A)	Sous-lieutenant le 1er octobre 1857, lieutenant le 27 décembre 1861 ; passé capitaine au 1er régiment étranger le 13 juin 1866.		
Vuillemenot (A).	Sous-lieutenant le 1er octobre 1861, lieutenant le 16 mars 1866, capitaine le 4 août 1870 ; passé au 39e de ligne le 19 février 1872.		Blessé à Sedan le 1er septembre 1870.
Vivensang (A)...	Lieutenant le 22 janvier 1863, capitaine le 10 août 1868 ; passé au 41e de ligne le 31 août 1873.		Blessé le 4 juin 1859 à Magenta.
Vermel	Sous-lieutenant le 1er octobre 1864, lieutenant le 10 août 1868.	Lieutenant.	Blessé le 1er août 1864 à la Candelaria (Mexique) ; *tué* à Frœschwiller le 6 août 1870.
Voisin..........	Capitaine le 16 octobre 1865, commandant le 23 décembre 1873 ; passé au 52e de ligne le 9 juillet 1874.	Chef de bataillon.	Blessé le 6 août 1870 à Reischoffen.

NOMS.	DATE DE L'ARRIVÉE AU CORPS. Différents grades remplis au corps. Date du départ.	DERNIER GRADE dans l'armée.	OBSERVATIONS.
Vandenputten...	Capitaine le 27 septembre 1870, commandant le 15 novembre 1870 ; passé au 28ᵉ chasseurs le 3 décembre 1870.	Lieutenant-colonel.	
Vincent (A).....	Commandant le 4 avril 1871, passé au 11ᵉ de ligne le 16 janvier 1872.		Blessé le 28 novembre 1870 à Beaune-la-Rolande.
Valleur (A).....	Lieutenant le 19 février 1872, capitaine le 6 février 1874 ; passé au 12ᵉ de ligne le 30 octobre 1882.		
Virrot (A)......	Capitaine le 16 décembre 1873, passé au 42ᵉ de ligne le 10 mai 1874.		
Verrier.........	Commandant le 29 décembre 1874, nommé lieutenant-colonel au 26ᵉ de ligne le 11 février 1876.	Général de brigade.	Blessé le 24 juin 1857 en Kabylie ; blessé le 16 août 1870 à Gravelotte ; blessé le 18 août 1870 à Saint-Privat.
Vincent (A).....	Capitaine le 10 mars 1877, passé au 12ᵉ de ligne le 14 janvier 1886.		Blessé le 26 mars 1864 au combat des Aurès (Afrique) ; blessé le 16 août 1870 à Rezonville.
Vagner (A)......	Sous-lieutenant le 19 mars 1883.		
Vilan (A)	Capitaine le 12 juillet 1884.		
Villebesseix (A).	Sous-lieutenant le 4 novembre 1885.		
Walsin Esterhazi (A)	Sous-lieutenant le 11 novembre 1872, lieutenant le 21 février 1874 ; passé au 51ᵉ de ligne le 21 septembre 1874.		

TABLEAU Nº 3

ETAT numérique des officiers et hommes de troupe, tués à l'ennemi ou blessés sur le champ de bataille depuis la formation du régiment.

COMBATS, BATAILLES, CAMPAGNES.	OFFICIERS		SOUS-OFFI-CIERS, CAPO-RAUX ET ZOUAVES		OBSERVATIONS.
	tués.	blessés.	tués.	blessés.	
Expédition de la Kabylie orientale. (Mai-juillet 1852.)					
16 mai	»	»	1	5	
17 mai	»	»	»	2	
21 mai	»	»	1	5	
23 mai	»	»	3	11	
17 juin	»	»	4	17	
Colonne de Guelma. (Lieutenant-colonel AMEIL.)					
9 juin 1852	»	»	1	1	
Expédition des Babors.					
19 mai 1853	»	»	»	2	
Crimée	16	45	187	1102	
Expédition de la Grande-Kabylie. (Avril-juillet 1854.)					
4 juin	»	»	3	1	
17 juin	»	»	7	18	
21 juin	»	»	»	2	
26 juin	»	»	»	23	
30 juin	»	1	»	18	
1er juillet	»	»	»	5	
Expédition des Babors. (Juin-juillet 1856.)					
2 juin	»	»	»	3	
A reporter	16	46	207	1215	

COMBATS, BATAILLES, CAMPAGNES.	OFFICIERS		SOUS-OFFICIERS, CAPORAUX ET ZOUAVES		OBSERVATIONS.
	tués.	blessés.	tués.	blessés.	
Report	16	46	207	1215	
Expédition de la Grande-Kabylie. (Mai-juillet 1857.)					
24 mai...........................	»	1	3	10	
24 juin	»	»	»	8	
25 juin...........................	»	»	»	5	
29 juin...........................	»	3	6	28	
30 juin...........................	»	»	1	14	
30 juin...........................	»	»	»	2	
Colonne de Biskra. (Décembre 1858, février 1859.)					
13 janvier 1859..................	»	1	»	7	
Italie 1859.					
Palestro 31 mai..................	1	15	47	218	
Colonne du Modna.					
Mars 1860..............	1	3	12	36	
Colonne de la Kabylie Orientale.					
Mai-août 1860..............	»	»	1	21	
Mexique 1862-1867.					
Crux-Blanca, 18 décembre 1862....	»	»	»	1	
Siège de Puebla, 18 mars 1863.....	»	»	»	2	
San-Xavier, 29 mars..............	»	»	»	35	
— 1er avril..............	»	»	2	6	
— 2 avril..............	»	»	5	23	
Cadre 29.	»	»	2	27	
San-Lorenzo......................	»	5	»	55	
16 mai...........................	»	»	»	10	
Contre Fragoso, 22 octobre........	»	1	»	1	
1er août 1864. La Candelaria........	1	5	4	33	
Février 1865. Siège de Oajaca......	»	»	2	6	
Puebla (3 mai 1865)...............	1	»	»	1	
18 mai 1865. San-Felize...........	»	»	1	»	
A reporter..............	20	80	293	1764	

COMBATS, BATAILLES, CAMPAGNES.	OFFICIERS		SOUS-OFFICIERS, CAPORAUX ET ZOUAVES		OBSERVATIONS.
	tués.	blessés.	tués.	blessés.	
Report	20	80	293	1764	
Mexique.					
El-Chamal, 8 septembre 1865	»	3	8	20	
14 avril 1866. San-Vicente	»	»	6	3	
Campagne de 1870.					
Vœrth	19	22	578	990	
Sedan	3	5	81	167	
Strasbourg	»	»	6	19	
Cussey, 22 octobre	»	»	1	5	
Beaune-la-Rolande, 28 novembre 1870	6	10	43	264	
Villersexsel, 9 janvier 1871	»	1	3	21	
Héricourt, 15, 16, 17 janvier 1871	»	»	6	41	
3e zouaves à Paris, détaché au 4e zouaves au 4e régiment de marche.			*718*	*1907*	
19 septembre 1870. Châtillon	»	2	5	21	
21 octobre 1870. Malmaison	2	3	8	50	
3e zouaves détaché au 4e zouaves de marche.					
Héricourt, 15, 16, 17 janvier	1	1	3	20	
Insurrection de 1871.					
Assaut de Mestaoud, 21 mai 1871	»	4	9	52	
Colonne Saussier, 14 juin 1871	»	»	1	6	
Bou-Négro, 1er août 1871	»	»	1	3	
Siège de Djidjelli, 26 juillet 1871	1	»	1	4	
Colonne Cérez (4e zouaves), 9 juin 1871	1	»	»	7	
Incendie du Moulin Lavie, 28 août 1875	»	»	1	»	
1re Expédition de Tunisie.					
Expédition de Kroumirie, 31 mars 1881	»	»	2	4	
Combat de Oued-Djennau, 19 mai 1881	»	»	1	»	
Incendies des forêts, août 1881	»	»	3	»	
2e Expédition de Tunisie.					
24 octobre 1881	»	»	1	»	
A reporter	53	131	1061	3461	

COMBATS, BATAILLES, CAMPAGNES.	OFFICIERS		SOUS-OFFI-CIERS, CAPO-RAUX ET ZOUAVES		OBSERVATIONS.
	tués.	bles-sés.	tués.	bles-sés.	
Report...............	53	131	1061	3461	(1) Dont 2, très grièvement, sont morts peu de jours après.
Tonkin. — Annam. (1885-1886).					
Hué, 5 juillet 1885.................	2	3(1)	5	63	
Kan-Ouet, 28 octobre 1885..........	»	»	2	5	
Quan-Mo, 15 septembre 1886.......	»	»	3	3	
Totaux.................	55	134	1071	3532	
Total général des pertes subies par le 3e zouaves, de 1852 à 1886.....	189		4603		

TABLE DES MATIÈRES

Paris et Limoges. — Imprimerie militaire Henri Charles-Lavauzelle.

HISTORIQUE

du

3e RÉGIMENT DE ZOUAVES

RÉDIGÉ PAR LE

Lieutenant A. MARJOULET

D'APRÈS LES ORDRES DE M. LE COLONEL LUCAS

Commandant le Régiment

> En avant! Tant pis pour qui tombe!
> La mort n'est rien. Vive la tombe
> Quand le pays en sort vivant!...
> En avant!
>
> Paul Déroulède.

PARIS   LIMOGES

IMPRIMERIE ET LIBRAIRIE MILITAIRES

Henri CHARLES-LAVAUZELLE

Éditeur

1887

Grande Kabylie

www.ingramcontent.com/pod-product-compliance
Ingram Content Group UK Ltd.
Pitfield, Milton Keynes, MK11 3LW, UK
UKHW021849070726
13613UKWH00001B/71